教育部哲学社会科学研究后期资助（重大）项目
西安交通大学人文社科学术著作出版基金



# 自贸区金融创新视角下人民币国际化研究

ZIMAOQU JINRONG CHUANGXIN SHIJIAO XIA RENMINBI GUOJIHUA YANJIU

沈　悦　王宝龙　著

西安交通大学出版社
XI'AN JIAOTONG UNIVERSITY PRESS

**图书在版编目(CIP)数据**

自贸区金融创新视角下人民币国际化研究 / 沈悦，王宝龙著.— 西安 ：西安交通大学出版社，2023.9

ISBN 978-7-5693-3355-8

Ⅰ.①自… Ⅱ.①沈… ②王… Ⅲ.①人民币—金融国际化—研究 Ⅳ.①F822

中国国家版本馆 CIP 数据核字(2023)第 136922 号

**书　　名** 自贸区金融创新视角下人民币国际化研究
**著　　者** 沈　悦　王宝龙
**责任编辑** 柳　晨
**责任校对** 赵怀瀛
**封面设计** 任加盟

**出版发行** 西安交通大学出版社
(西安市兴庆南路 1 号　邮政编码 710048)
**网　　址** http://www.xjtupress.com
**电　　话** (029)82668357　82667874(市场营销中心)
(029)82668315(总编办)
**传　　真** (029)82668280
**印　　刷** 西安五星印刷有限公司

**开　　本** 787 mm×1092 mm　1/16　**印张** 13.5　**字数** 290 千字
**版次印次** 2023 年 9 月第 1 版　2024 年 3 月第 1 次印刷
**书　　号** ISBN 978-7-5693-3355-8
**定　　价** 98.00 元

如发现印装质量问题，请与本社市场营销中心联系。
订购热线：(029)82665248　(029)82667874

# 前　言

习近平总书记在党的二十大报告中明确指出，"有序推进人民币国际化"。这是党和国家在当今世界正面临百年未有之大变局，国内外不确定性因素不断增加而带来的新形势和新变化的背景下所做出的顶层设计，是实现我国经济高质量发展和高水平对外开放的重要内容。

自贸区建设为我国实现更大范围的开放与更深程度的开放提供了新的动力源。自贸区设立的一个重要使命是金融创新，构成自贸区建设的核心内容之一。从已设立的21个自贸区(港)公布的条例(或总体方案)看，虽然关于金融创新的用词不尽相同，但都与人民币国际化紧密联系。如探索人民币资本账户可兑换、形成人民币离岸金融中心、开展跨境双向人民币资金池业务、推动人民币作为自贸区跨境贸易及投资计价和结算的主要货币、推动人民币双向融资、开展人民币衍生品业务、探索人民币投融资汇兑便利化等。

从各自贸区金融创新的实践看，由于2013年上海自贸区设立之时国内金融市场发育尚不成熟、金融监管体系仍待完善，制约人民币跨境流通的一个重要制度约束是我国资本账户没有实现自由化，资本不能自由流动，由此降低了外国投资者对人民币持有及使用的意愿。但是，如果放松资本管制，允许资本大规模流进流出则有可能引起国际资本对我国的投机攻击，不利于国家金融安全。鉴于此，有计划、有步骤地推进人民币资本账户开放就成为必然选择。在这种背景下，通过自贸区先行先试打破资本账户开放的制度限制就成为一种新尝试和重要突破。

与此同时，历史经验表明成为全球性货币的基本条件是要有活跃的离岸金融市场。我国自贸区金融创新的一个重要举措正是通过离岸金融中心建设促进人民币跨境流通，如打造跨境金融业务中心，加强离岸金融体系构建，促进跨境人民币使用便利化，推进资本项下外汇收入支付便利化，简化经常项目外汇收支手续，探索金融产品创新、管理创新、流程创新等，服务自贸区企业和个人。通过丰富自贸区离岸金融服务业务为境内外居民和企业跨境使用人民币提供更加便利化的环境，增强人民币的国际流动性和货币竞争力，促进人民币流通的国际循环，扩大人民币跨境流通规模，加快人民币国际化速度。

与金融创新如影随形的是金融风险，为了防止自贸区金融创新的同时引发新的金融风险，在自贸区金融创新先行先试的过程中，通过建立负面清单管理制度，实施监管沙盒管理模式等，提高自贸区金融监管创新水平，构建高阶位的金融监管体系，能够使得自贸区金融创新既先进可行，又合法合规，保障人民币国际化顺利进行。

自贸区设立十年来的金融创新实践，充分说明其已成为有序推动人民币国际化的重要窗口和主要推动力，为人民币国际化有序推进带来了一系列突破，目前正按照“先易后难”的原则持续推进，不仅有力地推进了人民币国际化，还积累了一系列成功经验，促进了区域经济发展。

正是在这种背景下，本书立足“一带一路”倡议的大背景，基于自贸区金融创新视角，从自贸区金融创新与人民币国际化之间的内在联系出发，在综述国内外相关研究文献，总结现有研究的贡献和不足，提出本书研究的关键问题的基础上，首先从理论上分析自贸区金融创新对人民币国际化的影响，提出研究假说；通过实证分析验证理论假说，揭示自贸区金融创新为人民币国际化提供的新机遇和提出的新挑战。其次，基于人民币国际化进程测算及影响因素分析，筛选自贸区金融创新的主要内容。再次，专题研究自贸区金融创新视角下如何多维度推进人民币国际化，包括人民币跨境流通及其影响因素、人民币离岸金融中心建设、人民币资本项目开放以及人民币汇率波动等对人民币国际化的影响。最后，得出研究结论，提出一系列政策建议。

需要说明的是，由于我们的水平和精力所限，加之部分数据获得困难，书中还有很多值得探讨的问题，后续我们还会就相关问题开展进一步深入研究。

特别感谢的是，本书出版得到了西安交通大学社会科学处出版基金的资助，西安交通大学出版社对出版工作的大力支持，特别是责任编辑柳晨女士的悉心安排、协调、打磨。在此表示深深的谢意！

**沈悦**

**2023 年 8 月**

# 目　　录

# 第1章 绪 论

人民币国际化是我国建设开放型经济的重要战略，自 2009 年我国推出跨境贸易人民币结算以来，人民币国际化的进程不断提速①。2013 年上海自贸区设立以来，人民币国际化更是进入了历史的快车道，自贸区金融创新与人民币国际化之间的内在联系日益紧密②。在这种背景下，从自贸区金融创新与人民币国际化之间的内在联系出发，研究如何基于自贸区金融创新视角多维度推进人民币国际化具有重要理论和现实意义。本章主要介绍研究背景及意义、研究思路与方法、研究内容等。

## 1.1 研究背景及意义

当今世界正经历百年未有之大变局，经济金融发展格局也在面临历史性巨变。不管是 2008 年华尔街金融危机，还是 2017 年英国宣布实行脱离欧洲联盟计划，抑或是 2018 年美国特朗普政府奉行"美国优先"理念后频频出台贸易保护措施，无不预示着全球发展格局正在发生变化，经济发展速度放缓的同时经济全球化正在经受新的考验，甚至正在发生某种程度的逆转，新的孤立主义和反全球化思潮正在全世界范围内蔓延。特别是近年来美国政府在与我国对外贸易发展过程中以无端理由发动了中美贸易战争，并对我国进口的商品实施增加关税等政策或者限制，严重影响了中美贸易的顺利进行和中美关系的正常化。

从国内经济发展现状来看，尽管 40 多年来的改革开放政策使中国迅速发展成一个全球经济大国，并从一个低收入国家进入中等收入国家行列，但经济发展中也面临一系列问题，如低效率、低消费已无法适应新时代的发展，人口红利消失，资源枯竭，环境破坏等。特别是新冠肺炎疫情暴发以来，国内经济发展受到严重冲击。为应对疫情冲击和进

---

①2009 年 4 月 8 日，中国人民银行、财政部、商务部、海关总署、税务总局、银监会六部门共同制定的《跨境贸易人民币结算试点管理办法》正式对外公布。此举标志着跨境贸易人民币结算试点王式启动，也意味着人民币国际化迈出了历史性的一步。

②上海自贸区"金融服务"部分的条款共计 7 条，提出在风险可控的前提下，在自贸试验区内创造条件稳步进行人民币资本项目可兑换、金融市场利率市场化、人民币跨境使用和外汇管理改革等方面的先行先试。天津自贸区"金融创新"部分的条款共计 6 条，提出在自贸试验区内稳步开展扩大人民币跨境使用、深化外汇管理改革、促进租赁业发展等试点工作。广东自贸区"金融创新"部分的条款包括 5 条，提出在自贸试验区内开展扩大人民币跨境使用、建立与自贸试验区相适应的本外币账户管理体系、探索以资本项目可兑换为重点的外汇管理改革等。福建自贸区"金融创新"部分的条款包括 8 条，提出在自贸区内创造条件稳步推进人民币资本项目可兑换、利率市场化、人民币跨境使用和外汇管理等方面的改革创新。

一步推动经济高质量发展，党的十九届五中全会通过的《中共中央关于制定国民经济和社会发展第十四个五年规划和二〇三五年远景目标的建议》提出，要加快构建以国内大循环为主体、国内国际双循环相互促进的新发展格局(简称双循环)。

事实上，为了应对国内外形势发生重大转变而带来的新挑战，我国早已未雨绸缪，于2013年就提出了"一带一路"倡议，为中国加深对外开放拓展了全球视野，不仅有利于我国改革开放的深入进行，也有利于我国全面提升对外开放水平，还能够促进沿线国家(地区)的经济发展，深化多边经贸合作。在"一带一路"倡议下，国家主席习近平提出了"政策沟通、设施联通、贸易相通、资金融通、民心相通"的"五通"总体要求，与沿线国家(地区)建立互惠互利、共谋发展的利益共同体和命运共同体。

"一带一路"倡议的提出为中国自贸区建设带来了历史机遇。2013年9月18日，国务院发布了《中国(上海)自由贸易试验区总体方案》(简称《总体方案》)①，明确要深化金融领域的开放创新。这表明在自由贸易试验区(简称自贸区)的各项改革领域中，金融业开放创新处于非常关键的位置。2014年12月，习近平总书记在主持中共中央政治局第十九次集体学习时强调，加快实施自由贸易区战略。2015年12月，国务院发布了《国务院关于加快实施自由贸易区战略的若干意见》，为自贸区战略的实施提供了法律依据和支持。2019年8月，我国第五批自贸区正式挂牌设立。2020年9月，北京、湖南、安徽自由贸易试验区成立，浙江自由贸易试验区扩展区域。至此，中国已经形成"1+3+7+1+6+3"的自贸区(港)基本框架②，为我国进一步探索和积累改革开放的先进经验发挥了重要作用。

自贸区设立的一个重要使命是金融创新，已构成自贸区建设的核心内容之一。从各自贸区出台的条例或总体方案中关于金融创新部分所包含的内容看，尽管用词不尽相同(如上海提出的是"金融服务"，天津、广东、福建使用的是"金融创新"，而海南自贸区提出的则是"金融开放创新")，但各自贸区金融创新部分的核心内容基本一致，即都包括扩大人民币跨境使用、探索资本账户可兑换、形成人民币离岸金融中心、深化外汇管理改革、探索投融资汇兑便利化、防范发生系统性金融风险等。从自贸区金融创新的实践看，上海自贸区自设立以来已经在金融创新方面形成了一系列成功案例，其"先行先试"的20多项金融创新成果已经被中国人民银行和国家外汇管理局先后推广至其他自贸区乃至全国的金融创新实践中，不仅带动了其他自贸区的金融创新，而且有力地推动了人民币国际化。可见，自贸区金融创新水平越高，对自贸区建设的支持作用越强，越有利于人民币国际化的顺利推进。由此可以看出，自贸区金融创新与人民币国际化之间具有内在联系，自贸区金融创新有利于多维度推进人民币国际化。

1)有利于人民币跨境流通

通过设立自由贸易账户(FT账户)，便利本外币资金自由兑换，提高人民币跨境贸易

①为研究方便，以下将中国(上海)自由贸易试验区简称为上海自贸区。

②为研究方便，以下将自贸区(港)统一简称为自贸区。

结算与投资效率。自贸区可利用FT账户进行分账式核算管理，本外币资金实现一定程度的自由划转，在经常项目、境内贷款偿还、实业投资等方面可自由流动，有效推进贸易与投融资汇兑便利化，为深化人民币资本项目可兑换奠定良好的基础。FT账户可以灵活使用人民币进行跨境交易，提高使用人民币作为跨境结算工具进行贸易活动的吸引力，进一步提升人民币跨境使用份额，持续提升人民币国际贸易结算影响力。同时，便利境内外资本自由兑换，区内直接投资项下跨境人民币结算更为简便。通过扩大资本项目开放程度，境外直接投资更加便利化，有利于企业与金融机构在发展人民币结算业务的同时，积极走出去参与境外直接投资，进而扩大人民币在跨境直接投融资中的使用规模，提高人民币国际化水平。

2)有利于完善离岸人民币回流机制

通过自贸区金融创新可以形成双向人民币资金池，实现负面清单管理模式，完善离岸人民币回流机制。目前人民币回流渠道已初步建立，但仍不够顺畅，人民币回流受阻会减弱境外投资者的持币欲望，不利于人民币国际化顺利推进。资本项目的可自由兑换、资本流动的自由化程度高，将有利于建立畅通的本国货币回流机制，方便境内外投融资的顺利开展。自贸区通过设立FT账户形成双向人民币资金池，在额度内自由跨境使用人民币，开放自贸区与境外市场的资金自由流通渠道，促进资本的自由流动与自由汇兑。同时，离岸市场的人民币可以自由回流至自贸区，构建一个特殊的人民币回流渠道，既可以推动人民币国际化，又能够防范没有限制的回流产生负面影响。

3)通过资本项目开放推进人民币国际化

自贸区金融创新的核心是资本项目自由化，通过自贸区金融创新探索出我国资本项目开放的有效路径不失为一种良策。随着我国开放步伐的加快，国内外企业对资金跨境使用也相应地提出了更高要求，促使自贸区在金融领域不断创新。自贸区金融创新为我国资本项目扩大开放及利率市场化、外汇管理改革提供了一块良好的试验田。通过资本项目开放构建资本跨境双向流动的渠道，推进人民币国际化。

4)促进人民币汇率市场化

自贸区实质上是一个在岸人民币与离岸人民币的混合市场，不仅有利于跨境贸易结算与投融资便利化，同时自贸区可充分发挥在岸离岸混合市场的资金枢纽作用，在人民币循环过程与开放的货币竞争中促进人民币汇率与利率市场化，提高人民币的国际吸引力。自贸区可充分发挥资金枢纽作用，增加人民币使用渠道，加快人民币回流速度，有利于人民币在岸和离岸利率逐步靠拢，缩小人民币在岸和离岸市场的贷款利差，也可以引入国外金融机构，与现有金融机构展开竞争，加快利率市场化进程，还可以让自贸区内公司根据外汇市场变化，自由选择在岸市场或离岸市场的人民币交易汇率，挑选最佳价格。通过自贸区这一特殊窗口尝试推进人民币利率与汇率市场化改革，有利于人民币价值体现，反过来进一步便利人民币国际结算，增强人民币的国际吸引力和投资者的持币欲望。

在这种背景下，立足于国内外宏观经济环境发生的巨大变化，尝试从自贸区金融创新与人民币国际化的内在联系出发，基于自贸区金融创新视角研究如何多维度推进人民币国际化已经成为新形势下一个需要深入研究的重要问题。

## 1.2 研究思路与方法

### 1.2.1 研究思路

本书基于“一带一路”倡议下自贸区建设的大背景，从自贸区金融创新与人民币国际化之间的内在联系出发，首先，综述国内外相关研究文献并进行简要评述，总结现有研究的贡献和不足，提出本书研究的关键问题。其次，从理论上分析自贸区金融创新对人民币国际化的影响，提出研究假说；通过实证分析验证理论假说，揭示自贸区金融创新为人民币国际化提供的新机遇和提出的新挑战。再次，基于人民币国际化进程测算及影响因素分析，筛选自贸区金融创新的主要内容，专题研究自贸区金融创新视角下如何多维度推进人民币国际化，包括人民币跨境流通及其影响因素、人民币离岸金融中心建设、人民币资本项目开放以及人民币汇率波动等对人民币国际化的影响。最后，得出研究结论，提出一系列政策建议。

### 1.2.2 研究方法

1）经济学、金融学理论推演

自贸区金融创新是我国近年来的重要金融改革，人民币国际化是我国对外开放战略的重要组成部分。为了研究自贸区金融创新对人民币国际化的影响，需要根据自贸区金融创新与人民币国际化之间的内在联系提炼出科学问题。为此，本书在研究中基于经济学、金融学理论推演，提炼出自贸区金融创新对人民币国际化影响的理论假说，为开展实证研究提供理论依据。

2）计量经济学方法

主要利用计量经济学相关方法，如合成控制法、双重差分法、中介效应分析法、主成分分析法、熵权法、CRITIC（客观组合评价）法、长面板回归、多元线性回归等，通过实证研究揭示自贸区金融创新对人民币国际化的影响，人民币国际化进程中的人民币跨境流通、离岸金融中心建设、资本项目开放及人民币汇率波动。

3）规范研究法

研究问题是为了更好地解决问题，研究自贸区金融创新对人民币国际化影响的目的是为了更好地通过自贸区金融创新推进人民币国际化。为此，本书在理论分析和实证研究的基础上，提出了一系列政策建议，以利于加大自贸区金融创新和顺利推进人民币国际化。

## 1.3 研究内容

本书的研究内容共有 9 章，分别如下。

第 1 章：绪论。通过介绍研究背景及意义，提出问题及研究的重要性，介绍本书研究思路、研究方法以及研究内容等。

第 2 章：国内外文献综述。主要包括自贸区金融创新、自贸区金融创新对人民币国际化的影响、人民币国际化进程及其影响因素、人民币跨境流通及其影响因素、人民币离岸金融中心与人民币国际化、自贸区金融创新对人民币资本项目开放的影响、人民币汇率波动对人民币国际化的影响等方面。通过文献梳理将本书的研究起点建立在自贸区金融创新对人民币国际化影响研究的学术前沿。

第 3 章：自贸区金融创新对人民币国际化的影响分析。首先进行理论分析，提出一系列理论假说；然后开展实证研究，验证理论假说，得出自贸区金融创新对人民币国际化提供了历史机遇的同时也提出了新要求。

第 4 章：人民币国际化进程测算及影响因素分析。首先分析人民币国际化的理论逻辑、影响因素以及最新进展；然后测算人民币国际化进程并对影响人民币国际化的因素进行实证分析，筛选出最重要的影响因素。

第 5 章：自贸区金融创新视角下人民币跨境流通分析。首先从货币跨境流通及其条件出发，分析人民币跨境流通的重要意义；然后实证分析影响人民币国际化的主要因素并揭示其对人民币国际化的影响。

第 6 章：自贸区金融创新视角下人民币离岸金融中心建设分析。首先对离岸金融中心与货币国际化的内在联系进行理论分析，在借鉴国际经验的基础上，分析人民币离岸金融中心建设的现状；以此为基础，实证研究人民币离岸金融中心对人民币国际化的影响，得出研究结论，为加快人民币离岸金融中心建设提供理论和实证支持。

第 7 章：自贸区金融创新视角下资本项目扩大开放分析。首先分析自贸区金融创新对资本项目开放提出的新要求；其次分析人民币资本项目开放现状，测算资本项目开放程度，揭示应如何通过加快资本项目开放推进人民币国际化；最后分析影响资本项目开放的主要因素，为提出资本项目开放新策略提供理论和实证支持。

第 8 章：自贸区金融创新视角下人民币外汇制度改革分析。首先基于货币国际化理论分析人民币汇率波动对人民币国际化的影响；接下来测度人民币汇率波动幅度及其与人民币国际化进程的内在联系，并对汇率波动对人民币国际化的影响路径进行实证分析，为提出如何减小汇率波动、稳步推进人民币国际化提供理论和实证支持。

第 9 章：结论及建议。主要是对全书进行总结，得出研究结论，提出一系列政策建议。

# 第2章 国内外文献综述

我国自贸区设立的时间不长，学术界将自贸区金融创新和人民币国际化两个变量关联起来开展研究的文献仍然比较有限，从自贸区金融创新视角研究如何推进人民币国际化的文献更是少见。本章尝试从自贸区金融创新及其对人民币国际化的影响、多维度推进人民币国际化进行文献综述，以对相关代表性成果及观点做出科学、客观、切实的分析评价，发现可进一步发展和突破的空间，揭示本书研究的学术价值、应用价值。

## 2.1 关于自贸区金融创新的研究

### 2.1.1 自贸区含义、研究分类及经济效应

1）自贸区含义

世界上第一个自由贸易港口产生于意大利的雷格亨港，已经有几百年的发展历史。自由港口是自贸区发展的前身，随着时代的进步和经济的发展，世界经济和国家之间的相互贸易得到迅速发展，实现了更加多样化的交易往来。

关于自贸区的概念主要分为两种：一是 free trade area(FTA)，由 WTO(世界贸易组织)提出；二是 free trade zone(FTZ)，产生于 1973 年，由海关合作理事会签订的《关于简化和协调海关业务制度的国际公约》(也称《京都公约》)产生，认为自贸区属于一个国家领土的一部分，对于进入自贸区的任何商品产生的税务都可以认为是从境外进口，同时还可以免于实施通常的海关监管。两者的详细对比见表 2-1。

**表 2-1 FTA 与 FTZ 的异同对比**

| 异同 | | FTA | FTZ |
|---|---|---|---|
| 相异 | 设立主体 | 多个主权国家(或地区) | 单个主权国家(或地区) |
| | 区域范围 | 两个或多个关税地区 | 一个关税区内的小范围区域 |
| | 国际惯例依据 | WTO | WCO① |
| | 核心政策 | 贸易区成员之间贸易开放，取消关税壁垒，同时又保留各自独立的对外贸易政策 | 以海关保税、免税政策为主，辅以所得税税费的优惠等投资政策 |
| | 法律依据 | 双边或多边协议 | 国内立法 |
| 相同 | | 两者都是为降低国际贸易成本、促进对外贸易和国际商务的发展而设立的 | |

①世界海关组织(World Customs Organization，WCO)，其前身是海关合作理事会。

中国作为世界经济发展大潮中独具特色的一员，对于自贸区的定义有独特见解，百度百科中收录的词条显示，中国自贸区是指成立于我国境内关外，主要作用是提供各种税收优惠政策和减少海关特殊监管，实现更大程度的贸易自由化的一种多功能的经济发展特区，自贸区的发展在原则上属于在海关未进行监管的情况下实现货物的自由进出口。

2）自贸区研究分类

对自贸区的研究起源于对国际货物自由贸易的研究，20世纪80年代这一研究在西方国家形成了热潮，之后探索出来了多种研究方向。目前学术界对于自贸区的研究可按照以下两个标准进行分类。

（1）按照研究方向分类

按照研究方向可以分为以下五类。

第一类是关于自贸区的法律方向。美国经济学家Hamada是这一研究方向的主要代表人物，其从自贸区相关政策、国家如何制定相关法规规范贸易行为以增加货物保护程度、企业进入自贸区的影响因素以及决策过程三个方面来阐述相关观点。

第二类是关于如何设立自贸区。主要代表人物为Rodriguez和Turnbull。这一方向从如何设立自贸区入手，进而扩展到建立自贸区之后的发展策略和如何提升对周边区域的影响力，再到如何壮大整个自贸区的规模。

第三类是针对自贸区内货物进出口贸易的。代表人物为Barovick和Daponte。主要研究对于区内货物进出口如何设置特殊监管手段和产品属性，以达到该国政府扩大出口的目的。

第四类是研究自贸区对于国际投资的吸引过程。代表人物为Wan和Johannsson。由于自贸区对于国外产品有诸多优惠，所以如何利用这些优惠以减少投资成本、扩大收益成为诸多投资者所关心的重中之重，同时投资会带动周边相关行业的发展，如劳动力的教育及培训。

第五类主要关注的是自贸区应当如何选择合适的区域位置，以Huayang为代表，从投资视角、经营增值情况、地理位置等因素进行分析验证，并得到理论解释。

（2）按照必要性分类

按照自贸区存在的必要性分为两个派别：悲观派和乐观派。

悲观派的主要代表人物有Myrdal等，主要从三个方面论证了自贸区设立对于发展中国家并无必要性。悲观派认为自由贸易对于经济发展的有利作用已经在发展过程中逐渐消失，同时还有一部分未进行分析而设立自贸区的国家，将国家的发展精力过多投入其中弊大于利，如果一味追求自贸区开拓，则会得不偿失。很多国家在建立贸易区的同时又相互签订了贸易优惠条例，区内优惠条件就显得多此一举，没有任何必要性。根据自贸区发展现状进行分析，经济领域一定存在发展不平衡现象，如果不能更好地实现贸易公平，则无法更好地推动贸易发展，同时悲观派还推崇平均主义，主张“扩散”效应，减少“回波”效应。

乐观派代表人物以 Hirschman 为主。认为在经济发展过程中一定会出现不平衡，所以应当重视的是在重点经济发展区域遵守“波浪式发展”定律。经济发展不平衡是全球经济发展的一种常态，对于经济发展落后的国家而言应当采用“非平衡发展”模式，通过相关优惠政策和吸引外来投资等方式实现国家中一部分人和一部分地区先富裕起来，然后再进行先富带后富的发展思路，最终实现全国的共同富裕。同时 Hirschman 还认为自贸区可以带动经济发展，并为经济发展提供一种新思路，促进经济更快更好地发展。

对于以上国外主要研究流派加以总结，得到表 2－2 的结果。

**表 2－2　国外自贸区研究分类**

<table>
<tr><th colspan="2">分类标准</th><th>代表人物</th><th>研究方向</th></tr>
<tr><td rowspan="5">研究方向（五类）</td><td>第一类</td><td>Hamada</td><td>自贸区相关法律</td></tr>
<tr><td>第二类</td><td>Rodriguez、Turnbull</td><td>如何设立自贸区</td></tr>
<tr><td>第三类</td><td>Barovick、Daponte</td><td>自贸区内进出口贸易</td></tr>
<tr><td>第四类</td><td>Johannsson、Wan</td><td>自贸区内的引资建设</td></tr>
<tr><td>第五类</td><td>Huayang</td><td>自贸区设立区域选择</td></tr>
<tr><td rowspan="2">必要性（两派）</td><td>悲观派</td><td>Myrdal</td><td>自贸区建设阻碍发展中国家经济建设</td></tr>
<tr><td>乐观派</td><td>Hirschman</td><td>自贸区刺激国家经济建设</td></tr>
</table>

3）自贸区建设的经济效应

国内外学者普遍认为，自贸区建设对经济发展具有一系列正向影响，概括起来，主要聚焦于以下方面。

（1）经济增长

在国外学者的研究中，在促进外资引进方面，Alexander 借助相关统计模型，分析墨西哥在进行 FDI（国际直接投资）之后产生的影响，发现在实行《北美自由贸易协定》之后促进了大量外来资本流入。在提高劳动生产率方面，Andreas 对墨西哥加入《北美自由贸易协定》之后的国内发展现状进行了分析，他认为在加入贸易组织之后增加了国外资本的流入速率，同时还提升了国内的劳动力生产价值并提升了工资水平，对于其他一些距离较远的国家，墨西哥得到的收益十分明显。在经济增长方面，Shujiro 通过采用 CGE（可计算的一般均衡）模型并以东亚地区的自贸区作为研究对象进行分析，认为设立自贸区对本地区的经济发展发挥了至关重要的作用，并更大程度地实现了经济福利带来的社会效应；Park 以中国、韩国、日本自贸区为研究对象，定量分析其经济效应，发现自贸区的建立对中、韩、日三国的实际 GDP（国内生产总值）有相当可观的正向影响；Tomoyoshi 对日本和韩国的长期自由贸易发展进行了分析，认为设立自贸区在很大程度上促进了韩国的国民经济收入，但是，对于日本的作用却不明显。

在国内学者的研究中，黄丽霞基于中国（广东）自由贸易试验区（以下简称广东自贸区）成立前后广州、深圳和珠海的规模以上工业增加值、出口额、外商实际投资额的月度数据对广东省的经济效应进行了实证研究，表明广东自贸区设立后相关国际贸易政策的实施对广东省的经济发展产生了巨大影响,促进了广东省的经济发展。谭娜和周先波[1]运用反事实分析法对上海自贸区的经济发展进行分析后认为,上海自贸区设立和运行对推动该市经济发展具有积极意义,自贸区设立后上海市的工业增加值和进出口贸易额分别增加了2.69%和6.73%。此外,王利辉和刘志红[2]利用面板数据和采用合成控制法分析了自贸区设立对上海市人均收入产生的影响和进出口贸易的变化,结果显示自贸区设立后对上海市的人均收入、固定资产投资、进出口贸易额都带来了正增长。

(2)就业

国外学者Belem认为,设立自贸区可以提升社会福利效应,加快产业结构升级和转移,从长期发展需求看,随着产业结构不断变化,对技术人才的需求也会不断增多。Kyoji将新加坡和中国香港自贸区作为对比分析对象研究后认为,自贸区在发展过程中会不断吸收更多人才参与自贸区建设过程,而吸收的人才会呈现多样化和互补化,这样就会带来自贸区的良性循环发展。Mukhopadhaya通过自贸区内产业结构变动对经济发展影响的分析表明,香港自贸区发展在一定程度上不但提升了物流行业的发展,同时还提供了大量的就业机会,促进了产业结构转型。Gilles的研究结果表明,新加坡自贸区设立后在一定程度上促进了本地就业机会的增加,同时还能优化新加坡相关产业结构,促进第三产业发展。

国内学者贺瑛和肖本华[3]的研究结果表明,自贸区设立在一定程度上可以缓解失业问题并提升自贸区的经济发展水平。张彬和朱润东从自贸区设立之后会对就业产生何种影响展开研究,认为设立自贸区可以引进大量外来资金并创造更多就业机会。

(3)进出口贸易

国外研究中,中国-东盟经济合作专家组研究发现,中国-东盟自贸区(CAFTA)设立使中国的出口额和GDP分别增长55.1%和0.3%,使东盟的出口额和GDP分别提升48.0%和0.9%;Wong和Chan[4]认为中国和东盟国家具有相同的发展背景和产业结构,自贸区建设可以在经济、贸易、投资往来三方面发挥积极促进作用。Kaznhro认为,设立自贸区在一定程度上增强了中、日、韩三国之间的贸易规模,增强了经济发展的独立性,当世界经济发展出现颓废趋势时,三国可以借助自贸区降低对本国经济发展产生的不利影响。Papazoglou发现欧盟成员国数目的增加会给欧盟的贸易创造效应和贸易转移效应带来积极的影响。Kouparitas、Elhanan、Feils和Rahman[5]等学者研究发现,自贸区不但可以促进国家福利增加,还可以促进非第一产业发展,为企业发展提供有利条件,促进各国经济之间的相互交流合作,使各国经济发展逐渐实现同步化,吸引更多外来资金流入,为经济发展带来更多增长点。Krugman[6]、Venables等认为自贸区是推动区域产业贸易的重要因素,可以在进行贸易的过程中降低相关的贸易成本和增加贸易的渠道,并对相关区域内的产业结构发展造成一定的影响。

国内研究中,程伟晶和冯帆[7]研究发现,CAFTA成立后对中国和东盟国家的进出口贸易有着明显的正向促进作用,贸易创造效应表现明显。刘洪愧和郭文涛[8]的研究也表明了相同观点。陈虹和马永健[9]认为设立自贸区对进出口贸易及双方的经济发展都有明显促进作用。刘宇和张亚雄[10]的研究结果表明设立自贸区将会对中国经济的发展和产业结构调整产生一定影响,对于改善我国贸易环境会有一定促进作用。竺彩华和李锋[11]认为,中国自贸区发展与国际高水平的贸易对接还存在一定不足。

综上可知,国内外学者对自贸区建设影响区域经济发展这一论题有了具体的研究,对本书进一步展开具有重要参考意义。

### 2.1.2 自贸区金融创新

创新是自贸区建设最突出的特点,通过制度创新可以促进对外开放,通过小范围试点为全国制度创新提供可复制经验,是具有中国特色的创新制度试验田。金融创新是我国自贸区建设中制度创新的重要内容,国内主流研究都肯定了自贸区金融创新对经济增长的正向作用。

1)定性分析方面

国内学者通过对各个自贸区的分析肯定了金融创新对自贸区建设的正向作用并提出了相关对策建议。其中对上海自贸区金融创新的研究成果最多,代表性研究有:丁剑平等[12]认为自贸区金融创新应当在区内摸着石头过河,在区外拆除利益集团藩篱;孙立坚[13]认为上海自贸区金融创新和服务必须与实体经济发展需要相匹配,才能更好地发挥区内金融创新先行先试、提高竞争力的作用;张苑[14]提出了上海自贸区进一步开展金融创新的突破口和主要举措;刘彬和李麟[15]探讨了上海自贸区金融创新机理,指出为了促进金融创新,自贸区应当降低试错成本,明确各功能区的创新任务,以此来冲抵由于自贸区扩张而不可避免地加大的试错成本,其他自贸区的成立无法倒逼上海自贸区金融创新,上海自贸区仍然担负着金融创新领导者的重任。随着我国自贸区布局进一步深化,研究成果更为深入,黄梅波和陈冰林[16]、欧阳卫民[17]、梁承寰和贺新然等分别研究了福建、广州、河南自贸区的金融创新,基于不同自贸区的差异性,分别提出了各具特色的金融创新建议。

2)定量研究方面

王根蓓和许淑君[18]研究了我国自贸区金融创新的消费、储蓄及投资效应,认为自贸区金融创新会导致境内外居民和投资者的储蓄和投资在国与国之间发生转移。周明升和韩冬梅[19]将金融开放创新作为内生变量,通过梳理"上海自贸区金融开放创新—上海市金融业增加值变化—上海市 GDP 等经济指标变化"的路径,评价了金融开放创新对上海的经济效应,显示上海自贸区金融开放创新对于上海市经济发展具有显著的促进作用。王勇和王亮等[20]基于序数效用论构建了一般意义上的自贸区理论分析框架,探讨了区内离岸金融制度创新促进经济增长的效果及其变动趋势。谢宝剑和杨娇[21]分析了上海自贸区金融创新对区内企业的影响机理,认为自贸区内金融主体通过提供金融服务满足企业需求,最终实现金融功能,他们还认为金融创新使得区内金融服务主体及服务业务更加多元化,从而强化了自贸区的金融功能,进而满足了企业需求,最终促进了企业发展。

## 2.2　关于自贸区金融创新对人民币国际化影响的研究

### 2.2.1　自贸区金融创新为人民币国际化提供了新机遇

设立自贸区的目的之一是通过金融创新推进人民币国际化，自贸区的一系列金融创新政策是我国人民币国际化战略下的具体部署。如上海自贸区有序开放资本项目实际上就是在为推进人民币国际化创造条件。张华勇论证了中国自贸区金融开放与创新本质上就是人民币国际化的试验。从本质上来说，自贸区内的金融开放与金融创新形态就是境内的人民币离岸金融市场；从联通性来说，自贸区金融安排的核心就是形成离岸人民币市场与在岸人民币市场的混合市场，成为离岸人民币市场和在岸人民币市场的连接桥梁，是提升人民币国际地位的重大突破计划。刘建鹏更是直观地认为上海自贸区实施的各项措施、对金融市场的逐步放开等都是以实现人民币国际化为最终目标，有利于突破阻碍人民币国际化的金融体制障碍，对人民币国际化有强大的助推力。周海成认为加快探索上海自贸区资本项目可兑换和金融服务业全面开放、创新人民币金融产品、扩大境外人民币境内投资金融产品的范围、拓宽境外人民币投资回流渠道、促进人民币资金跨境双向流动等都是人民币国际化进程中的问题和困难。

### 2.2.2　自贸区金融创新对人民币国际化的影响

通过梳理关于研究自贸区金融创新对人民币国际化影响的文献，可以将学术界关于自贸区金融创新对人民币国际化影响的文献总结为以下四个方面。

1)提升人民币计价与结算份额

申一村认为自贸区金融创新会带动长期跨境贸易需求，提高人民币在大宗商品计价和跨境贸易结算中的使用比例，从对外贸易的角度促进人民币计价和结算功能的发挥。同时区内更多品类的以人民币计价的创新产品开发也会促使人民币逐渐在国际金融市场发挥计价功能，为人民币国际化提供铺垫。胡蓉也提出随着众多境内外贸易企业、金融及准金融机构、各类物流企业等大量进入上海自贸区，人民币结算业务必将蓬勃开展，以人民币为主的计价与支付手段必将迅速发展，加快人民币国际化进程。

2)在自贸区建立FT账户

通过建立FT账户促进人民币对外直接投资(ODI)，并利用自贸区投融资汇兑便利为人民币国际化拓宽输出渠道，推动人民币走出去。杨婷婷认为通过FT账户能有效降低融资及管理成本，促进人民币对外直接投资，为境外融资提供更多便利，提高人民币在跨境直接投融资中的使用规模。王布衣进一步研究了FT账户对人民币国际化的影响。徐明棋提出在一定额度内自由跨境使用人民币将刺激人民币跨境使用规模，使自贸区成为一个独特的境内人民币离岸市场，将成为联通离岸和在岸市场的重要枢纽和通道。陶琳认为资本项目可兑换不仅降低了货币交易成本，而且促进了货币组织、外国央行、外资企业甚至外国居民个人增持人民币作为储备，有助于巩固和提高人民币的国际地位。

3)加强离岸人民币市场建设

申一村认为央行允许区内企业的境外母公司在我国资本市场发行人民币债券，为其融资提供政策上的便利，鼓励民营资本与外资金融机构共同开设中外合资银行等会吸引众多的国内外金融机构入驻区内，吸纳数量庞大的资金。境外投资者通过人民币金融产品在区内寻求到更多的投资获利机会，可以大幅提高人民币的使用效率，拓宽人民币回流渠道，完善人民币的全球循环路径。周海成认为自贸区陆续推出黄金国际板、黄金沪港通等，吸引境外投资者参与交易，将以人民币标价的黄金产品推向国际；使用人民币计价的原油期货，给原油期货打上中国标签，吸引境外投资者参与交易，促进了境外人民币的流通和使用，为境外人民币的回流使用开拓了新的渠道。

4)间接推动人民币国际化

姜晶晶等认为自贸区金融改革能为国内整体金融改革提供示范效应，有利于推进人民币国际化。周海成提出完善自贸区的金融改革与国内金融市场良性的联动机制，发挥自贸区试验田的功能，为中国的金融市场开放提供一个顺畅的渠道，更好助推人民币国际化。郑国姣等[22]等认为，上海自贸区新片区通过各项金融创新举措与突破口，都将通过着力推进人民币市场化体系建设与人民币离岸金融中心建设两大途径，间接推动人民币国际化。罗煜等认为，自贸区主要通过扩大金融机构功能和区域空间来强化离岸金融中心建设、扩大资本账户开放、提升利率和汇率自由浮动空间来加强人民币市场化体系构建。

综上可以发现，自贸区金融创新有利于推进人民币国际化进程，或者说推进人民币国际化需要自贸区金融创新做支撑。设立自贸区是提升人民币国际地位的重大突破，如通过自贸区金融创新提升人民币计价结算份额；探索资本项目逐步放开管制，拓宽人民币输出渠道；便利境外直接投资，完善人民币回流渠道等。但通过梳理现有文献发现，已有研究仅仅局限于政策解读分析与少量简单的数据发展变化分析，通过建立模型来实证分析自贸区金融创新对人民币国际化影响的文献还凤毛麟角。

## 2.3 关于人民币国际化进程及影响因素的研究

改革开放带来了中国经济腾飞，人民币国际化逐渐引起了学术界的关注。从 20 世纪 80 年代开始，国内外学者在货币国际化研究领域对人民币国际化进程及其影响因素已有研究。主要包括以下几个方面。

### 2.3.1 含义及推进路径分析

1)人民币国际化含义

关于人民币国际化含义的研究是从货币国际化含义延伸出来的。Cohen 最早从货币三大职能视角出发来定义货币国际化，提出货币国际化实质是货币国内职能在国外的延伸。当某一种货币在三大职能用途上的使用范围超出了本国时，那么该国货币就实现了货币国际化。Chinn 和 Frankel[23] 在 Mundell[24] 研究的基础上认为货币国际化是指一国货币的流通边界超出法定的流通界限，在国际市场被接纳和使用，并且从私人角度和官方角度这两个方面对三大职能做出了进一步解释。国内关于货币国际化的研究比较少，徐奇渊和刘力臻在货币国际化含义的基础上从动态视角对人民币国际化的含义进行了解释，认为人民币国际化是指人民币的部分或全部职能从我国向国外的扩展，使其使用范围延伸到周边国家，甚至延伸至全球范围内，最后在区域甚至国际范围内发挥国际货币职能的动态过程。

从上述定义可以看出人民币国际化本质上属于货币国际化的范畴，其含义离不开职能和空间两个要素，其实质就是货币职能在空间上的延伸，同时也说明人民币国际化不仅仅是一个静态现象，也是一个动态发展过程。

2)人民币国际化的可行性

早期多数研究对人民币国际化的可行性保持谨慎态度，认为不应过早推行人民币国际化。但是随着中国经济的快速增长和国际货币体系发展，国内外研究普遍认为人民币国际化时机已经成熟，呼吁推行人民币国际化。黄梅波和熊爱宗[25] 认为中国经济的巨大发展给人民币国际化创造了条件，同时 2008 年国际金融危机的爆发也给人民币国际化提供了难得的机遇。Ito[26] 提出，中国可以逐步放开对资本项目的管制，实现人民币的自由兑换和流通。Cheung[27] 也指出，中国政府应当积极推进人民币国际化，以此来解决中国宏观经济面临的国内需求不足和流动性过剩的困境。刘艳靖[28] 将中国和主要国际货币发行国进行比较，认为人民币已经具备了国际化的条件。

可以看出，之所以出现两种截然相反的观点是由于中国经济的崛起和国际货币体系的变化。事实上，随着 2009 年跨境贸易结算试点的启动，人民币国际化进程就已经开启，关于人民币国际化可行性的研究就逐渐减少了。

3)人民币国际化的推进路径

现有研究认为应该循序渐进推进人民币国际化，但对于具体实施步骤却有不同观点。何慧刚[29] 提出人民币国际化应遵循“周边国家国际化—亚洲化—国际化”的递进路径。陈雨露提出人民币国际化在未来 30 年要遵循两个三步走路径，第一个三步走是指依次用 10 年时间实现人民币的周边化、区域化及国际化，第二个三步走是指依次用 10 年时间实现人民币的贸易结算化、金融投资化及国际储备化。余道先和王云[30] 认为前期应主要侧重于扩大中国的贸易规模和提高使用人民币结算的便利性。张明和李曦晨[31] 认为早期推进人民币国际化所采取的“跨境贸易与投资的人民币结算＋离岸人民币金融中心＋双边本币互换”旧策略存在内在缺陷，目前应该转变策略，采用“人民币计价的原油期货交易＋加快开放国内金融市场＋鼓励‘一带一路’沿线国家(地区)的人民币使用”来推动人民币国际化。总之，以往关于路径选择的研究，大多数学者支持采取渐进式的发展道路，并且基于货币国际化国际经验提出了一些颇具实践意义的推进措施。

4)人民币国际化的前景

Tung 等[32]运用主成分分析法得出 2009 年的人民币国际化前景指数为 12.65%,与人民币国际化程度相差很大,提出资本项目管制可能影响了人民币国际化进程。甄峰[33]通过面板混合数据模型对人民币国际化的前景进行了预测,认为人民币中长期国际储备占比为 10%左右。彭红枫等认为尽管人民币目前还难以达到与日元相当的国际化水平,但国际化已经取得了很大的进步,有非常大的潜力成为区域关键货币甚至国际货币。沈悦等[34]基于人民币和美元、欧元、英镑的对比,通过国际货币竞争相关模型对人民币国际化的前景进行了预测。可以看出,关于人民币国际化前景的研究还比较少,根据仅有的文献梳理,大多数学者对其前景是非常看好的。王爱俭、王韩认为逆周期因子增强了人民币与其他国家或地区货币的互动,提高了市场参与度和国际影响力。沈悦等认为,新冠肺炎疫情导致国际政治经济格局出现了新变化,人民币国际化面临新挑战,为此,应稳慎推进人民币国际化。

通过文献梳理可以看出,学术界对人民币国际化展开了广泛研究,成果不断丰富。但不足之处是借鉴货币国际化经验进行定性分析的文献多,定量分析相对少。另外,由于人民币国际化启动时间不长,数据可得性有限,限制了研究结果的精确性。

### 2.3.2 人民币国际化进程测算

现有关于人民币国际化进程测算的研究主要有两种思路:一是基于国际货币职能,选取单一指标或者构建人民币国际化指数;二是基于货币境外存量,测算人民币境外存量。

1)基于国际货币职能视角

(1)单一指标

单一指标是指仅选取某一职能的代理变量来衡量人民币国际化进程。使用较多的代理变量是官方外汇储备份额。比如 Chen 等用国际外汇储备份额表示货币国际化程度,利用动态面板模型研究其与货币发行国金融市场的开放和发展之间的相互关系。元惠萍[35]在分析国际货币影响因素时,将世界范围内所有官方外汇储备中该货币资产的份额作为衡量货币国际化水平的指标,认为储备货币是货币的最高职能,该指标很好地反映了其作为基准货币和干预货币的职能大小。邓黎桥[36]在研究影响人民币国际化进程的因素时将一国货币占全球国际储备规模的比例作为其被国际市场认可的水平,通过对三种主要货币国际化水平的影响因素进行定量分析,前瞻性地展望了中国主权货币的国际化水平。丁剑平和楚国乐[37]在分析影响货币国际化的因素时,将外汇储备的货币份额作为衡量货币国际化水平的代理变量,这也是国内外学者们比较常用的方法。吴舒钰和李稻葵[38]认为一国货币发挥价值贮藏职能是建立在记账单位职能和交易媒介职能之上的,因此衡量一国货币的国际化水平可以直接用价值贮藏职能的发挥情况来代替。

也有学者重点考虑了交易媒介和记账单位职能,Kenen[39]用外汇市场交易的货币份额衡量美元和欧元的国际化水平,突出了交易媒介职能。李稻葵和刘霖林[40]利用全球跨国贸易结算人民币份额衡量其交易媒介职能，用全球国际债券中的人民币份额来衡量其记账单位职能，以此为依据预测了人民币在国际贸易结算和国际债券中的份额。周颖刚[41]则从锚货币地位视角，采用网络分析法构建了人民币国际化影响力指数。陈晓莉[42]研究国际标价货币的决定因素时，利用国际债券和票据发行币种比重来衡量记账单位职能，利用商品出口标价货币中本币比重来衡量交易媒介职能，以此从不同职能分别来衡量一国货币的国际化水平。

综上可见，官方外汇储备人民币份额是被学术界当作代理变量来衡量人民币国际化水平的主要指标，也有学者选择外汇市场交易货币份额、贸易结算货币份额和国际债券货币份额来衡量人民币国际化进程。由此可以看出，单一指标虽然可以定量衡量人民币国际化的水平，但是仅仅反映了其某一种职能，由于人民币在国际舞台上三大职能的发展不均衡性，采用单一指标不能全面衡量人民币的国际化水平。

(2)构建国际化指数

构建人民币国际化指数是指基于国际货币职能构建指标体系，然后运用数学方法来进行加权平均求得人民币国际化指数，以此来代表人民币国际化进程的衡量指标。比如胡定核[43]基于系统动力学研究了日元占世界储备货币比重、占清算货币比重、占投资货币比重对货币国际化的影响权重，在此基础上对人民币国际化进程做出了预测。李瑶[44]选取三个代表性指标并赋权重，进而测算了美元、日元、欧元、人民币的国际化指数。魏昊等构建了一个综合指标，考虑到数据的可得性，仅对比了美元、德国马克、欧元、日元、英镑的国际化水平。张英梅[45]通过 Matlab 软件，采用主成分分析方法，建立了测算人民币国际化进程的综合指标。彭红枫和谭小玉[46]选取相关变量，采用数学方法赋权，计算出了包括人民币在内的主要货币总量指数，以此来研究货币国际化的影响因素。张焕明和杨子杰[47]利用熵权法和主成分分析法计算了人民币、美元、欧元等主要货币的国际化指数。杨晨姊[48]选取 9 个指标逐一进行聚类分析，利用主成分分析法提取每个指标的重要信息，测算了人民币国际化进程。徐伟呈等[49]基于“一带一路”背景，通过货币锚模型计算了人民币货币锚地位，并将其补充到衡量货币国际化水平的指标体系中，采用数学方法测算了人民币国际化进程。

可以看出，关于综合指标的构建主要解决了两个问题：第一是构建指标体系，第二是指标体系的权重确定。对于第一个问题，大多数学者是基于国际货币的三大职能，选取代表性指标。对于第二个问题，采用的方法尚未统一，比如系统动力学、主成分分析法和熵权法等，各种方法有各自的优缺点。

2)基于货币境外存量视角

人民币境外存量也是人民币国际化进程的重要衡量指标[50]。关于人民币境外存量的测算通常可以分为直接法和间接法。第一种方法是通过境外流通途径来测算的，比如徐洪水就通过分析人民币周边流通途径，对周边流通量做了估算，以此衡量人民币国际化进程，认为人民币国际化进程处于初级阶段。李德运依据边境贸易的人民币结算规模，计算了人民币在中亚各国的总流量和存量，以此来衡量人民币在该区域的国际化水平。第二种方法往往运用扣除本地需求法，比如李继民[51]通过设立 ARDL(自回归分布滞后)模型求出了我国国内人民币需求函数，在扣除本地需求的基础上，测算了人民币境外存量。余道先和王云[50]采用扣除本地需求法测算了 1997—2013 年人民币境外存量，并以此来衡量人民币国际化进程。在此基础上，余道先和邹彤[52]依据弗里德曼货币需求函数建立我国货币需求函数，测算了 2013—2016 年人民币境外存量及其变化原因。钱圆圆和沙文兵基于经典的货币需求理论设定我国国内人民币需求函数，运用扣除本地需求法，计算出 2003 年以来每个季度的人民币境外存量，以此作为人民币国际化进程的衡量指标。总的来说，由于基于国际货币职能而选取的指标数据来源有限，因此人民币境外存量也是测算人民币国际化进程很好的一个思路，但是货币的境外存量仅仅考虑货币的国际存量数据，实际上没有反映其国际份额，因此具有很大缺陷。

综合以上文献可知，关于人民币国际化进程的测算暂时没有统一方法。但是现有研究进行了有益探索，给准确测算人民币国际化进程提供了很好的思路，目前整体上人民币国际化进程的测算主要是从货币的三大职能视角出发，并由单一指标向构建国际化指数转变。但也有不足，比如在代表性指标的选择上，由于数据的不可得性以及研究侧重点等原因，不同文献有不同的指标体系。在权重的确定方法上，往往采用主成分分析法、熵权法等，但仍无统一的观点。

### 2.3.3　人民币国际化的影响因素

现有文献主要有三种思路，其一是着重研究某一因素对人民币国际化的影响，其二是综合考虑所有因素对人民币国际化的影响，其三是分阶段来研究人民币国际化的影响因素。

1)单独研究某一因素对人民币国际化的影响

赵然着重分析了汇率波动对一国货币国际化水平的影响，他认为当该国实体经济发展到一定阶段后影响货币国际化水平的因素会发生显著变化，汇率波动对该国货币国际化水平不再存在明显影响，而对内币值稳定性的影响仍然比较显著。张国建等[53]利用动态面板数据研究了对外价值稳定性对我国主权货币全球地位的作用，通过定量分析得出，前者是后者的重要影响因素，汇率波动幅度的增大会阻碍人民币国际化进程。公衍照就资本项目开放对人民币国际化的影响进行了研究，认为目前中国受制于内外部条件的约束，如果盲目加速推进人民币国际化会造成资本项目过快开放，反而会不利于人民币国际化战略的实现，甚至会导致我国经济的内外不均衡，使得人民币国际化进程倒退。王珊珊[54]研究了一国金融市场的发展程度对该国货币国际化水平的影响，认为该国金融市场的规模和效率对货币国际化水平有显著的作用。

2)综合研究各种因素对人民币国际化的影响

多数文献是分析各种因素对人民币国际化的综合影响。Jeffrey 通过总结前人的研究，认为主权货币的国际地位主要取决于一国经济发展状况、金融市场发达程度、对内外价值的稳定性以及网络外部性等。Ito 和 Chinn[55]指出一国主权货币的全球地位很大程度上依赖于该国的经济地位，除此之外，货币的币值稳定和金融市场的开放程度对货币国际化也有显著促进作用。国内众多学者也认为经济规模、币值稳定性、金融市场发达程度以及网络外部性等都对人民币国际化具有正向影响[40]。也有学者运用面板数据模型进行定量分析，如卢悦衡和张建波通过建立固定效应下的面板数据计量模型分析了发行国的 GDP 份额、通胀率、汇率波动性等因素对货币国际化的影响，并对人民币国际化的路径做了分析。邓黎桥[36]通过面板数据，采用固定效应下可行的广义最小二乘法(GLS)回归进行研究，显示 GDP 份额、进出口份额、资本项目开放程度、股票交易额占该国 GDP 的比重以及货币具有的网络外部性与该国货币国际化水平呈正相关关系。余道先和王云[50]在测算人民币境外存量的基础上，定量研究了 GDP 规模、国际收支情况和人民币实际汇率等因素对人民币国际化进程的作用，得出 GDP 规模大、经常项目顺差大和汇率稳定升值有利于人民币国际化进程的推进，而我国资本和金融项目顺差则不利于人民币国际化进程的推进。彭红枫和谭小玉[46]将影响人民币国际化进程的因素分为两类，其中决定人民币国际化总量指数的关键因素是经济贸易实力和币值稳定性等基本面因素，而决定其相对水平的因素则是国际收支下的资本项目、国内金融环境、政治话语权等结构性因素。徐伟呈等[49]基于“一带一路”背景，根据我国和沿线国家(地区)的经贸合作状况，重点探讨了人民币国际化的影响因素在“一带一路”倡议提出前后的变动情况。

3)分阶段研究影响人民币国际化的因素

这方面研究特别少。白晓燕和邓明明[56]首次提出随着货币国际地位的变化，其影响因素是动态变化的。他们将人民币纳入待国际化货币组别(初期)，利用 20 年间的多种货币组成的面板数据，定量分析在其发展的不同阶段，各种因素作用机制的变化情况。通过研究得出结论认为在起步阶段，一国经济地位和汇率波动性对货币国际化起着至关重要的作用；随着国际化进程的不断推进，全球贸易地位和国内金融环境的作用将越来越重要；而网络外部性的作用则是自始至终的。

总的来说，现有文献表明大部分学者对经济实力、币值稳定性、金融市场等关键性因素对人民币国际化的影响已经达成了共识，但是，大多数研究是借鉴其他已经完成国际化的货币进行定性分析，定量分析的文献过少，关于各种因素对人民币国际化进程影响强弱和作用机制的研究还不够深入。同时，在少有的定量分析中，主要是利用面板数据[46,57]进行分析，但是采用的实证方法和模型选择也有所不同，在分析会时难免会出现遗漏或者数据可得性受限等情况。

## 2.4　关于人民币跨境流通的研究

### 2.4.1　国外主要观点

国外学者主要从传统跨境贸易、微观及宏观层面对跨境贸易计价结算货币的选择进行研究。

从传统跨境贸易角度看，Swoboda 对欧洲市场的贸易结算进行研究后发现，交易者持有外国货币的数量取决于持有过程中未能获得利息收入产生的机会成本和兑换货币时产生的转换成本，交易中机会成本与转换成本较低的货币容易被交易者所接受，在国际贸易结算中广泛使用。Krugman[58]通过构建三国收支平衡模型研究结算货币的选择，发现货币交易成本存在规模效应，是交易量的递减函数，一国货币在国际市场上交易量越大，使用其进行贸易结算的成本越低，该国货币越有可能成为国际结算货币。此外，他认为国际货币惯性较强，会不断强化自己的地位，即使该国的商业主导地位消失，其货币在国际经济体系中的特殊地位将会持续存在。Grassman 以瑞典数据为例分析了对外贸易结算货币的选择，发现发达经济体与发展中经济体进行贸易往来时，多选择以发达经济体的货币进行结算，这是因为发达国家经济稳定，持有其货币的风险较低。McKinnon[59]认为产品的异质性决定了贸易结算货币的选择，产品异质性高的出口商其市场定价权更大，该国货币会更加频繁地在贸易中使用。

从微观层面来看，影响企业选择结算货币的因素主要包括企业规模、产品的市场占有率以及差异化程度。Donnenfeld[60]研究了商品需求弹性对跨境贸易结算货币选择的影响，发现对外贸易中需求弹性小的产品市场地位较高，具有定价权。Goldberg[61]通过研究发现，外贸出口企业为了规避结算中面临的汇率风险，更多地使用本国货币结算。Bacchetta 等[62]对影响贸易计价结算货币的微观因素进行了研究，发现产品在国际市场中的份额与其差异化程度是影响结算货币选择的重要因素。产品的市场份额越高，其在国际市场上的竞争对手越少，厂商定价权越高。Donnenfeld[63]通过实证研究指出，出口企业规模与其交易中结算货币选择之间具有正向关系，尤其是出口商相对于进口商的规模越大，其拥有的货币选择权也越大。

从宏观层面来看，影响企业选择结算货币的因素包括经济规模、货币政策、汇率制度以及金融市场管制程度等。Devereux[64]指出货币政策的稳定性在一国货币走向国际市场的进程中起着至关重要的作用，进出口企业在进行贸易结算时倾向于选择货币政策稳健、货币供应量相对稳定的货币。Goldberg 分析了 24 个国家跨境贸易的数据，发现美元作为国际货币不是因为其较高的市场地位与贸易地位，而是因为许多国家采用了钉住美元的汇率制度。钉住美元的汇率制度会降低使用美元结算时的风险，稳定收益，因此美元国际化程度高。Gopinath 等[65]通过研究发现，汇率波动影响着国际贸易收支中货币的选择，而汇率波动的程度取决于国家的汇率政策。Tavlas 认为一国金融市场管制程度及金融市场规模的大小会对该国货币能否成为国际结算媒介产生显著的影响。Fukuda[66]认为一国经济规模会对该国货币作为跨境结算货币产生积极的推动作用，提升对世界经济的参与程度也能推动一国货币在国际贸易中广泛使用。

### 2.4.2 国内主要观点

自 2009 年跨境结算人民币试点工作开展之后，人民币跨境流通快速推进，国内学者对人民币跨境流通的研究逐渐增多。虽然对其研究时间尚短，但也取得了丰硕成果，研究主要集中于人民币跨境流通与人民币国际化之间的关系、人民币跨境流通规模的测算、存在的问题以及影响因素分析等方面。

从人民币跨境流通与人民币国际化的关系来看，巴曙松提出人民币国际化是区域化渐进发展的过程，首先是通过边境贸易结算推动人民币在周边国家的使用，在国际贸易积累到相当规模后，人民币在国际市场上逐渐由计价结算货币转向借贷、投资货币以及储备货币，逐渐完成货币职能的国际化。孙立坚认为跨境贸易人民币结算的开展推动了我国人民币国际化的实质性进展，他认为跨境贸易人民币结算降低了我国企业面临的汇率风险，有利于人民币在国际市场上形成外部效应，在国际社会中形成使用惯性，逐步推动我国放松资本项目管制与汇率改革。李婧[67]认为跨境贸易人民币结算是人民币国际化路径中的重要步骤，但人民币作为贸易结算货币尚处于初级阶段，需要通过开放金融市场、完善国内金融体系、推动汇率改革、优化贸易结构等方式推动人民币国际化进程。Wang 和 Huo 提出跨境贸易人民币结算对推动人民币国际化发展具有重要意义，此外，资本项目可兑换是人民币从贸易结算货币发展为投资和储备货币的必要前提，基于此实现人民币国际化有两个切实可行的途径，一是坚持跨境贸易人民币结算，二是稳步推动资本项目开放。孙杰[68]认为相对于跨境贸易人民币结算，人民币国际化是长远目标，他认为货币国际化应当是由国内需求推动而不是对国际形势的考量，我们应当对人民币国际化持有正确的态度，目标明确，稳妥推进人民币国际化，跨境贸易人民币结算是一个务实可行的政策。潘润枫的研究结果表明二者之间存在着长期均衡关系，跨境贸易人民币结算可以推动人民币国际化的发展。高颖认为近年来我国经济实力提升，人民币币值稳定，境外主体对人民币的认可程度提高，人民币跨境流通得到了较快发展，人民币已成功跨出国门。

从人民币跨境流通存在的问题来看，刘洪铎和陈晓珊[69]分析了我国与“一带一路”沿线国家(地区)跨境人民币结算的现状，发现我国跨境人民币结算业务存在着空间分布失衡与结构失衡、跨境人民币结算占比小、汇率形成机制尚不完善、人民币国际清算系统尚未完善的问题，此外，制约人民币跨境流通发展的问题还有“一带一路”沿线国家(地区)政治、经济环境较为复杂。穆银虎指出，跨境贸易人民币结算收付不均衡;我国资本项目管制严，人民币流动渠道不通畅;传统国际货币的惯性等阻碍了我国人民币跨境流通。殷悦焓认为我国跨境贸易结算额占进出口总额比重偏低，同时人民币跨境收付主要集中在香港地区，反映了境外人民币缺乏合适的投资场所。乔桂明和申健杰等指出国际货币的惯性是人民币跨境流通的主要外部障碍，而我国离岸人民币市场规模较小、未能形成系统以及较低的资本项目开放程度是制约人民币跨境流通发展的内部因素。刘旗分析了我国出口产品的技术结构，研究指出我国出口产品的实际技术水平远不如名义技术水平，产品竞争力不强，企业对结算货币的选择权不大，制约了人民币国际化的发展。刘珈利对出口企业结算货币选择进行了研究，发现我国出口企业跨境人民币结算规模较小，人民币结算进口商地域集中在东南亚及中国香港地区，出口商议价权较小，无法自主选择结算货币。董焕杰指出，我国金融发展滞后、人民币流通渠道不通畅制约了人民币跨境流动，此外，我国商业银行国际化程度不高、服务水平及金融产品创新能力不强阻碍了人民币国际化进程。曹芳基于商业银行视角对我国跨境人民币业务进行了研究,发现银行在发展跨境人民币结算业务时难以把握政策及业务的尺度,风险防范难度增加,自贸区政策倾斜尚未产生显著效果。朱林旭提出我国金融机构国际化程度较低,人民币跨境结算的相关基础设施尚不健全,人民币结算渠道不通畅,降低了人民币跨境流通的效率,我国金融从业人员也应提升其专业素养。

从人民币跨境流通规模的测算来看,郭睿夫采用直接测算法估计了人民币境外存量,发现其规模快速扩大,2011—2016 年境外人民币存量增加了 3 万亿元,经常项目及资本项目的逐渐开放促进了其规模的快速扩大。杜蓓蓓使用间接测算法对人民币跨境流通规模进行了估测,发现 2012—2014 年人民币跨境流通规模呈波动上升趋势,且境外人民币存量中存款占比较大、现金占比较小,这加大了境外主体获取人民币的成本,不利于人民币跨境流通。王宇分别采用直接法与间接法测算了人民币跨境流通的规模,结果显示直接测算法下 2001—2013 年人民币呈现净流出态势,且流出额不断增大;间接测算法下人民币境外流通规模呈现出先升后降的趋势。王峥[70]基于需求缺口估计法测算了 2003—2014 年的人民币跨境流通规模,发现其总体呈上升趋势,但各季度末存量存在着较大的差异,人民币境外存量的波动主要受国内经济发展的影响。

从人民币跨境流通的影响因素分析来看,王赟翀通过建立向量自回归模型(VAR 模型)分析了影响人民币跨境结算的因素,发现离岸人民币金融市场的发展、人民币汇率波动、贸易发展水平、出口产品差异化程度等都对人民币跨境结算规模有长期影响,其中离岸人民币市场的推动作用最大。方铭贤[71]从理论角度出发分析了外贸结构、企业类型及交易对象的差异对人民币跨境流通的影响,发现边境贸易中人民币结算规模不断上升;外资企业使用人民币结算比例较高,而民营企业难以适应结算货币的转换;亚洲地区经济体较易接受人民币结算,但欧美地区人民币业务发展落后。陈馥在研究影响人民币跨境流通的因素时,采用了多元线性回归模型的实证检验,认为人民币跨境流通受到经济基本状况、市场因素及政策因素的共同推动,境内外利差及汇差对人民币跨境流通影响显著。马光明等[72]通过实证分析发现,人民币跨境流通具有一定惯性,人民币升值也会拉动人民币跨境流通。王庆龙从国际区域分工角度对人民币跨境流通进行了研究,发现我国相对于发达经济体尚不具备明显的国际分工优势,但相对于发展中经济体,我国国际分工地位较高。我国在亚洲地区跨境贸易人民币结算中发展潜力较大,但贸易额较低,制约了人民币跨境流通。严佳佳等运用主成分分析法对影响人民币跨境流通的因素进行了实证分析,分析发现人民币币值稳定、金融服务的全面发展、国际贸易份额的提升及产品差异化程度提高促进了人民币跨境流通。刘子璇通过建立多元线性回归对影响我国与东盟贸易结算人民币使用的因素进行了分析,发现贸易规模扩大、境外人民币市场发展能够提升跨境贸易人民币结算额,而通货膨胀率较高则会制约跨境贸易人民币结算。黄杨认为金融发展对人民币跨境流通具有双重影响,金融发展初期会降低货币交易成本,促进人民币的跨境流通,而金融发展到一定程度时则会增加套利投机,阻碍人民币跨境流通。

## 2.5　关于人民币离岸金融中心建设的研究

### 2.5.1　离岸金融中心与货币国际化

离岸金融中心作为金融市场创新的一种形式，为世界资源配置提供了新的渠道，学术界关于离岸金融中心的研究起源于政府主导型离岸金融中心的建设及发展，且研究重点集中在影响因素及风险两大方面。

学术界从选址、监管、金融制度以及与在岸市场接轨等方面分别探究了影响离岸金融中心发展的各项因素。马聪妮通过日本离岸市场的经验分析，指出在健全的金融体制下，政府放松金融管制对推动离岸市场发展具有重要意义。Corkill[73]对马恩岛离岸金融中心的兴起进行研究后指出，地理位置、政府制度以及功能都是影响本国离岸市场建立和发展的关键。巴曙松和郭云钊[74]认为在离岸市场的发展中，金融创新和金融制度改革具有重要作用。原毅军和卢林[75]指出随着在岸市场与离岸市场的联系不断紧密，国内金融市场与国际金融市场的环境将趋于相同，这能够推动离岸市场的发展。何帆等[76]通过分析香港离岸市场，认为发展香港离岸金融中心，实现资本项目受限背景下的人民币回流，不断扩大人民币资产池，增加离岸人民币投资渠道，提高香港人民币的流动性及投资性才能推动香港人民币离岸市场的发展。Choi 等通过对全球 14 个国家国际金融中心 40 年的调查，表明城市实体经济规模及经济活跃程度是国际金融中心建设发展的物质基础；同时，国际金融中心作为金融资源集聚的区域中心，在很大程度上受到国际贸易频繁程度、资本项目开放程度、金融政策等因素的影响。Nakao 认为日本离岸金融市场建立以后，日元离岸市场和在岸市场形成了所谓的再贷款循环，这并不能真正实现日元的国际化。

针对国内离岸金融市场的研究，左娜提出应当建立围绕自由贸易账户体系的金融服务，以人民币资本项目全面可兑换为目标，认为现阶段以自贸区为范围的金融改革开放创新已经取得了一定成效。李猛[77]认为，在中国自由贸易港中，离岸金融业务应当服务于离岸贸易，提出我国在自贸区应采用渗透型离岸金融税制模式，并实现差别税率，以期实现在可控风险条件下最大限度吸引外资。

由于建立离岸金融市场面临一系列挑战，学术界也对与离岸金融中心建设的其他相关问题进行了研究。Carthy 从货币发行国角度对离岸金融及其风险控制进行了详细论述。张青龙研究发现，固定汇率制下人民币境外流通会造成国内储蓄变动，进而影响货币供给。刘亚等[78]研究发现离岸人民币利率对在岸人民币利率有明显的引导作用。

总体而言，离岸金融中心能够影响货币国际化，但在发展离岸金融中心的过程中，需要注意离岸金融中心的金融制度建设、风险管理以及选址等。

### 2.5.2　离岸金融中心建设与人民币国际化

有学者认为离岸金融中心与资本项目开放之间关系紧密，有利于人民币国际化。姚莉认为随着我国经济实力稳步增强，人民币信用基础不断稳固，人民币被越来越多的国家接受，人民币国际化物质条件不断完善，在人民币资本项目开放风险较大的背景下，建立人民币离岸金融中心可以实现对该风险的有效调控，对人民币国际化具有重要推进作用。He 等[79]指出，对资本项目仍处于管制状态下的国家而言，离岸金融市场可以显著推动货币国际化，并且离岸金融市场对该国带来的风险可以通过一定手段加以控制。Rhee 和 Sumulong[80]通过分析国际货币体系指出，建设人民币离岸金融中心可以减少对美元的依赖，同时是能够控制资本项目开放风险的一种有效方法。丁一兵认为现阶段的人民币离岸市场尚处于发展初期，对人民币国际化的推动作用未得到发挥，人民币离岸金融中心只是在未开放人民币资本项目的背景下，促进了人民币资本的自由流动。

有学者认为离岸金融中心可以提高本国的国际经济业务。Rose 和 Spiegel 指出离岸市场可方便国家间资金融通，进而促进区域经济发展。Jayaraman 分析指出，在一国建立离岸金融中心可以增加本国的国际经济业务往来，并为本国引进先进的交易工具，有助于该国经济发展和金融目标实现。张纯威[81]认为人民币离岸市场可以提高国际贸易中人民币的结算率，对推进人民币国际化具有重要意义。何帆等通过调研广东省人民币跨境贸易，指出离岸金融市场和人民币跨境贸易相互联系、相互影响。马骏认为目前贸易渠道是输出人民币、开放金融市场的主要渠道，但在人民币国际化进程中仅仅依靠贸易渠道难以满足人民币国际化需求，必须建立人民币离岸市场。

在人民币离岸金融市场如何推动人民币国际化的研究中，沈建光认为人民币离岸市场的建立拓宽了离岸人民币的应用，为人民币提供了畅通的回流渠道，加强了人民币在岸和离岸市场的联系，实现了人民币国际化加速发展。巴曙松和叶聃认为在“一带一路”的背景下发展香港人民币离岸金融中心可以提高国际资本持有人民币的积极性，完善人民币境外市场自循环体系，从而促进人民币国际化进程。夏林通过分析中国宏观经济和离岸金融中心的关系，认为我国在短期内应当以建设香港人民币离岸金融中心为重点，同时发展境内人民币离岸金融中心，并在发展的过程中审慎开放资本项目，审慎监管，有效推进人民币国际化。龙泉和刘红忠通过对美元、德国马克、日元国际化及离岸市场建设发展的历史经验进行分析，认为我国必须保障离岸市场与在岸市场的协调发展，充分发挥央行“最后贷款人”的身份。

## 2.6 关于人民币资本项目开放的研究

### 2.6.1 资本项目开放含义

国际上目前还没有一个资本项目开放的通用标准。经济合作与发展组织（OECD）、国际货币基金组织（IMF）、国内外学术界对资本项目开放的内涵也有着不同定义。

OECD 在其制定的《资本流动自由化通则》中要求成员国对非居民在其境内、本国居民在其境外进行资本交易的权利做出承诺。此外，对与资本流动相关的支付也不得加以管制。同时，对资本项目开放进行了如下规定：各成员国必须逐步放开资本流动，并且取消相关交易限制和法律约束，从而促进各国间的有效经济合作。1989年OECD为进一步保障跨境资本自由流动，对该通则进行了重新修订，扩大了国际资本流动的范围，不仅长期资本可以自由流动，短期资本也实现了自由流动。因此，OECD对资本项目开放的界定有明确的开放性。

IMF在其编制的《汇兑安排与汇兑限制年报》(AREAER)中将资本项目开放的标准定义为取消资本交易中的所有支付限制。亚洲金融危机过后，IMF取消了该项认定，再度界定了开放标准：将资本项目划分为11个子项目，在取消信贷交易管制的前提下，如若一国开放的子项目数不低于6个，则该国可被认定为已基本实现了资本项目开放。2008年全球金融危机爆发后，IMF进一步完善了成员方资本项目开放的定义，不仅取消了跨境资本交易中的汇兑限制，而且相机同意对短期资本交易征税、施加临时性资本管制以及强制非居民存款支付准备金。由此可见，资本项目开放并不是完全放松跨境资本的自由流动与兑换，而是在一定程度管制下的资本自由流动。

国内外学者也围绕资本项目开放展开了一系列研究。Quirk和Evans将资本项目开放定义为取消对资本项目项下的外汇交易管制，如补贴、税收、数量管制等。刘光灿等[82]将之定义为除经常项目外解除其他一切管制。Eichengreen和Mussa的定义是取消资本交易的外汇兑换管制和其他管制措施，但管理当局在保障跨境资本交易的基础上仍然可以保留税收类手段。Guitian[83]将货币自由兑换划分为三类，一类是货币可以无限制地用于所有用途，一类是可以按给定汇率将其他货币自由兑换为该种货币，一类是可以将该种货币自由兑换成其他货币。管涛[84]对资本项目可兑换从三个角度进行了界定，一是实行一致性货币安排，二是取消跨境资本交易及相关限制，三是取消对跨国资本交易进行补贴或征税。这也就是说除个别情况以外，基本解除对资本流动的所有约束行为。温建东[85]认为资本项目可兑换是指取消跨区域的经常性和资本性交易兑换限制，并且不再实行单独汇率政策，废除了歧视性税收及补贴政策。该界定突出了解除对资本的管制，在实际操作中具有一定的指导意义。姜波克和朱云高[86]认为资本项目可兑换就是取消资本项目交易下的货币兑换限制，使资本能够自由流动，并且说明资本项目开放有一定的时间过程，强调了其过程性。张礼卿[87]认为资本项目开放意味着某个国家解除对跨境资本交易施加的所有直接和间接管制。赵庆明则将资本项目可兑换界定为所有投资者都将得到平等的对待，不论其是居民还是非居民，并且在国际市场中金融资产可以实现自由兑换。陈雨露和罗煜[88]在张礼卿定义的基础上补充了取消在跨境交易中可能增加成本的相关政策。张金清等[89]认为某经济体只有对涉及跨国资本交易和货币兑换的行为人及其经济行为取消管制，才可以称为资本项目开放。吴念鲁和杨海平[90]的观点则是解除一国居民与非居民之间的资本交易限制，实现本国货币的自由兑换。王婷亚认为资本项目开放指的是实现资本和金融项目下的货币自由兑换和跨境自由进出。盛松成基于货币兑换角度，认为资本项目开放是一个渐进过程，逐步放开居民与非居民使用跨境资产进行交易。方显仓和孙琦[91]认为资本项目开放是指对各子项目逐步放开管制的过程，主要指放松与跨境资本交易相关的外汇管制及交易限制，但这并不意味着取消全部的资本管制。

可以看出，资本项目开放作为一国金融自由化的重要组成部分，不仅要实现资本与金融项下的货币可自由兑换，对于资本项目交易本身也要放松管制、解除禁令。综合来看，国内外对资本项目开放的界定各有侧重，主要有两种观点，一种观点偏重放开跨境资本交易过程中的货币兑换约束，与“资本项目可兑换”的意义相近；另一种观点则偏重于放开跨境资本交易，突出取消对业务施加的管制，与“资本项目自由化”的意义相近。综合以上研究，本书界定的资本项目开放基于广义角度，不仅包括放松货币汇兑管制，还包括取消跨境资本交易限制。

### 2.6.2 资本项目开放程度测算

作为衡量一国资本项目开放的基础定量指标，资本项目开放程度可以有效衡量资本项目对一国经济发展的影响，从而更好地把握开放进程。通过梳理国内外相关文献，本节将已有测算指标分为法定指标和事实指标两类。

1）法定指标

法定指标是用来衡量一国的法律法规对资本项目管制的水平。从资本项目开放的不同维度来看，又可以分为哑变量指标、份额指标和强度指标三类。

（1）哑变量指标

该指标的依据是每年 IMF 发布的 AREAER，根据资本项目交易子项目开放与否设置虚拟变量，0 为完全不开放，1 为完全开放，对其加总或平均，来衡量一国资本项目开放的程度。Epstein 和 Schor 利用该方法大体测算了 1967—1986 年 16 个 OECD 国家的资本管制程度。1996 年 IMF 对其发布的 AREAER 进行了细化与补充，基于此，Johnston 和 Tamirisa 首次将 45 个国家资本项目下的子项目的二元变量进行了算术平均。依据细化后的 AREAER 标准，学者们又从研究主体和时间两个角度对该方法进行了扩展。Miniane[92]运用该方法测算了 1983—2000 年 34 个国家的资本项目开放程度，更新了 1983—1996 年的数据。Brune 和 Guisinger 则对 1970—1996 年 187 个国家的资本项目开放情况进行了定性分析。

（2）份额指标

份额指标是根据一国的法律法规，利用资本项目开放的时期数与研究期间总时期数的比值来衡量一国资本项目开放的程度。对此，IMF 和 OECD 根据各自发布的条文构建了不同的指标。

Grilli 和 Milesi-Ferretti 根据 IMF 发布的 AREAER 确定了份额指标。首先选择资本项目是否开放的标准，如果满足标准，那么该国这一年的资本项目处于开放状态，反之该国的资本项目处于封闭状态；然后，设定一时间段 $n$，期间资本项目开放年度数为 $i$，则该国的资本项目开放程度为 $i/n$。公式表述为

$$\text{资本项目开放程度}=\frac{i}{n} \tag{2-1}$$

利用这种方法得出的指标取值范围在 0～1，取值越大，该国资本项目开放程度越高。这种测算方法虽然较为简单且有较强的数据可得性，但是也有着明显的缺陷，即该指标只能衡量考核期内的资本项目开放程度，是一个时期数据而非一个时点数据，不能有效衡量具体年份的管制强度。

Klein 和 Oliveig 根据 OECD 发布的《资本流动自由化通则》构建了一个反映年均开放项目比重的 code 指标，公式表述为

$$资本项目开放程度 = \frac{1}{n}\sum \frac{j}{11}(0 \leqslant j \leqslant 11) \tag{2-2}$$

其中 $n$ 为考察期内总年数，$j$ 为开放的跨国交易资本项目数。与 IMF 的份额指标相同，取值越大，该国资本项目开放程度越高。虽然 OECD 的 code 指标可以提供每一年份的开放程度数据，但是这种方法只适用于 OECD 成员国，对非成员国来说数据支持有限。

(3)强度指标

强度指标是根据资本项目下各交易子项目开放程度的不同，赋予不同的强度。根据确定强度信息的不同信息来源，学者们构建了 Quinn 指标和 MR 指标。

Quinn 根据 IMF 发布的 AREAER，对一国资本项目管制的强度进行赋值，完全管制赋值为 0，逐级增加 0.5，最高赋值为 2，并且区分了资本的流入和流出，该指标取值范围在 0～4，取值越大，该国资本项目开放程度越高。Chinn 和 Ito[93] 进一步利用多重汇率存在与否、资本项目开放程度、上缴出口收入、经常项目开放程度等情况构建了更完善的强度指标。Potchamanawong 采取类似方法包含了 AREAER 中 13 个资本项目子项目，完全管制赋值为 0，逐级增加 0.25，最高赋值为 1，测算了 1995—2004 年 26 个新兴国家的资本项目开放程度。Quinn 指标的局限在于依赖 AREAER 的描述进行主观判断和强度赋值，具有一定的主观性。Montiel 和 Reinhart 根据对外直接投资、资产组成变化和短期资本流动等的限制大小，完全管制赋值为 0，其次赋值为 1，最高赋值为 2，依据该规则测度了 1990—1996 年 15 个新兴国家资本项目的开放程度。MR 指标由于使用的主体范围、时间跨度以及测算粗糙等限制了其使用范围。

综合各类法定指标可以看出，哑变量指标过于简单与粗糙。份额指标中 IMF 指标只能衡量某一时段资本项目的开放程度，不能说明特定年份的开放情况，并且也不能很好地反映不同国家资本管制的区别；OECD 指标只适用于 OECD 成员国，不够完整。强度指标一方面考虑了各国资本项目子项目的情况，也考虑了经常项目等其他因素对其造成的影响，覆盖范围更为广泛；另一方面，不同于仅考虑资本支出的哑变量指标，强度指标区分了资本的流入与流出，更真实地反映了一国的资本管制政策。

2)事实指标

事实指标是通过选取资本项目下与资本流动相关的经济指标定量估计一国资本项目的开放程度。根据选取的不同变量，又可以分为 FH 指标、价格水平指标、总量指标等。

(1)FH 指标

Feldstein 和 Horioka 基于国民收入恒等式中投资率和储蓄率的变动关系，分析了 21

个经合组织国家的资本实际流动情况，如果一国资本管制程度较高，本国储蓄将会是其投资的重要源泉，那么，两者相关性就比较显著；反之，如果一国资本项目管制程度较低，除本国储蓄外，外国资本也可以用来进行本国投资，那么，两者不一定存在高度的相关性。但是，该方法也受到了一些学者的质疑[94-95]。

(2)价格水平指标

价格水平指标主要包括国内外利率相关性指标和股市收益率关联度指标。

根据抛补利率平价理论，Edwards 和 Khan 首次提出了国内外利率相关性指标，对哥伦比亚与新加坡两国的资本项目开放程度进行了测度，并且说明如果一国的资本项目处于开放状态时，则国内与国外的市场利率就大体相同，不存在套利的空间，所以，两者的匹配程度就可以衡量一国资本项目开放的程度。

股市收益率关联度指标是利用一国与高度开放国家股市收益率的相关程度测度该国资本项目开放程度的指标。Bekaert 先选出一些经济高度开放的国家，例如美国、德国等，并将这些开放国家的股票收益率作为参照，衡量了一国相对这些国家的资本项目开放程度。与市场资本化比率指标相同，该方法的局限性同样在于只反映了一国股票市场的开放情况，无法反映整个资本项目的开放情况。

(3)总量指标

总量指标是直接采用跨境资金的实际规模来衡量一国资本项目的开放程度，可以分为流量法和存量法两类。其中，流量法通过测算某个国家在某一时期资本的流入流出与 GDP 的比值来衡量该国的资本项目开放程度。Kraay[96]利用资本和金融账户下各子项目资本的实际流入和流出总规模占国内生产总值的比重来衡量一国资本项目开放的程度。但该方法的缺陷在于资本的流入流出不仅会受到管理当局对资本流动的政策管制，还会受到国内外宏观经济环境等其他因素的影响，降低了这种测度方法的有效性。而存量法的测度方法则是通过测算某个国家对外金融资产负债与 GDP 的比值进行。Lane 和 Milesi-Ferretti 运用 LMF 法，利用对外直接投资和证券投资项下跨境资产和负债总量占 GDP 的比重这一存量指标测量了 1997—2004 年 145 个国家的资本项目开放程度。该指标虽然计算简单，但误差相对较大，而且短期内反应不灵敏，主要是因为资本项目管制以及政策、环境等因素都会影响国际投资活动。

综合各类事实指标，FH 指标中不仅管理当局的政策调控会影响到投资、储蓄，同样地，人口、生产率等因素也会影响到投资、储蓄。在这种情况下，即使一国不存在任何资本项目管制，两者仍可能会高度相关。在价格水平指标中，由于还有一些国家没有实现利率市场化，限制了相关利率指标的应用，股市收益率关联度指标则仅局限于一国股票市场，不能完全代表一国资本项目。总量指标的缺陷在于资本的流入和流出会受到政策管制以及国内外经济环境等因素的影响。

### 2.6.3　资本项目开放条件

近年来，学界对资本项目开放条件的研究热情日益高涨，并指出如果一国尚未满足资本项目开放条件就贸然行之，很可能会引发较大金融风险。根据世界上诸多国家开放的经验，有些资本项目开放比较激进的国家遭受了严重的外部冲击。以拉美国家为例，开放经常项目后，仅相隔三年时间就开放了资本项目，由于其国内巨额的财政赤字以及宏观经济体制的不完善给这些国家造成了巨大的负面冲击，如 1999 年巴西爆发了金融危机，对国内造成了巨大损失，随后 2001 年阿根廷爆发了债务危机，使得局势动荡不平。

在资本项目开放条件研究方面，Mathieson 和 Rojas-Suarez 认为资本项目开放的前提条件主要是整体经济运行平稳，具体包含财政受到约束、操纵自如的工资和价格机制、较高的与国际金融市场的接轨程度，此外，还包括灵活可变的利率、降低金融风险的安全网、可以进行再资本化和重组的业务机构等。Williamson 则从资金流入和流出两个角度分别进行了阐述，在资金流入方面，认为经常项目开放应作为资本项目开放的前提条件，同时，建立健全经济体系和财政制度也是必不可少的条件；在资金流出方面，应该保持经济政策的连续性，同时政府应灵活运用各种财政手段限制资本项目开放所引发的侵蚀税基行为。Guitian 和 Nsouli 认为资本项目开放的前提条件应该包括市场导向的激励制度、完善的金融体系、宏观审慎的调控政策、充足的国际储备。Eichengreen 和 Mussa 的观点主要包括透明的监督体系、良好的宏观经济政策和激励措施。张礼卿[97]认为一国资本项目开放的前提条件主要包括六点，一是良好的宏观经济政策，二是金融能够自由化发展，三是贸易实现自由化发展，四是经常项目得到开放，五是足够的外汇储备，六是完善的公司治理机制和监管体系。胡祖六和郎平[98]认为，一国资本项目开放的前提条件是坚实的经济基础及良好的政策，具体包括强健的国际收支状况、良好的国内金融体系及灵活的汇率制度。Schneider 则认为应当包括四点，一是良好的宏观经济环境，表现为良好的国内金融体系、较低的通货膨胀水平、完善的金融监管制度等；二是良好的国际收支水平，表现为经常项目收支处于均衡状态、外汇储备较为充足；三是稳定的财政基础，具体表现为良好的财政管理制度、较低的外债水平等；四是具备弹性的汇率制度并且利率市场化发展程度较高等。姚淑梅[99]指出我国资本项目开放的首要条件是国内宏观经济状况良好，各种配套的制度也较为完善，其次在通胀可控、经济结构合理的基础上经济能够持续增长。

针对资本项目开放的前提条件，IMF 也对其进行了论述，但仅是定性条件，没有量化标准，在界定上也难以达到统一。2012 年 11 月，IMF 在《资本流动开放与管理：机构观点》中在以往条件的基础上做出了补充，认为还要考虑一国开放后所能取得的净收益，该国目前的宏观经济环境是否适合资本项目开放，即是否有成熟的金融机构体系和完善的金融监管体系，此外，还需制订适合的目标，做好规划，在合适的时间点开放。

综上所述可以看出，虽然不同学者对于资本项目开放条件的看法各有千秋，但总体来看，资本项目开放一般需要具备以下几个条件。

1）良好的经济发展水平

一国的经济必须发展到一定水平才能进行资本项目开放。一方面，资本项目一旦开放，则该国经济和世界经济的联系将更加紧密，如果一国经济发展水平很低，则更容易受到外部冲击，世界经济的波动也将对国内经济造成巨大影响。反之，一国经济发展水平越高，该国越能承受随着资本项目开放由资金的流入流出带来的潜在风险，世界经济的波动对国内经济造成的影响也越小。另一方面，资本项目开放后，国内物价水平也会趋近于国际水平，如果一国没有稳定的经济作为支撑，国际价格体系将对国内物价体系造成强力冲击。结合国际经验，与美国等已实现资本项目开放的国家相比，我国的经济增长水平高于世界其他国家，已成为世界第二大经济体，但是我国目前仍然不是发达国家，与发达国家的差距也将持续存在，伴随着人口红利的减少，我国经济已进入中高速增长的新常态，未来只有转变经济增长方式，找到新的经济增长动力，我国经济增长才得以长期持续。

2)充足的外汇储备和弹性的汇率制度

一国开放资本项目后，将不可避免地受到国际上资本大规模流动的冲击，国内经济运行也将面临更多不确定性。当一国受到国际资本冲击并且出现了金融波动，如果持有充足的外汇储备，则一方面可以使该国更好地应对国际资本流动带来的各种冲击，降低金融风险，减轻维持国内经济稳定的负担；另一方面，保持充足的国际清偿手段，也会让投资者积极面对未来的经济态势，增加市场信心，减少短期投机行为，从而使该国更有可能得到国际金融机构的青睐，有利于该国保持良好的国家形象和商业信誉。但是持有太多外汇储备也会产生过高的机会成本。因此，长期来看，建立弹性灵活的汇率制度对于一国而言才是更加有效的选择。当前我国实行的是以市场供求为基础、参考一篮子货币进行调节、有管理的浮动汇率制度，外汇管制还没有完全放开，这在一定程度上也延缓了我国的资本项目开放进程。

3)市场化的金融体系和完善的监管体系

从这个角度来说，首先，金融机构及相关部门应建立良好的内控体系，保证其合理有效，增强应对国际金融风险的能力。其次，资本项目开放后，利率和汇率作为重要的调节杠杆，将影响资本在国际范围内流动的方向。如果利率市场化程度较低，国内资金价格就会偏离国际水平。如果前者高于后者，国际资本就会大量流入国内；反之，如果前者低于后者，将会有大规模的国内资本外逃。无论是热钱流入还是资本外逃，都不利于一国宏观经济的稳定。当一国发生更大规模、更加频繁的国际资本流动时，如果没有完善的金融监管体系，可能会引发严重的道德风险和逆向选择。一方面，银行出于逐利心理，可能会涉足高风险领域，将该领域的资产价格人为推高，造成虚拟经济泡沫，不利于宏观经济稳定；另一方面，一国资本项目开放后，将会吸引新的投资机构带着新的投资工具进入国内，新要素的加入虽然能够提升金融系统的竞争能力，但也使得金融交易与以往相比更加复杂，产生系统性金融风险。所以，完善的金融监管体系对于开放资本项目来说也是必不可少的条件。

虽然资本项目开放应该具备一系列基础条件才能保证一国经济的可持续发展，但根据目前的国际经验，还没有出现一例满足所有条件后才进行开放的情况。当前，我国也不完全具备上述条件，在这种情况下，我国更应该全方位多角度进行衡量，综合比较资本项目开放给我国带来的风险和收益，逐步放松资本项目管制。

### 2.6.4 资本项目开放顺序

如果一国确定了要开放资本项目，那么正确安排开放顺序将会是其成功开放的重中之重。资本项目开放的顺序涉及两个方面，一是外部顺序，即资本项目开放与经常项目开放及其他经济改革之间的顺序；二是内部顺序，即资本项目内部各子账户之间的顺序。

关于资本项目开放与其他经济改革之间的顺序，大部分学者都认为应该先进行其他经济改革，其次才是资本项目开放。Edwards 认为一国应该先进行金融体系改革和贸易改革，然后再开放资本项目，因为只有当一国经济发展到一定程度时，资本项目开放才可能取得成功。Linn 和 Bhattacharya 根据东亚经验得出的先后顺序应该是“实体部门改革—金融部门改革—开放资本项目”。谢世清[100]基于发展中国家资本项目开放的经验，认为在开放资本项目之前要先进行金融体系的改革。沈军[101]以印度的资本项目开放进程为例，指出弹性汇率制度应当是资本项目开放的关键条件，汇率制度改革可以有效保障资本项目平稳开放，因此应该将资本项目开放放在汇率制度改革之后。但是也有一部分学者认为资本项目开放与其他经济改革可以同时进行。

对于资本项目开放和经常项目开放的顺序，绝大多数国家认为开放经常项目在前，开放资本项目在后，例如智利；也有少数国家是开放资本项目在前，开放经常项目在后，例如日本。Lal[102]考虑到确定名义汇率所需的信息，主张资本项目开放不仅应先于经常项目开放，还要优先于自由贸易。Bhandari 考虑到资本管制带来的实际汇率上浮，主张资本项目开放在前。Scott 认为资本项目开放会造成国外资金的大量流入，有利于降低贸易改革的短期成本，所以，经常项目和资本项目应该同时开放。Gultian 认为一国如果要满足资本项目开放所需的全部条件，则该国的资本项目开放可能永远无法进行。考虑到现实情况，如果一国经济环境较为稳定，经济政策也比较好，那么资本项目和经常项目就可以同时开放。Falvey 和 Kim 认为资本项目开放与经常项目开放应该分为四个阶段，首先实现宏观经济稳定，其次进行经常项目开放，再次在开放经常项目的过程中开放资本项目，最后两个账户开放同时完成。Williamson 认为考虑到国内机制尚存在扭曲，同时开放经常项目和资本项目可能会发生危险，因此，在改革后期开始进行资本项目开放会比较合适。

关于资本项目开放顺序中内部各子账户之间的顺序，多数学者秉持着这样一种规则，即先直接后间接，先长期后短期，先流入后流出等，例如 Johnston、Guitian[83]。Nsouli 根据资本的流动方向和期限长短，首先将资本项目分为资本外流和资本内流、长期资本和短期资本，其次对于开放的顺序，他认为应先开放长期资本，特别是解除对外国直接投资的管制；对于资本外流的管制，应该先厘清造成管制的原因是金融扭曲还是宏观经济失衡。

## 2.7 关于汇率波动对人民币国际化影响的研究

Frankel[103]指出，货币国际化的不断发展将促使其币值升高，并且会引起境外对本国货币需求量的大幅改变，进而导致汇率的波动。王晓燕和雷钦礼通过对国内经济发展的研究，认为随着货币国际化的进行，本币在长期与短期内均会出现升值，但不会发生过度偏离。郭福春对我国2005年“7·21汇改”进行研究，认为这次汇改提高了汇率的变动范围，并导致人民币持续升值且波动幅度加大。邵华明和侯臣指出，人民币国际化的不断发展，会促使我国实行弹性汇率制，从而扩大了汇率浮动的区间，以此来更真实地反映货币的价值变化。王胜和廖曦通过探究货币政策在人民币国际化进程中的作用，认为在纳什均衡下，国际化发展将加剧两国的汇率波动幅度，在合作均衡下，汇率传递效应的提高会使汇率波动先增加后减小。王盼盼分析指出，由于“不可能三角”的存在，即人民币汇率定价权、汇率市场化和人民币国际化之间不能同时达到，协调三者间的政策冲突、维系三者的均衡发展是我国今后的一大政策目标。邓贵川和彭红枫通过研究人民币作为定价货币在全球市场上的份额变化，认为人民币国际化程度的提高，会促使人民币升值，同时能够降低汇率波动与通货膨胀的风险。

在经济开放时代，货币会受到多种因素的影响，汇率总是处于波动状态。而汇率波动会导致货币价格的不稳定，并可能造成一定的风险与损失，减弱国际市场对该货币的信心，进而影响货币的国际化进程。Donnenfeld[63]通过引入宏观和中观层面的数据进行实证分析得出，汇率波动带来的汇率风险会降低交易过程中的货币偏好，改变交易货币的币种选择，阻碍该货币的国际化进程。然而，Chinn 和 Frankel[23]通过对欧元和美元国际化进程的数据进行实证分析，认为汇率波动对货币国际化没有显著影响。Cohen从货币供需的角度进行研究，认为根据需求者的偏好和风险接受能力，在货币国际化初期，市场的需求能够维持对货币比较稳定的信心，并且促使货币产生一定的升值。另外，在货币市场化初期，较小的汇率波动是汇率市场化的必要条件，也是推动货币市场化初期的重要因素。

国内学者赵然对美元、英镑等主要国际化货币进行了对比，认为一国经济越发达，汇率波动对本币国际化的影响就越弱。蒋先玲认为汇率波动会引起境外参与者对本币预期的变化，一方面，在国际贸易中，汇率波动会使贸易方选择相对稳定的货币进行结算，改变结算货币的选择；另一方面，在国际资本市场上，风险对于投资者往往是不利的，所以境外投资者会改变他们的投资策略和投资组合，影响跨境资本流动，从而影响境外对人民币的需求，在一定程度上对人民币国际化产生不利影响。余永定认为，汇率及其预期的上升对人民币的国际化有正向促进作用。余翔认为汇率波动会单向引起人民币国际化变化，人民币及其预期的升值都对其具有促进作用。周宇通过对比分析世界各主要货币，认为贬值总体上不利于人民币国际化。罗孝玲通过MSVAR模型（马尔科夫区制转移向量自回归模型）对人民币国际化与汇率波动的区制效应进行研究，发现变量之间存在同向变化，且具有区制差异。张国建等[53]分析认为，人民币国际化会受到实际有效汇率波动的阻碍作用，两者具有显著的负向关系。孙少岩和孙文轩研究得出人民币国际化需要增强资本项目的开放、汇率的双向波动以及长期均衡三者间的联系。沈悦和杨丹丹通过对比分析国际债券发行中主流货币的占比，认为汇率波动会弱化资本项目开放对货币国际化的促进作用，在人民币国际化初始阶段，需要适当保持本币价值稳定。王雪和胡明志通过分析“7·21 汇改”和“8·11汇改”中人民币汇率的信息溢出效应，发现两次汇改后汇率波动率和收益率的信息溢出均增强，“8·11 汇改”后对外输出的信息溢出也明显增强，总体来看，两次汇率制度改革都提高了人民币在全球的影响力。

另外，也有学者指出汇率波动与人民币国际化无明显关系，杨措从结算与投资角度出发，认为汇率波动与人民币国际化之间无显著关系，当汇率的稳定性正向促进国际化发展时，其滞后项却没有表现出明显的促进作用。沈悦等[34]在研究人民币国际化的影响因素时，同样得出汇率波动不能显著影响其进程，但两者间存在一定的关联。何慧刚[29]认为汇率市场化、放开资本项目管制与人民币国际化三者互为条件、相互促进。张红梅通过研究汇率升值与人民币国际化之间的相互影响，认为在推动人民币国际化进程中应该关注汇率波动加剧的可能性，同时协调两者的关系。沙文兵和童文俊从人民币境外存量角度出发，认为升值能够增加境外人民币存量，同时境外人民币存量增加时也会促使本币升值，并且在相互影响中，境外存量变动是主导影响因素。沙文兵和刘红忠认为汇率波动与人民币国际化之间相互关联，一方面，人民币国际化程度的提高将促使本币升值并减少汇率波动；另一方面，货币预期的提升和货币价值的稳定会增强境外市场对人民币的认可度，从而提升人民币在全球货币中的影响力。何金旗研究认为，人民币国际化能够促使人民币升值、提高国内利率水平，同时，人民币升值在短期能够促进本币国际化，而在中长期则不明显。李萌认为汇率波动和实体经济息息相关，在人民币国际化进程中需要综合考虑对各方面的影响，保证国民经济的稳定，然后有序推进对外开放，因此需要协调汇率制度改革与汇率波动的关系。

宿玉海通过 SVAR(结构向量自回归)模型探讨了汇率及预期、短期国际资本流动、人民币国际化之间的关系，认为币值的相对稳定有助于减小境外短期资本的影响并促进人民币国际化；而人民币国际化的逐渐推进可以提高境外对人民币升值的预期，降低资本流出倾向。安鑫认为资本项目开放和人民币国际化势必会提高人民币对外价值的波动程度，但是汇率可以在更大的范围内双向变化给外汇市场带来了良好的发展机会，而且人民币国际化和汇率波动之间存在相互促进和协调的关系。彭浩东和黄东风从全球货币循环角度对 FDI、人民币国际化及汇率变动三者的相互影响进行探究，认为人民币国际化进程的深入会促使人民币升值，同时人民币升值又会推动人民币国际化进程。

纵观现有的研究文献，可以看出国内外学者对汇率波动、人民币国际化以及两者的关系做了比较多的研究，为本书提供了相应的参考。但是，关于汇率波动与人民币国际化进程关系的研究大多数从定性角度进行分析，相应的理论机制与实证分析较少。并且研究结论仍然存在分歧，尚未形成统一观点。另外，现有研究多集中于分析“8·11 汇改”之前特定时间段内两者的直接影响，变量的选取和研究方法比较单一，研究结论存在片面性。缺乏“8·11 汇改”之后对汇率波动与人民币国际化进程最新变化的分析以及两者间影响机制的深入研究。

## 2.8　简要评述

通过梳理已有文献可以看出，学术界基于自贸区金融创新对人民币国际化进行了多方面研究，取得了一系列研究成果。

在自贸区金融创新对人民币国际化影响研究方面的主要研究成果如下：提出自贸区金融创新为人民币国际化提供了新机遇和新要求；自贸区金融创新步伐的不断加快要求人民币国际化应有突破性推进；近年来人民币国际化正稳步推进，但是，受一系列因素的制约，人民币国际化还需要更多有利条件的支持；人民币跨境贸易流通是人民币国际化的第一步，也是人民币国际化的必经之路；人民币离岸金融中心建设有利于加快推进人民币国际化；自贸区金融创新要求进一步开放资本项目，稳步开放资本项目有利于人民币国际化的顺利进行；人民币汇率制度改革与人民币国际化有内在联系，汇率市场化改革有利于人民币国际化。与此同时，通过文献梳理亦可发现当前对自贸区金融创新效应的研究存在一定局限性：一是由于自贸区建设始于 2013 年，建设年限较短，自贸区金融创新效应的定性分析文献较多，对自贸区金融创新的定量研究在 2015 年后才陆续出现，且研究主题主要集中在对地区经济指标、资本流动、产业结构升级三大方面，研究范围较窄；二是关于自贸区金融创新对人民币国际化的影响研究，现有文献主要是通过对自贸区进行政策解读与理论分析而开展论证，阐述自贸区金融创新对人民币国际化的重大意义，尚没有使用定量研究的方法研究自贸区金融创新对人民币国际化影响的文献，更没有学者对其作用机制进行研究。

在多维度推进人民币国际化研究方面，国内外学者对人民币国际化水平测算和影响因素、如何推进人民币跨境流通、通过资本项目开放和离岸金融中心建设推进人民币国际化，以及汇率波动与人民币国际化之间的内在联系等方面进行了深入研究，对本书多角度研究如何推进人民币国际化具有重要参考价值。与此同时，已有研究也存在不足之处：在人民币国际化水平测算和影响因素研究方面，还存在指标体系的选取和权重确定方法不够完善，定量分析不够；在人民币跨境流通研究方面，大多数文章并未将资本项目开放程度对人民币跨境流通的影响纳入实证模型；在离岸金融中心建设研究方面，还存在模型的选择以及衡量标准确定混乱；在资本项目开放研究方面，存在定量研究成果缺乏；在汇率波动对人民币国际化影响方面，从自贸区视角开展研究的文献匮乏等不足。

鉴于此，本书尝试从自贸区金融创新视角出发，首先，从理论和实证两个方面分析自贸区金融创新对人民币国际化的影响，揭示自贸区金融创新与人民币国际化之间的内在联系；其次，分析人民币国际化的进程及其影响因素，从中筛选出最主要的影响因素；再次，分别从人民币跨境流通、人民币离岸金融中心建设、人民币资本项目开放以及汇率波动对人民币国际化影响等方面研究如何多维度推进人民币国际化；最后，提出一系列加大自贸区金融创新力度、推进人民币国际化的政策建议。

# 第3章　自贸区金融创新对人民币国际化的影响分析

自2013年开始，我国便大步迈开建设自贸区的步伐，通过一系列金融创新政策，促进投资和贸易便利化，以持续推动跨境人民币结算与人民币国际化进程。那么，自贸区金融创新究竟对人民币国际化具有怎样的意义，能带来多大程度的影响，自贸区金融创新主要集中在哪些方面展开，通过何种途径影响人民币国际化水平，对我国未来自贸区金融创新和人民币国际化的推进又能提供哪些借鉴作用？本章试图通过理论分析和实证研究，验证自贸区金融创新对人民币国际化的影响，为基于自贸区金融创新视角多维度推进人民币国际化提供理论和实证支撑。

## 3.1　自贸区金融创新进展分析

自2013年上海自贸区设立以来，截至2020年9月我国已设立了21个自由贸易试验区，分为五批挂牌建设。2013年9月，为了进一步贯彻落实党的十八大精神，推进新形势下的改革开放，加快转变政府职能，积极探索创新管理模式，为我国对外贸易和投融资提供便利，国务院办公厅颁布了《国务院关于印发中国（上海）自由贸易试验区总体方案的通知》，我国开始建设第一个自贸区——上海自贸区。接着，2015年4月，天津、广东、福建作为第二批自贸区相继挂牌设立。2017年3月，陕西、四川、重庆、河南、湖北、辽宁、浙江作为第三批自贸区陆续揭牌。2018年9月，海南自贸区设立。2019年8月，党中央为了贯彻改革创新，刺激我国经济向外向型高质量发展，决定拓展自贸区试点的范围，在黑龙江、山东、河北、江苏、广西、云南六省（区）新设一批自贸区，根据各自贸区的地方特点以及各省（区）承载的战略发展使命，在商务部的牵头下，各省（区）政府拟定了六个省（区）自贸区总体方案，至此，成立了第五批自贸区。这些新设的自贸区在金融服务、实体经济、机制创新、人才管理、贸易投资便利等方面拥有了更多的自主决定权。在这六个自贸区中，有三个分布在沿边地区，还有三个分布在东部沿海，自此自贸区基本覆盖了沿海省份。到2020年9月，我国基本形成“1＋3＋7＋1＋6＋3”雁阵为主导的对外开放新格局，自贸区从最初的建设东部“一条线”迈入中西部的“面”的阶段。

2019年6月，我国召开了第一届自由贸易试验区发展论坛大会，会上发布了首份《中国自由贸易试验区发展报告》。近年来，各自贸区基于其战略发展定位，均完成了各项指标任务。其中，上海自贸区建设最早，从总体规划到进一步深化规划再到全面深化规划，贯彻落实各项试验任务，任务完成率达到98.99％。对于天津、广东、福建第二批自贸区来说，开始从总领全局迈向逐步深化阶段，任务完成率均逾90％。对于陕西、四川、重庆等第三批自贸区来说，还处于第一个阶段，但是已经全面开始完成试点任务，总体任务完成率逾70%。自贸区建设5年多来，已经有了170多个可以复制和推广的制度成果。2013年，外商投资限制多达190余条，到2018年，已经缩减到了45条，表明外商投资准入门槛在逐步降低。截至2018年底，自贸区已经为我国创造了12%的外商投资和进出口，尽管其面积仅占全国的0.02%。此外，自贸区内新成立了60余万家企业，其中就有近4万家外资企业，对产业的集聚和发展起到了明显的促进作用。如武汉自贸区集聚的光电子信息产业区内，光纤光缆在国际市场和国内市场的占有率分别达到25%、66%。

自贸区改革主要集中在六大范畴，即金融、航运、商贸、专业、社会和文化。其中，在金融领域，进入壁垒降低，负面清单持续减少，外商投资逐渐放开，外资企业林立，促进了高端产业的大幅集聚。自贸区设立以来，我国已经基本建立起金融创新体系，在金融服务业开放、人民币跨境使用、资本项目开放、利率市场化以及外汇管理改革等方面取得了诸多进展。

### 3.1.1 金融服务业持续开放

1)放宽了金融服务业的准入条件

不论是中资企业，还是外资企业，政府及相关部门鼓励其营业场所设在自贸区内，并给予一定的优惠条件，刺激金融机构不断开展业务和产品创新。据统计，截至2021年8月底，上海自贸区已累计新设企业超过7.27万户，其中累计新设外资企业1.2万户，累计吸引实到外资超过450亿美元。外贸进出口方面，2021年1—7月浦东新区货物进出口总额达到1.29万亿元，同比增长14.7%①。

2)自贸区内集聚了各类新型金融机构

对于融资租赁行业，不仅有交银租赁等开展较大融资租赁业务的大型租赁公司，还有为中小企业服务的小型租赁公司。同时，我国第一家养老资产管理公司也挂牌成立。此外，金融租赁公司、航运保险中心等机构大量入驻区内，对上海国际金融中心的建设起到了明显的促进作用。另外，自贸区内鼓励金融机构开展业务创新，例如离岸银行、跨境投融资、衍生品柜台交易等，有力地推动了金融服务业的对外开放。

3)自贸区吸引了大量行业协会入驻

对于航运保险行业，航运保险协会开发首条航保协会条款后，获得华泰财险等一批国内航运保险运营中心的关注，有效地推动了高端航运要素的集聚。此外，美国保险协会和保赔协会在自贸区分别建立了第一家行业协会管理公司和保赔协会管理公司，促进了上海国际航运中心的发展建设。

### 3.1.2 自由贸易账户体系不断完善

一方面，FT账户对管理系统进行分账核算，对本币和外币进行一体化运作。目前，

①数据来源：人民网上海频道，2021年9月30日。

本币账户已经开放了多项功能，例如融资、结算、汇兑、存款、开户等，相关外币账户功能也得到突破。FT 账户在经常项目业务、实业投资、境内贷款偿还等方面实现了自由流动，此外，本外币资金可以自由划转。FT 账户体系的建设不仅有利于金融业务和产品的创新，还能够为国内外企业的外汇兑换、投融资等提供便利，有利于推进投融资汇兑便利化，为实现人民币资本项目可兑换创造了有利条件。另一方面，秉持宏观审慎原则，自贸区内建立了金融风险“防火墙”和 FT 账户风险防范体系。对同一非金融机构实体的居民 FT 账户进行有限渗透管理；对自贸区外的账户，不论是非居民还是居民，均实行跨境管理，有效防范金融风险。此外，对于跨境资金的不正常流转，实行多种监测机制，有效控制了洗钱、逃税、非法融资等金融风险。

### 3.1.3　人民币跨境资金管理模式实现创新

人民币跨境资金管理模式的创新不仅提升了人民币跨境资金的结算速度，而且为人民币国际化提供了强有力的保障。一是吸收企业负面清单运营模式的既有经验，对人民币直接投资和经常项目采取负面清单运营管理模式，实现跨领域的制度复制，增强管理的可预期性。二是优化外汇审批手续，授权银行进行相关程序审批；无须经过相关部门的审核，企业即可向境外支付担保费用；强化政府的管理职责。三是不断扩大本外币的使用范围，支持跨国公司发展跨境资金相关业务，如外币集中收付管理、跨境双向资金池等，进一步提升资金管理的效率；对于跨境支付业务，政府鼓励第三方机构的参与，提高经济效益，进一步提高人民币结算的效率；转变外债限额管理方式，企业可以结合自身情况，自行决定选择新额度或者“投注差”模式；核算外债额度时，将本外币借款一并归入口径中。

随着我国对外经贸规模的不断扩大，人民币跨境结算得到了境内外市场主体越来越多的认同，人民币跨境使用不仅降低了汇兑成本，而且能够起到规避汇率风险的作用。人民币在外贸计价结算、投融资、国际官方储备等领域不断取得新进展，为我国与其他国家的国际贸易搭建了互利共赢的关键桥梁。

### 3.1.4　利率市场化及外汇管理改革加快推进

在利率市场化方面，自贸区内进行了重要探索。一是对一般账户的小额外币存款试行利率上限。在控制规模、风险的前提下，有效地稳定了存款利率。在自贸区内先行先试的过程中，市场没有发生猛烈波动，市场上也没有出现显著的套利行为，试行情况整体较为平稳。二是放松了对大额可转让存单发行的管制，此种先行先试，不仅扩展了本币投资品种，还促进了金融产品的创新。

在外汇管理方面，通过简政放权，施行负面清单制度，自贸区积累了诸多外汇管理改革的经验，取得了一系列成就。第一，对之前外汇管理的事前审批手续进行了简化，取消多项行政审批，改为在事中事后进行监管。在国家外汇管理局的支持下，对跨国公司的外汇管理进行了一系列改革，例如优化外汇资金结售汇审核程序等，对于对外担保、境外融资租赁业务，无须通过行政审批即可办理。第二，对于直接投资业务，转由银行办理外汇登记及变更手续，对外商投资企业、跨国公司进行外汇资本金意愿结汇管理，提高了我国对外贸易及投融资的效率。第三，允许对境内企业融资租赁业务收取外币租金。

## 3.2 自贸区金融创新对人民币国际化影响的理论分析

### 3.2.1 自贸区金融创新影响人民币国际化的机理分析

自2009年中国人民银行联合六部门共同制定并正式对外公布《跨境贸易人民币结算试点管理办法》以来，人民币国际化已走过十余载，在这十余年里，我国国家经济实力与国际话语权不断提升，人民币也越来越频繁地进入国际视野，跨境人民币结算规模显著扩大，越来越多国家和地区对人民币的信任不断提高，这一定程度反映着我国国际地位的提升。但是，人民币国际化是一个渐进过程，人民币国际化之路仍受到诸多因素的限制，随着人民币国际化进程进入攻坚克难的新阶段，资本项目扩大开放、金融部门深化改革等条件显得越发重要与迫切，构建一个更加开放、更有效率、更具流动性的贸易与投资环境将极大地提高人民币国际化水平，同时又需借鉴历史上其他国家进行货币国际化、放开外汇与金融市场时容易产生的风险，在安全可控的前提下扩大人民币开放的程度与范围。我国设立自贸区之初衷即通过一系列创新型金融政策，在自贸区先行先试，并将成功经验复制推广至更多区域，为我国金融改革开放与资本项目自由兑换探索新路径，试图实现人民币国际化突破，进一步提升人民币的国际地位。

1）自贸区金融创新为人民币跨境使用降低成本

自贸区为人民币国际化所做的最大的金融创新是建立FT账户，在我国资本项目可自由兑换条件尚不成熟之时，自贸区FT账户可实现一定程度的本外币自由划转，这不仅为我国跨境贸易中人民币结算提供便利，也为资本项目开放奠定基础。在西方学者对货币国际化条件的研究中，具有相对较大的国际贸易规模能够扩大该国货币的国际使用范围，提高该国货币的国际地位。日本将出口贸易结算货币由美元改为日元成为日元国际化的直接动因，而我国虽然是世界贸易大国，但在进出口结算中贸易国对美元等世界货币存在使用惯性，我国没有足够强的人民币使用话语权，未能将我国的对外贸易优势进行充分利用，限制了人民币国际结算功能的实现。扩大人民币在国际贸易中的使用范围要求使用人民币结算足够便捷，自贸区FT账户允许经常项目下的资金自由流动无疑为跨境贸易人民币结算提升了吸引力，从而使我国能更好地利用世界第一贸易大国的跨境贸易体量推进人民币的国际使用。自贸区通过为境内外进出口企业提供便利条件与场所，能够扩大人民币跨境贸易结算规模，提升人民币在国际贸易结算中的影响力。除此之外，FT账户扩大资本项目下的资金汇兑，为自贸区资本项目扩大开放提供基础设施建设，有助于提升跨境直接投资人民币使用的便利性。同时，FT账户的创设也大大降低了境内外居民人民币使用的成本，使用成本更低的货币往往更易实现国际化，自贸区在一系列政策优惠的条件下借助FT账户推出各项跨境人民币业务、人民币离岸业务、跨国企业跨境人民币资金池业务等，均为人民币的国际使用降低成本并提升效率，也为建立全球性的银行系统进行铺垫，更好地支撑人民币的境外流通和交易。可以说，自贸区设立FT账户是为人民币国际化提供了降低人民币交易成本、提高人民币使用效率的基础工具。

2）自贸区金融创新为人民币跨境使用增加渠道

通常来讲，一国资本项目的开放是其货币国际化的必然要求，而我国资本项目开放程度受我国金融市场尚不够成熟与监管体系仍待完善的制约，出于对过快放开资本项目而使我国金融市场遭受投机及套利资金过度冲击的担忧，我国始终把控着资本项目审慎开放的节奏。但资本管制的存在必将影响人民币在国际市场上金融产品交易及直接投资职能的发挥，降低外国居民对人民币持有及使用的意愿，也阻碍了人民币完全成为国际储备货币实现人民币国际化的进程。而自贸区却能为我国资本项目开放提供试验场所，保证资本项目开放在可观测可控制的条件下逐步进行，在设立FT账户便利符合条件的本外币自由汇兑的基础上，对外商投资实行准入前国民待遇加负面清单的管理模式，并将直接投资由核准制转为备案制，为外商来我国投资提供更多的可能及便利，通过简政放权促进我国资本市场向更高效率发展，也为境外投资者营造更加便捷的营商环境。同时，一国货币国际化需以该国发达的金融市场为依托，由于我国当前金融市场仍处于欠成熟阶段，存在金融产品流动性欠缺、金融工具种类不足、金融监管较为薄弱等缺陷，为了维护我国金融市场平稳安全发展，尚不能将我国金融市场完全向国外投资者开放，这极大地限制了境外资产的境内转换，不利于境外人民币的回流，也一定程度地阻碍了人民币进一步国际化的速度。而通过自贸区扩大了金融市场开放，比如支持区内企业和个人按照规定投资于境内证券和期货市场；允许区内企业的境外母公司在境内市场发行人民币债券；允许境内外企业和居民投资区内金融机构发行的金融债和企业债等；进行跨境理财产品、跨境同业存单等金融工具创新，丰富了我国金融产品对境外投资者的供应，不仅弥补了我国金融市场不够发达的不足，还提升了人民币的证券投资结算功能，提高了以人民币作为国际金融资产交易的频率。

3）自贸区金融创新为人民币跨境使用提供市场化环境

利率与汇率缺乏弹性是人民币国际化的重要制约因素，利率和汇率市场化的不足限制了人民币产品的交易活跃程度与流动性的发挥。在我国保持货币政策独立性的基础上，根据“不可能三角”理论可以推导出，我国要放开资本的流动，就需要实施浮动汇率的制度。尽管2005年我国开始进行汇率改革，坚持实施有管理的浮动汇率制度，但人民币汇率形成机制改革尚未完成，利率市场化改革也待逐步推进。而自贸区内对资本项目自由汇兑的放开与外币存款利率市场化调节有助于利率与汇率市场化发展，自贸区可充分发挥其在岸离岸混合市场的资金枢纽作用，通过先行先试、逐步放开，为利率与汇率定价机制的完善积累经验，也为境内外居民跨境使用人民币提供市场化环境，增强人民币的流动性与货币竞争力，促进人民币的国际循环。

自贸区金融创新主要是通过政策与制度优惠以吸引境内外企业入驻自贸区，并提供便捷的人民币跨境流通渠道、相较境内更为自由的跨境人民币兑换与更为开放的金融环境以满足区内企业的跨境经营、贸易与投融资需求。通过自贸区跨境资金管理改革、扩大资本项目开放、提升利率市场化水平、开放金融服务业一系列金融创新的实施，使得人民币的跨境使用更加便捷高效，将有利于跨境人民币结算规模扩大，从而推动人民币逐渐成为更受世界认可的国际货币。

基于以上分析，提出假设1：自贸区金融创新有利于提升人民币跨境结算规模，继而推进人民币国际化进程。

### 3.2.2 自贸区金融创新影响人民币国际化的路径分析

1)路径一：通过扩大资本项目开放推动人民币国际化

伴随人民币在跨境贸易和投资中使用范围的不断扩大，资本项目对人民币国际化的作用日益突显，积极稳妥地推进资本项目有序开放，促进跨境贸易与投资的便利化发展已成为我国推进人民币国际化的必然选择。姜波克等[86]提出货币国际化需要形成顺畅的货币跨境流通、交易与结算机制，这些是以一定程度的资本项目开放为前提的。周小川、丁剑平[12]等也指出，在人民币跨境贸易投资范围日益扩大之时，资本项目开放的作用日益凸显，资本项目开放是人民币大规模跨境使用的必然要求，积极稳妥地推进资本项目开放是我国人民币国际化进程中不可逆的选择。

我国资本项目管制主要集中在外商直接投资与我国对外直接投资需进行审批、限制我国居民对外负债、外资参与我国资本市场需通过合格境外机构投资者认定等特殊安排。在跨境人民币结算试点4年后的2013年，我国设立上海自贸区便肩负着通过扩大资本项目开放而提升人民币国际化水平的使命，上海自贸区实施了一系列针对我国跨境投融资便利化与开放化的措施，为我国资本项目一定程度更大开放提供了条件。其一，在自贸区内先行先试人民币自由兑换。在区内的居民和非居民机构与个人可开立FT账户，对FT账户实行分账核算管理创新模式，区内FT账户之间、FT账户与境外账户之间资金可以自由流转，除禁止在境外贷款购买证券以外，账户内人民币使用不受限制，FT账户的设立使得人民币最大限度的可自由兑换。其二，简化人民币跨境直接投资流程。在外商直接投资方面，对外商实施准入前国民待遇加负面清单的管理模式，将负面清单外的投资领域由原先的审批制改为备案制，区内机构和个人通过向银行提交收付款指令可直接办理跨境直接投资的收付业务，同时，同一非金融机构或居民FT账户可与境内区外的普通账户办理实业投资业务，这也为境外资金投资境内资产提供了渠道；在我国对外直接投资方面，自贸区内对境内资本管理也由核准制转为备案制，简化审批流程，便利区内开展跨境直接投资。其三，开放部分自贸区内与境外的证券投融资业务。对个人来说，自贸区内允许在区内就业并符合条件的个人按规定开展证券投资等跨境投资，其中对在区内就业并符合条件的境外个人来说，通过在区内金融机构开立个人境内投资专户，即可进行境内证券投资，外国投资者无须完全凭借合格境外投资者身份才能进行境内资本市场投资，拓宽了境外个人投资境内证券市场的渠道。对于企业来说，符合条件的区内企业境外母公司可在境内资本市场发行人民币债券，从而可对区内企业进行关联融资，满足区内企业的融资需求。同时，通过逐步允许境外企业参与商品期货交易等方式推动金融业向区内境外机构开放。

自贸区通过一系列措施促进区内人民币自由兑换与跨境投融资便利化，推动我国未完全放开的资本项目进一步开放，是我国人民币国际化战略下重要的制度与金融创新，将在以下方面加快人民币国际化进程。

(1)通过扩大资本项目开放，提升自贸区与境外人民币流动性

货币国际化的实现依赖资本项目开放，当一国货币无法自由兑换成其他通货时，对该国货币的需求将难以避免地受到阻碍。随着人民币在更大范围内作为贸易与投资结算货币，扩大资本项目开放才能满足持币者的投资需求，进而提升境外主体持有人民币的意愿，加快人民币国际化进程。自贸区使用FT账户进行外汇管理体制改革，使本外币一定范围内实现自由划转，同时使自贸区内直接投资项下的跨境人民币结算更加便捷，实现人民币跨境投融资自由化、便利化，提高人民币作为跨境结算货币的吸引力。自贸区内人民币双向资金池业务与外商投资的负面清单管理模式也使跨境资金能够更高效灵活地使用，人民币流动性增强，提升了境外居民使用和持有人民币的偏好。

(2)通过扩大资本项目开放，提升跨境人民币直接投资与证券投资结算规模

一方面，自贸区实行外商投资负面清单管理，将负面清单内的限制与禁止条款逐步减少，极大地提高了外商在我国进行直接投资的可能性；同时，通过实施政府管理制度改革进行简政放权，简化跨境直接投资业务流程，将对外直接投资与外商直接投资皆改为备案制，使得境内外资本进行跨境直接投资更加便利，吸引境外资本流入，提高跨境人民币直接投资结算的规模。另一方面，自贸区对境内金融市场扩大开放，使境外主体能够更便捷地参与我国证券投融资业务，人民币流入流出的渠道得以拓宽。

(3)通过扩大资本项目开放，健全人民币货币职能，提高人民币国际地位

人民币最终完全实现货币国际化需要发挥作为国际储备货币的货币职能，而资本项目的开放能提高人民币作为国际储备货币的可能性。若一国货币未能实现资本项目下的自由兑换，较少参与跨国金融交易与投融资，将无法满足他国持有外汇储备货币的流动性需求，削弱他国将该货币作为外汇储备的意愿。自贸区金融创新是对便利化人民币自由汇兑与扩大资本项目开放先行先试的重要改革，也将使中国在对外经济往来中拥有更大的主动权，提升世界各国对人民币的国际认可度。

自贸区金融创新极大程度地聚焦于我国资本项目开放，在自贸区对人民币汇兑自由化与跨境人民币投融资及参与我国证券市场便利化的措施推动下，境内外居民跨境使用人民币的渠道得以丰富，人民币持币成本与风险得以降低，有利于人民币境内外的流通与循环，外国居民使用并持有人民币的意愿将大大增强。同时，人民币资本项目的进一步放开意味着人民币在国际货币中的功能进一步完善，提高了人民币的国际影响力与人民币被他国选择作为储备货币的吸引力。具体路径见图3-1。

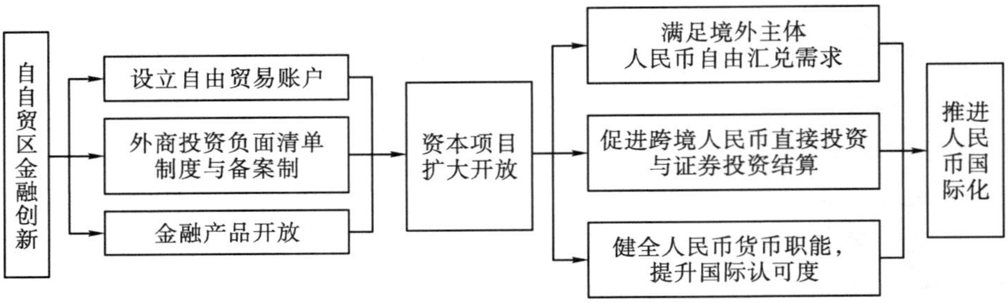


图 3-1　通过扩大资本项目开放推动人民币国际化路径图

综上，提出假设 2：自贸区通过实施一系列有利于推动我国资本项目扩大开放的金融创新政策，更好地满足人民币自由兑换、跨境人民币直接投资等需求，从而推动人民币国际化。

2）路径二：通过形成离岸金融中心推动人民币国际化

我国设立自贸区天然形成了位于我国境内的离岸金融中心。境内离岸金融中心的建立可追溯至 1981 年，美国为维护本土银行的竞争地位与防范境外离岸市场对美国金融业的冲击，而为进行非居民交易所建立的国际银行设施（international banking facilities，IBFs）。国际银行设施通过对其银行设立在岸和离岸分类账户并建立相应的制度规则进行管理，并对非居民交易予以一定的金融和税收优惠，从而在美国境内创造了离岸市场的环境，建立了境内离岸金融的发展模式。同样，1986 年日本在东京建立日本离岸市场（Japan offshore market，JOM）以规范日本境内的离岸日元交易，也一定程度提升了日元国际化的水平。Hampton 提出离岸金融中心是基于政治空间、监管空间、免税空间、保密空间的协调发展的离岸金融中心“四空间论”，离岸金融中心是在经济全球化和金融自由化环境下的创新型金融市场。2013 年我国设立自贸区以来，允许试验区内符合条件的商业银行开展离岸业务，自贸区成为集产品、参与主体、市场与监管为一体的离岸金融中心，充分发挥其境内关外功能与联通在岸离岸市场的优势，在战略上成为人民币国际化的测试场，也将为人民币国际化探索更加便捷的渠道。自贸区通过形成离岸人民币金融中心将在以下四方面利好人民币国际化进程。

（1）通过人民币离岸金融中心吸收境外人民币，开辟人民币投融资渠道

要使人民币作为国际认可的货币之一，需要满足人民币对非居民的交易、投资与保值需求，而在我国资本与金融账户未完全开放的条件下，境外人民币无法依靠国内金融市场满足其投融资需求。而自贸区离岸金融中心凭借其制度优势，通过金融服务与产品的开放创新，能更便捷地满足境外持币者的人民币跨境贸易结算、跨境存贷款、跨境人民币投融资和人民币金融产品交易等需求，同时还可通过跨境直接投资业务、人民币境外合格机构投资者投资业务、银证业务、银保业务等将境外资金供给利用离岸金融中心与境内的连接输入境内，为国际资本进入我国内地提供了合法渠道。自贸区离岸金融中心作为人民币结算中心与人民币产品中心，可以说是推进跨境人民币结算进而加快人民币国际化的关键。

(2)人民币离岸金融中心有助于提高跨境资金利用效率，降低人民币跨境使用成本

自贸区可以借助离岸中心的区位优势将贸易与服务企业、金融机构等参与主体进行集聚，使居民与非居民间进出口贸易与金融服务均能在掌握更充分信息的环境中进行，实现在促进跨境货物与服务贸易的基础上降低使用人民币交易的成本，推动使用人民币进行跨境贸易与投融资结算，提高人民币使用效率。同时，由于自贸区相比在岸市场拥有更多的政策倾斜，制度约束更少，人民币跨境使用更加自由顺畅。此外，由于自贸区离岸金融中心的形成，能更便利地和全国金融市场连接，缩小不同国别与地域的时间与空间距离，有利于人民币的国际流通与使用。

(3)进行利率与汇率市场化改革试点，推进人民币汇率形成机制改革

自贸区内全面放开小额外币存款利率的市场化调节、推出跨境跨业同业存单等产品，皆推进了自贸区内利率市场化的进行。在加强监管的基础上，将自贸区建设成市场在资源配置中发挥决定性作用的富有活力的离岸人民币市场，自贸区利用灵活的区内市场条件，通过吸收境外流通人民币，有利于促进人民币汇率与利率的价格发现，形成人民币价格更加公允的离岸人民币市场，更好地满足境内外人民币的流动与交易需求，畅通人民币跨境流动渠道。同时人民币离岸市场的各项指标也将为国内外汇市场与金融市场改革提供参考，推动人民币成为功能更加完善、更受国际认可的世界货币。

(4)避免汇率冲击，监测金融风险，保护人民币国际化平稳进行

一方面，自贸区作为境内的跨境人民币金融中心，相对更容易对其资金流进行管控。我国自贸区通过自贸区内居民与非居民皆使用 FT 账户进行人民币结算，能够一定程度地将境外流通的人民币纳入我国银行体系，有利于对人民币跨境流动进行监管，避免人民币自由兑换下外汇投机者对人民币汇率造成冲击，有利于维护人民币以及自贸区离岸金融中心平稳。同时对自贸区离岸金融中心实行“内外分离型”监管，对区内 FT 账户之间、区内同境外的人民币兑换进行放开，而对区内 FT 账户同境内一般账户间的资金划转进行监管，又进一步避免对我国境内的金融监管与货币政策实施造成不利影响。另一方面，通过在自贸区离岸金融中心进行风险可控的金融创新，可以稳妥推进资本项目开放与人民币国际化。自贸区对本外币一体的 FT 账户采取“标识分设、分账核算、独立出表、专项报告、自求平衡”的管理方式，从而能够与境内一般账户实现有效隔离、对金融风险进行有效监测与控制。自贸区作为金融改革先行先试的试验地，其境内离岸地位有利于金融创新的推动与步伐的控制，总体上使人民币国际化平稳推进。

设立自贸区形成了我国境内的离岸金融中心，在一系列关于降低园区准入门槛、便利人民币结算、开放金融服务与利率限制等金融创新措施作用下，自贸区形成了一个利率市场化程度更高、人民币交易流通效率更高、人民币跨境使用更加便捷的营商环境，在吸引大量境内外企业入驻的同时，推动境内外居民使用人民币进行跨境人民币贸易与投融资结算，满足境外人民币的流通需求。此外，利用自贸区离岸金融中心进行金融创新改革试点，有助于对人民币流通进行监测，以避免人民币汇率在更开放的环境中受到冲击，促进人民币跨境使用的同时，维护人民币国际化的稳步推进。自贸区通过形成离岸

金融中心对人民币国际化的具体影响机制见图3-2。

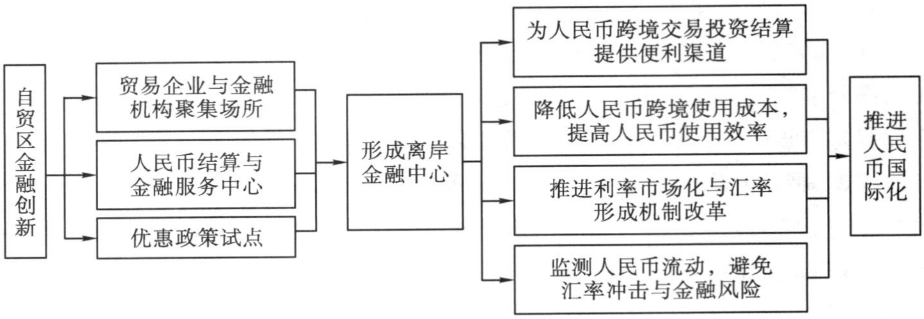


图3-2 通过形成人民币离岸金融中心影响人民币国际化路径图

综上，提出假设3：自贸区在进行金融创新改革的条件下，形成我国境内的离岸金融中心，给予人民币更加市场化的使用环境，为人民币更高效的流通提供场所，有利于增强人民币跨境使用意愿，稳步推进人民币国际化。

## 3.3 自贸区金融创新对人民币国际化影响的实证分析

### 3.3.1 模型选择与设定

为了定量探究自贸区金融创新对人民币国际化的影响，需要通过假设自贸区金融创新试点地区若未设立自贸区的表现，并将它与真实情况进行对比分析，即基于准自然试验的思想研究自贸区金融创新的处理效应。通过准自然试验进行因果研究的常见方法有合成控制法(synthetic control method,SCM)、双重差分法(difference in difference,DID)、倾向得分匹配法(propensity score matching,PSM)等方法。合成控制法由Abadie和Gardeazabal于2003提出，并于2010年加以完善，是对传统双重差分法的拓展，在我国自贸区的政策效应研究中普遍使用。

使用合成控制法研究自贸区金融创新效应主要有以下优点：一是我国设立自贸区时间较短，同时，衡量人民币国际使用水平的各省跨境人民币结算金额指标为始于2011年的年度数据，且自贸区试点是由单一地区开始逐步推进，使用合成控制法更适用于此类试点地区较少的情形与短面板数据的研究；二是考虑到我国各地区发展水平的异质性，各个地区虽共同受国家宏观经济与政策的调控，但因其不同的历史、地理、政治、经济、文化因素影响，很难找出发展水平与速度完全相似的地区，用单一某地区作为另一地区的反事实对象以进行政策效应的分析不够准确，而合成控制法通过拟合控制组，能够解决无法直接获得与处理组完全匹配的天然控制组的问题；三是合成控制法基于数据驱动确定控制组个体权重，避免了主观选择控制组的随意性与内生性问题，也提高了对控制组拟合结果的准确度、客观性与可靠性；四是使用合成控制法能实现对每一个处理组个体的处理效应分析，考虑到自贸区金融创新在地区间作用的差异性，避免了对自贸区金融创新影响的平均化评价。

故本书使用合成控制法研究我国 2013 年上海自贸区与 2015 年福建、天津、广东自贸区金融创新政策对跨境人民币结算的影响效应，探究自贸区金融创新的实施对我国人民币国际化的推进作用。下面以上海自贸区金融创新对跨境人民币结算（RCTS）的影响为例说明模型构建过程。

上海于 2013 年设立自贸区并开始进行金融创新，记上海为地区 $i=1$，2013 年为第 $T_0$ 期，记其余始终未受政策干扰的 $J$ 个控制组地区分别为 $i=2,3,\cdots,J+1$，样本观测期为 $t\in[1,T]$。定义$\mathrm{RCTS}_{it}$为地区 $i$ 在 $t$ 时期的跨境人民币结算金额，$\mathrm{RCTS}_{it}^{\mathrm{N}}$为地区 $i$ 在 $t$ 时期如未设立自贸区的跨境人民币结算金额，$\mathrm{RCTS}_{it}^{\mathrm{I}}$为地区 $i$ 在 $t$ 时期如设立自贸区的跨境人民币结算金额，则对于地区 $i=2,3,\cdots,J+1$，$\mathrm{RCTS}_{it}=\mathrm{RCTS}_{it}^{\mathrm{N}}\,(t\in[1,T])$。对于政策实施对象上海 $i=1$，当 $t\in[1,T_0]$时，$\mathrm{RCTS}_{it}=\mathrm{RCTS}_{it}^{\mathrm{N}}$；当 $t\in[T_0,T]$时，$\mathrm{RCTS}_{it}=\mathrm{RCTS}_{it}^{\mathrm{I}}$；当 $t\in[T_0,T]$时，假想上海地区如果未设立自贸区的反事实结果为$\mathrm{RCTS}_{it}^{\mathrm{N}}$. 下面基于 Abadie 提出的因子模型来估计$\mathrm{RCTS}_{it}^{\mathrm{N}}$：

$$\mathrm{RCTS}_{it}^{\mathrm{N}}=\delta_t+\boldsymbol{\theta}_t\cdot\boldsymbol{Z}_i+\boldsymbol{\lambda}_t\cdot\boldsymbol{\mu}_i+\varepsilon_{it}\tag{3-1}$$

其中，$\delta_t$ 为共同影响各地区 RCTS 的时间固定效应；$\boldsymbol{Z}_i$ 为$(r\times1)$维可观测不随时间变动的控制变量；$\boldsymbol{\theta}_t$ 为$(1\times r)$维系数向量；$\boldsymbol{\lambda}_t$ 为$(1\times F)$维不可观测的共同冲击；$\boldsymbol{\mu}_i$ 表示各地对共同冲击的不同反应，为$(F\times1)$维不可观测的个体固定效应；$\varepsilon_{it}$ 为随机扰动项。该模型通过允许不同个体对于共同冲击存在异质性反应，对双向固定效应模型进行了推广。

现对控制组各地区赋予权重，构造 $J$ 维权重向量 $\boldsymbol{W}=(w_2,w_3,\cdots,w_{J+1})'$，$w_i\geqslant0(i=2,3,\cdots,J+1)$ 且 $\sum_{i=2}^{J+1}w_i=1$，则在 $t$ 时期合成的结果变量可表示为

$$\sum_{i=2}^{J+1}w_i\cdot\mathrm{RCTS}_{it}=\delta_t+\boldsymbol{\theta}_t\cdot\sum_{i=2}^{J+1}w_i\cdot\boldsymbol{Z}_i+\boldsymbol{\gamma}_t\cdot\sum_{i=2}^{J+1}w_i\cdot\boldsymbol{\mu}_i+\sum_{i=2}^{J+1}w_i\cdot\varepsilon_{it}\tag{3-2}$$

Abadie 证明，若存在$\boldsymbol{W}^*=(w_2^*,w_3^*,\cdots,w_{J+1}^*)'$，使得$\sum_{i=2}^{J+1}w_i^*\cdot\mathrm{RCTS}_{it}=\mathrm{RCTS}_{1t}(1\leqslant t<T_0)$ 且$\sum_{i=2}^{J+1}w_i^*\cdot Z_i=Z_1$，则必同时满足$\sum_{i=2}^{J+1}w_i^*\cdot\boldsymbol{\mu}_i=\boldsymbol{\mu}_1$，即根据可观测的地区发展特征与自贸区金融创新进行前的跨境人民币结算结果变量所选择的合成控制权重$\boldsymbol{W}^*$，也会使得所合成的不可观测地区特征实现同处理地区的较好拟合。那么在$\sum_{t=1}^{T_0}\boldsymbol{\gamma}'_t\cdot\boldsymbol{\gamma}_t$非奇异的条件下，$\mathrm{RCTS}_{1t}^{\mathrm{N}}-\sum_{i=2}^{J+1}w_i^*\cdot\mathrm{RCTS}_{it}=\sum_{i=2}^{J+1}w_i^*\cdot\sum_{s=1}^{T_0}\boldsymbol{\gamma}_t\cdot\left(\sum_{n=1}^{T_0}\boldsymbol{\gamma}'_n\cdot\boldsymbol{\gamma}_n\right)^{-1}\cdot\boldsymbol{\gamma}'_s\cdot(\varepsilon_{is}-\varepsilon_{1s})-\sum_{i=2}^{J+1}w_i^*\cdot(\varepsilon_{it}-\varepsilon_{1t})$趋于 0，故当 $T_0\leqslant t\leqslant T$ 时，可将$\sum_{i=2}^{J+1}w_i^*\cdot\mathrm{RCTS}_{it}$ 作为上海$\mathrm{RCTS}_{1t}^{\mathrm{N}}$ 的无偏估计量，表示若上海未设立自贸区的反事实结果，则上海自贸区金融创新实施的处理效应估计值为

$$\hat{\alpha}_{1t}=\mathrm{RCTS}_{1t}^{\mathrm{I}}-\sum_{i=2}^{J+1}w_i^*\cdot\mathrm{RCTS}_{it},t\in[T_0,T]\tag{3-3}$$

使用以上原理，本书通过合成控制法研究 2013 年上海自由贸易区金融创新实施效应的同时也对 2015 年福建、天津、广东自由贸易区金融创新对我国人民币国际化的影响进行探究，并将合成控制法合成结果应用于双重差分法进行进一步分析，最后对自贸区金融创新对资本项目开放及离岸金融中心建设的影响及其对人民币国际化的作用机制进行研究分析。

### 3.3.2　变量选取与描述性统计

在选取各地区人民币国际使用程度、资本项目开放程度与境内人民币离岸中心发展水平衡量指标方面，本书在考虑省级数据的可得性基础上借鉴已有文献研究中使用指标形式选取研究对象的代理变量。

首先，选取跨境人民币结算 RCTS 作为人民币国际化水平的代理变量。跨境使用人民币进行结算是实现人民币国际化的首要步骤，在研究省级面板数据问题时，跨境人民币结算金额被普遍选择作为衡量人民币国际化程度的指标，如霍伟东、董有德、苗艺馨等均使用跨境人民币结算金额作为省级人民币国际化程度的衡量指标。由于广东跨境人民币结算金额 2011—2019 年(除 2017 年外)均居于全国 31 个省(区、市)之首，而合成控制法要求最优控制组权重 $W^*$ 所有元素均为正，故在研究自贸区金融创新对地区跨境人民币结算的影响时使用跨境人民币结算金额与 GDP 的比值以消除量纲问题。

其次，由于我国资本项目流动主要集中于由外商直接投资和对外直接投资构成的直接投资项目与其他投资项目，且自贸区政策实施更聚焦于提高对外开放水平，对长期性的跨境资本流动影响更为深远，意味着对资本项目下直接投资项目作用更直接，故本书选取外商直接投资与对外直接投资规模之和作为资本项目开放程度(openness)的代理变量。同时使用(外币资产＋外币负债)/当年 GDP 作为衡量香港离岸金融中心发展程度的指标，使用外币存款衡量香港离岸金融业务发展程度，选取外汇存贷款余额作为境内人民币离岸金融中心发展水平(offshore)的代理变量。

最后，选择人均 GDP(pergdp)、GDP 增速(gdprate)、金融业 GDP/GDP(fgdp)、金融业 GDP 增长率(fgdprate)、进出口总额/GDP(trade)、固定资产投资总额/GDP(investment)、地方公共财政支出/GDP(fiscal)作为控制变量。

在选取研究时间区间方面，我国于 2013 年 9 月成立上海自贸区，后于 2015 年 4 月成立广东、天津、福建自贸区，故从准自然实验角度出发，本书基于我国 2006—2019 年度省级面板数据，分别以上海、广东、天津与福建为处理组，其余地区为控制组，研究样本期内自贸区金融创新对各地区跨境人民币结算的影响效应及通过资本项目开放扩大与境内人民币离岸中心发展的影响机制。由于跨境人民币结算金额指标始于 2011 年，故以跨境人民币结算金额作为结果变量时，样本期为 2011—2019 年。合成控制法要求严格的平衡面板数据，故剔除存在数据缺失的地区样本。同时为排除第三期自贸区及海南自贸区设立的影响，剔除 2017—2018 年成立自贸区的 8 个地区样本。数据主要来自万得数据库、中央人民银行的省分行数据发布与各省统计年鉴，对其描述性统计如表 3－1 所示。

表 3-1　变量定义与描述性统计

| 变量 | 定义 | 均值 | 标准差 | 最小值 | 最大值 | 样本量 |
| --- | --- | --- | --- | --- | --- | --- |
| RCTS | 跨境人民币结算金额/GDP | 10.50 | 19.26 | 0.04 | 118.88 | 180 |
| openness | FDI+ODI | 589.00 | 695.30 | 1.81 | 3150.00 | 294 |
| offshore | 外汇存贷款余额 | 141971.90 | 569593.60 | 64.16 | 3752769.00 | 294 |
| pergdp | GDP/常住人口 | 45659.67 | 29334.61 | 6225.36 | 164212.10 | 294 |
| gdprate | GDP 增长率 | 12.43% | 7.73% | -27.96% | 32.27% | 294 |
| fgdp | 金融业 GDP/GDP | 6.12 | 3.39 | 1.19 | 18.50 | 294 |
| fgdprate | 金融业 GDP 增长率 | 21.09% | 15.13% | -23.99% | 111.73% | 294 |
| trade | 进出口总额/GDP | 338.28 | 408.95 | 12.56 | 1722.12 | 294 |
| investment | 固定资产投资总额/GDP | 67.54 | 26.85 | 20.98 | 149.15 | 294 |
| fiscal | 地方公共财政支出/GDP | 0.96 | 1.46 | 0.04 | 10.26 | 294 |

可见，各地区跨境人民币结算差异较大且增长迅猛，9 年间跨境人民币结算实现从无到有、从小规模到大体量发展，而其中自贸区金融创新起到何种作用，本章后文将对其进行实证研究。

### 3.3.3　实证过程及结果分析

使用 Stata 软件，利用合成控制法考察 2013 年上海自贸区设立并实施金融创新政策与 2015 年福建、天津、广东自由贸易试验区设立实施金融创新政策对跨境人民币结算的影响。

分别将上海、福建、天津、广东作为处理组个体，以其余 16 个省(区、市)作为控制组，分别计算各政策干预对象的控制组最优权重向量，即控制组加权后的合成值与处理组对象自贸区创新政策实施前的真实跨境人民币结算值均方误差最小，通过 Stata 计算得到的合成“上海”、合成“福建”、合成“天津”、合成“广东”的各地区权重组合如表 3-2 所示。

表 3-2　跨境人民币结算最优控制组权重

| 地区 | 合成“上海” | 合成“福建” | 合成“天津” | 合成“广东” |
| --- | --- | --- | --- | --- |
| 安徽 | 0.000 | 0.000 | 0.785 | 0.000 |
| 北京 | 0.779 | 0.192 | 0.206 | 0.594 |
| 甘肃 | 0.000 | 0.000 | 0.000 | 0.000 |
| 广西 | 0.000 | 0.000 | 0.000 | 0.000 |
| 贵州 | 0.000 | 0.000 | 0.000 | 0.000 |
| 河北 | 0.000 | 0.808 | 0.000 | 0.000 |
| 黑龙江 | 0.000 | 0.000 | 0.000 | 0.000 |
| 湖南 | 0.000 | 0.000 | 0.000 | 0.000 |

续表

| 地区 | 合成“上海” | 合成“福建” | 合成“天津” | 合成“广东” |
|---|---|---|---|---|
| 江西 | 0.000 | 0.000 | 0.000 | 0.000 |
| 内蒙古 | 0.000 | 0.000 | 0.000 | 0.000 |
| 宁夏 | 0.000 | 0.000 | 0.000 | 0.000 |
| 青海 | 0.000 | 0.000 | 0.009 | 0.000 |
| 山东 | 0.000 | 0.000 | 0.000 | 0.406 |
| 山西 | 0.000 | 0.000 | 0.000 | 0.000 |
| 新疆 | 0.221 | 0.000 | 0.000 | 0.000 |
| 云南 | 0.000 | 0.000 | 0.000 | 0.000 |

从表 3-2 可以看出，上海拟合的自贸区金融创新实施之前合成“上海”由 77.9%的北京与 22.1%的新疆构成，福建拟合的自贸区金融创新前合成“福建”由 19.2%的北京与 80.8%的河北构成，天津拟合的自贸区金融创新前合成“天津”由 78.5%的安徽、20.6%的北京与 0.9%的青海构成，广东拟合的自贸区金融创新前合成“广东”由 59.4%的北京与 40.6%的山东构成，合成组的构成符合各地区经济特点。上海自贸区设立前，上海与北京跨境人民币结算金额及涨幅极为接近，山东作为全国第二批跨境人民币贸易结算试点省份，在其沿海地域优势的加持下，跨境人民币结算金额居全国前列；河北与安徽的各项经济、财政、贸易与投资额指标走势同福建与天津具有相似的趋势与水平，故而合成的反事实组合能分别完美拟合 2013 年前上海与 2015 年前福建、天津和广东的跨境人民币结算金额，使得自贸区金融创新进行前的时期内真实值与合成值的均方误差最小。

图 3-3 所示即为上海、福建、天津与广东在自贸区金融创新实施前后跨境人民币结算的真实值与合成值走势曲线，其中实线为真实的上海、福建、天津与广东 2011—2019 年跨境人民币结算金额，虚线为通过合成控制法合成的反事实结果的走势，垂直的虚线代表政策冲击的时间。可以看出，上海与合成“上海”的跨境人民币结算金额在 2011—2012 年高度重合，福建与合成“福建”、天津与合成“天津”、广东与合成“广东”的跨境人民币结算金额在 2011—2014 年高度重合，均证明上述四个最优权重分别实现了对上海、福建、天津与广东的完美拟合，合成的加权跨境人民币结算金额适合作为上海、福建、天津与广东自贸区金融创新实施后的反事实结果，通过分析自贸区设立后上海、福建、天津、广东的合成值与实际值的差异，即可得到四个地区自贸区金融创新的处理效应。

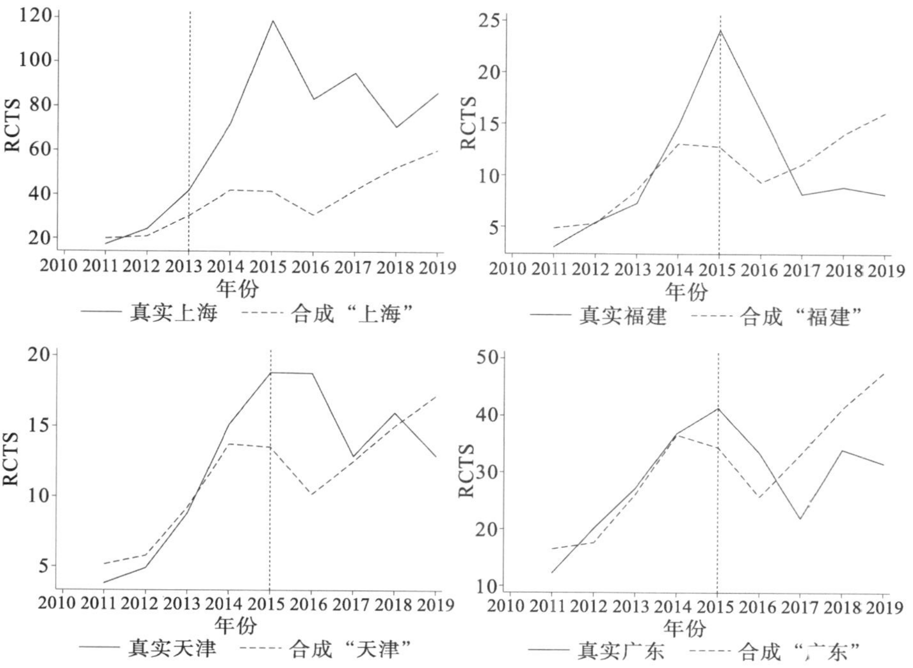


图 3-3　上海、福建、天津、广东真实与合成跨境人民币结算走势图

从图 3-3 中可以看出，上海自贸区设立后从 2013 年起各年跨境人民币结算金额均显著超过拟合的假设上海未受自贸区金融创新影响的反事实表现，2013—2015 年，上海跨境人民币结算金额快速拉升，虽然 2016—2019 年跨境人民币结算金额形成箱体震动态势，但均仍显著高于合成“上海”的跨境人民币结算金额，可以得出，上海自贸区金融创新给上海跨境人民币结算带来了持续显著的正向作用。福建跨境人民币结算于开始进行自贸区金融创新当年迅速攀升，涨幅高于历史上升幅度，但随后两年便连续下跌至低于合成“福建”的水平。类似地，广东跨境人民币结算走势曲线仅在 2015 年与 2016 年位于合成“广东”跨境人民币结算上方。天津跨境人民币结算除 2019 年外均优于合成“天津”的跨境人民币结算表现，但 2017 年起其优势逐渐缩小并于 2019 年跌至合成“天津”的曲线下方。相较于上海，福建、天津与广东自贸区金融创新对其跨境人民币结算的显著正向作用仅持续约 2 年时间，2017 年后的政策处理效应便逐渐缩小甚至为负。但可以发现的是，由于受 2015 年 8 月 11 日汇率改革影响，人民币汇率进入贬值通道，随之我国整体跨境人民币结算规模在 2015 年与 2016 年均受到不同程度的打击，但上海、福建、天津、广东 2015 年的跨境人民币结算规模均大幅上升，四个地区总体表现均显著优于其各自的反事实曲线，可见自贸区金融创新实施初期均实现了对人民币国际化进程的大力推进作用。但 2017—2019 年，第二批自贸区金融创新对地区人民币跨境结算的促进作用逐渐减弱，政策的持续效应不及上海。而上海作为我国最具经济活力与对外开放程度最高的地区之一，作为我国第一个自贸区试验基地，在自贸区金融创新的助力下，上海人民币国际化程度获得持续提升。

表 3－3 与表 3－4 显示了上海、福建、天津、广东自贸区金融创新的处理效应，表示自贸区金融创新对跨境人民币结算的影响。

**表 3－3　上海真实与合成跨境人民币结算及处理效应**

| 年份 | 真实上海 | 合成“上海” | 上海处理效应 | |
|---|---|---|---|---|
| | | | 处理效应 | 百分比 |
| 2013 | 41.93 | 30.34 | 11.59 | 38.19% |
| 2014 | 72.13 | 42.05 | 30.08 | 71.55% |
| 2015 | 118.88 | 41.56 | 77.32 | 186.05% |
| 2016 | 83.44 | 30.94 | 52.50 | 169.66% |
| 2017 | 95.31 | 42.17 | 53.14 | 126.03% |
| 2018 | 70.86 | 52.56 | 18.30 | 34.82% |
| 2019 | 86.49 | 60.35 | 26.14 | 43.33% |
| 平均处理效应 | — | — | 38.44 | 95.66% |

**表 3－4　福建、天津、广东真实与合成跨境人民币结算及处理效应**

| 年份 | 真实福建 | 合成“福建” | 福建处理效应 | | 真实天津 | 合成“天津” | 天津处理效应 | | 真实广东 | 合成“广东” | 广东处理效应 | |
|---|---|---|---|---|---|---|---|---|---|---|---|---|
| | | | 处理效应 | 百分比 | | | 处理效应 | 百分比 | | | 处理效应 | 百分比 |
| 2015 | 24.10 | 12.79 | 11.31 | 88.42% | 18.81 | 14.84 | 3.97 | 26.78% | 41.34 | 34.38 | 6.96 | 20.24% |
| 2016 | 16.17 | 9.33 | 6.84 | 73.30% | 18.77 | 10.30 | 8.47 | 82.20% | 33.39 | 25.72 | 7.67 | 29.80% |
| 2017 | 8.19 | 11.09 | −2.90 | −26.17% | 12.89 | 11.93 | 0.96 | 8.09% | 21.96 | 33.19 | −11.23 | −33.83% |
| 2018 | 8.88 | 13.99 | −5.11 | −36.55% | 16.01 | 14.86 | 1.15 | 7.76% | 34.02 | 41.25 | −7.23 | −17.53% |
| 2019 | 8.19 | 16.09 | −7.90 | −49.11% | 12.92 | 16.63 | −3.71 | −22.31% | 31.58 | 47.56 | −15.98 | −33.61% |
| 平均处理效应 | — | — | 0.45 | 9.98% | — | — | 2.17 | 20.50% | — | — | −3.96 | −6.98% |

根据表 3－3 和表 3－4，绘制图 3－4。

从表 3－3、表 3－4 及图 3－4 可以看出，在自贸区设立前，上海、福建、天津与广东的真实值与合成值差值均接近 0，在 0 水平线上下小幅波动，说明合成的控制组在自贸区金融创新进行前对处理组进行了较好拟合。上海自贸区设立后，上海真实的跨境人民币结算金额与合成值的差值显著增大，证明上海自贸区金融创新对上海的跨境人民币结算处理效应显著为正，相比较假设不施行自贸区金融创新的反事实上海，设立了自贸区的上海获得了跨境人民币结算金额平均每年 95.66% 的提升，比假设若未实施自贸区金融创新的反事实上海获得平均每年近一倍的跨境人民币结算金额增加。第二批自贸区金融创新处理效应均呈现先升后降、先正后负的走势，金融创新对跨境人民币结算推动效果于前两年最佳，进行自贸区金融创新的福建、天津与广东于 2015—2016 年分别获得了跨

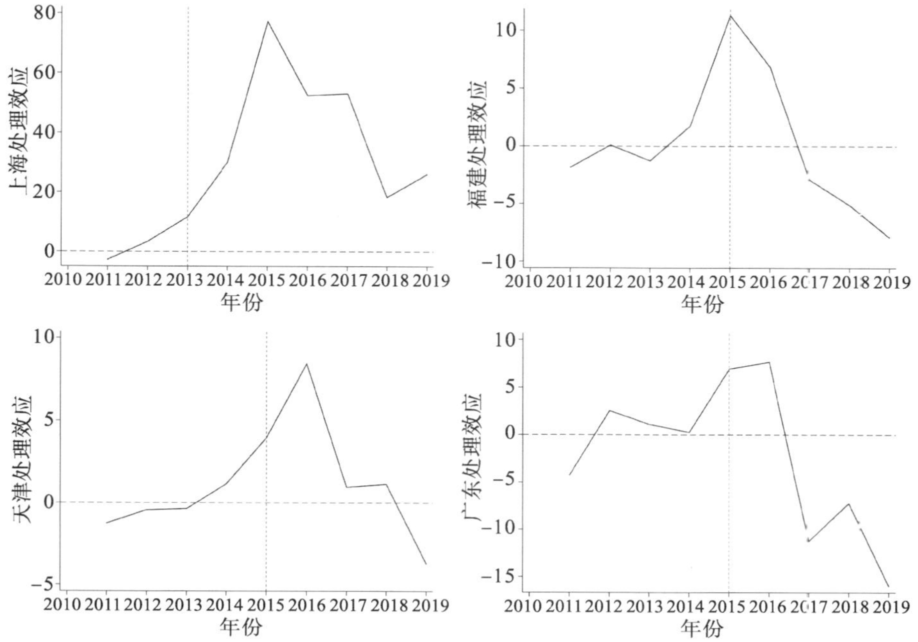


图 3－4 上海、福建、天津、广东跨境人民币结算处理效应

境人民币结算金额平均每年 80.86%、54.49%与 25.02%的增加。可见，自贸区金融创新实施初期对福建、天津及广东跨境人民币结算推动作用强烈且显著，但随后政策优势逐渐消失。

### 3.3.4 稳健性检验

通过以上实证结果分析可以看出，上海、福建、天津、广东自贸区金融创新均对地区跨境人民币结算金额具有不同程度的提升，对上海跨境人民币结算的促进效应尤其持久。同时，为了进一步探讨上海、福建、天津、广东跨境人民币结算真实值与其合成值差异的显现是否具有偶然性与显著性，接下来将分别通过安慰剂检验、改变控制组与样本期、使用双重差分法的方法进行稳健性检验。

1）安慰剂检验

现假设 16 个原控制组地区于 $T_0$ 年设立自贸区进行金融创新改革，依次将其从原控制组中抽出作为新的处理组，而把原先作为处理组的上海与福建、天津、广东分别放入控制组进行合成控制法分析。由于原控制组 16 个地区实际并未受到本地区自贸区设立的金融创新效应，故在实现 $T_0$ 期之前合成跨境人民币结算值与真实值良好拟合的情况下，$T_0$ 期之后若无特殊原因，该 16 个地区合成跨境人民币结算值与真实值的差异不应大于真实受政策影响的上海、福建、天津、广东。

图 3－5 与图 3－6 是假设原控制组 16 个地区也分别于 2013 年与 2015 年设立自贸区，样本期内各地区各年的跨境人民币结算金额真实值与合成值的差额的曲线图，其中

图3－5的黑色实线为上海跨境人民币结算金额真实值与合成值差额的曲线，图 3－6 的黑色实线为福建、天津、广东跨境人民币结算金额真实值与合成值的差额曲线，图中灰色虚线为其他城市假想实施自贸区金融创新的真实值与合成值差额曲线。由图可见，进行自贸区金融创新前各地区曲线均位于 0 值附近，表明合成控制法通过构建最佳控制组权重组合，对各地区政策冲击前跨境人民币结算情况进行了最优化拟合。

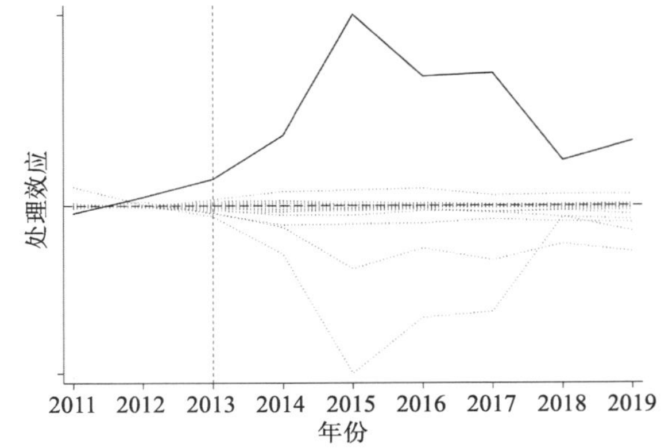


图 3－5　上海及其他控制组地区跨境人民币结算处理效应趋势

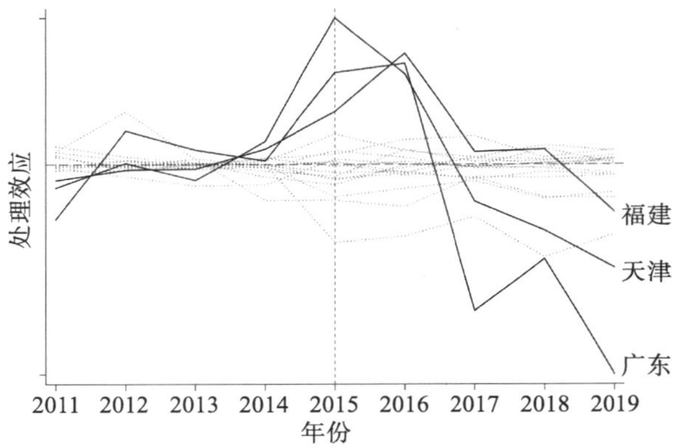


图 3－6　福建、天津、广东及其他控制组地区跨境人民币结算处理效应趋势

如图 3－5 所示，上海的自贸区金融创新处理效应远远高于其他地区，控制组地区的处理效应在 2013 年之后依旧位于 0 附近或呈现负值，证明 2013 年后上海跨境人民币结算相较其他地区增速扩大并非巧合，其他任何控制组地区跨境人民币结算在 2013 年后均未能呈现显著的正效应。这表明，假如上海自贸区金融创新对上海跨境人民币结算无任何效应，则在此 17 个地区中恰巧出现上海处理效应最大的概率仅为 1/17＝5.88％，故而可以推断上海自贸区对地区跨境人民币结算的推动作用在 5.88％的水平下显著。而对于第二批设立自贸区的福建、天津与广东，自贸区金融创新对福建、天津与广东的跨境人民币结算正向处理效应主要集中于自贸区设立的前两年，在这两年间跨境人民币结算金额迅速增长，跨境人民币结算的正效应显著高于其他地区，但随后逐渐下降，说明第二

批自贸区金融创新对跨境人民币结算的推动作用持续性明显不佳，与图 3－6 结论一致。

2）改变控制组与样本期进行稳健性检验

由于 2017 年我国第三批自由贸易试验区于辽宁、浙江、河南、湖北、重庆、四川和陕西成立，又于 2018 年成立海南自贸区，为了避免以上 8 个省（区、市）受自贸区政策冲击因素的影响而干扰合成控制结果的准确性，前文将此 8 省（区、市）从控制组中剔除后进行合成控制法研究。现将辽宁、浙江、河南、湖北、重庆、四川、陕西和海南 8 省（区、市）重新纳入控制组中，增加 8 个控制组数据以检验前文分析结果是否具有巧合性，同时将第三批自贸区设立后的两年时间从样本期中剔除，再次使用合成控制法对自贸区金融创新对跨境人民币结算的处理效应重新进行评估。

图 3－7 为将第三、四批自贸区设立省（区、市）重新纳入控制组中使用合成控制法合成的结果，其中实线为上海、福建、天津、广东跨境人民币结算规模真实值走势，虚线为各自最优控制组合成下的反事实上海、福建、天津、广东跨境人民币结算预测曲线，垂直虚线分别为上海、福建、天津、广东自贸区设立时间。

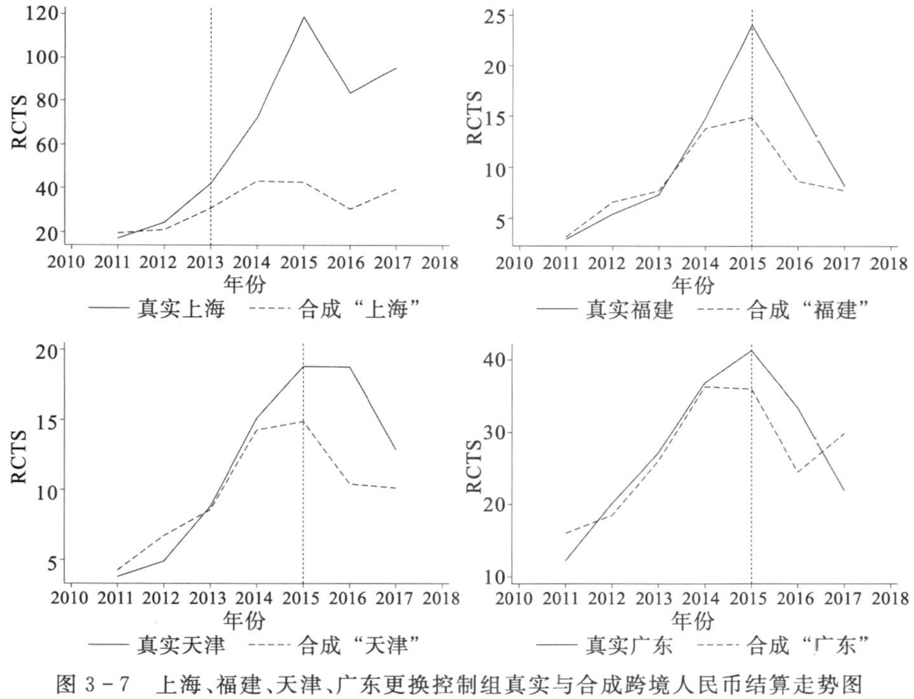


图 3－7　上海、福建、天津、广东更换控制组真实与合成跨境人民币结算走势图

从图 3－7 可以看出，上海、福建、天津、广东自贸区设立前，四地跨境人民币结算均得到较好拟合，垂直虚线左侧区域真实跨境人民币结算实线与拟合虚线几乎实现重合。上海自贸区设立后，在相应金融创新政策的影响下，跨境人民币结算金额大幅上升，政策冲击后跨境人民币结算真实值依旧远高于合成值，在 2013—2017 年平均真实上海跨境人民币结算金额比合成值高出 119.62％。此次合成“上海”的控制组由 66.1％的北京与 33.9％的浙江组成，符合上海、北京、浙江的经济特点。与前文类似，福建、天津、广东跨

境人民币结算真实值也于进行自贸区金融创新后的前两年远高于合成值，其后福建自贸区金融创新的正处理效应逐渐减弱至接近消失，天津自贸区金融创新的正处理效应于政策实施第三年开始下降，广东自贸区金融创新效应最终降为负值，均与前文控制组未加入第三、四批自贸区省（区、市）的走势一致。再次计算得出，福建、天津与广东真实跨境人民币结算金额比各自合成值在进行自贸区金融创新的前两年分别高出 74.50%、53.19%与 25.45%，在进行自贸区金融创新的前三年分别高出 51.73%、44.50%与 8.12%。在控制组省（区、市）范围扩大后，福建与天津的最优合成组也由更多地区组成，福建的最优权重控制组由 8%的北京、82.4%的重庆、9.6%的河北构成，天津的最优权重控制组由 12%的北京、51.7%的重庆、0.4%的甘肃、35.7%的辽宁和 0.2%的青海构成，广东的最优权重控制组由 42.5%的北京与 57.5%的浙江组成，最优控制组对各地区特点进行了更加全面的综合。

图 3-8 为上海、福建、天津、广东自贸区金融创新净效应。在控制组地区更完备的条件下，自贸区金融创新对地区跨境人民币结算的推动作用再一次得到了验证。

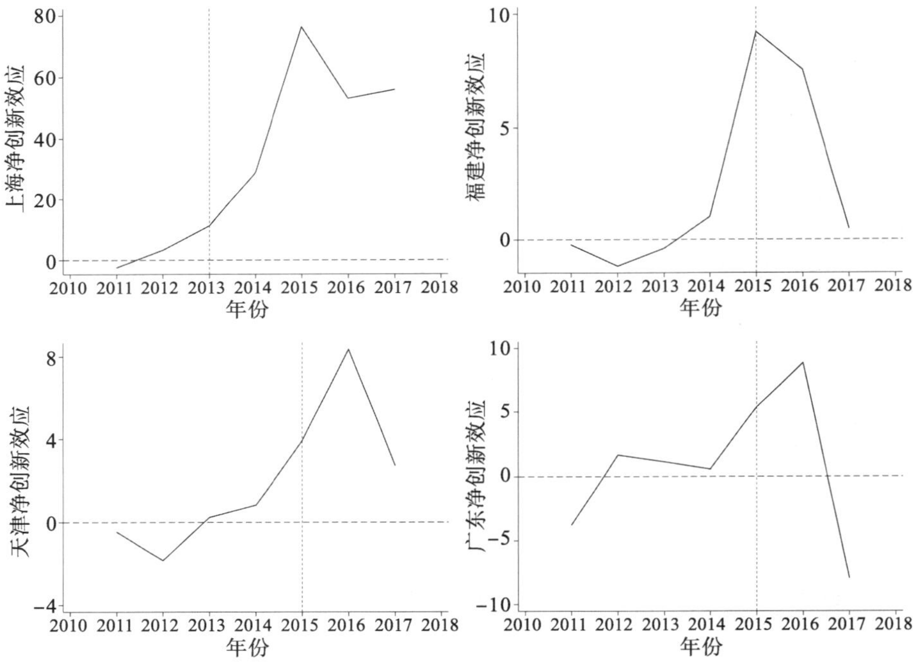


图 3-8　上海、福建、天津、广东更换控制组跨境人民币结算处理效应

3）使用双重差分法进行稳健性检验

基于合成控制法的最优控制组结果，使用双重差分法再一次进行自贸区金融创新的跨境人民币结算效应分析，通过合成控制法合成的控制组与真实处理组的跨境人民币结算满足双重差分法的共同趋势假定，解决了原本双重差分法应用中难以找到具有相似特征与开放水平的地区作为研究对象控制组的难题，避免了主观选择控制组带来的较大估计误差。故本节使用合成控制法的合成结果作为上海、福建、天津、广东的控制组进行双

重差分法下的自贸区金融创新对跨境人民币结算影响效应分析。构建双亘差分模型

$$RCTS_{it}=\beta_0+\beta_1\cdot treat_i\cdot period_t+\beta_2\cdot treat_i+\beta_3\cdot period_t+\delta\cdot Z+\varepsilon_{it} \quad (3-4)$$

其中$treat_i$为虚拟变量，对处理组地区赋值为 1，对控制组赋值为 0；$period_t$为虚拟变量，对进行自贸区金融创新前的年份赋值为 0，对进行自贸区金融创新后的年份赋值为 1；$\beta_2$表示处理组与控制组在$T_0$前的跨境人民币结算平均差异，$(\beta_2+\beta_1)$表示处理组与控制组在$T_0$后的跨境人民币结算平均差异；$\beta_3$表示控制组在$T_0$后与$T_0$前的平均跨境人民币结算差异，$(\beta_3+\beta_1)$表示处理组在$T_0$后与$T_0$前的平均跨境人民币结算差异。故自贸区金融创新对地区跨境人民币结算的净效应通过系数$\beta_1$来衡量。

表 3－5 为自贸区金融创新对跨境人民币结算影响的效应双重差分法估计结果，可以发现，仅有上海地区的 treat · period 项在 10％的水平下显著为正，而福建、天津、广东的 treat · period 项系数未能通过显著性检验。可见上海自贸区金融创新对上海跨境人民币结算的促进作用巨大且持久，与合成控制法中得出的上海自贸区 2013—2019 年均获得正的处理效应且其反事实结果较上海跨境人民币结算差距较大的结果一致。而福建、天津、广东由于两年后自贸区金融创新对地区跨境人民币结算的推动作用逐渐减弱、消失，故未能得出显著为正的净效应结果，也反映了自贸区金融创新效应在第二批自贸区试点地区对跨境人民币结算的作用持续性不足，与前文结论一致。

**表 3－5　上海、福建、天津、广东跨境人民币结算净效应估计**

| 变量 | 上海 | 福建 | 天津 | 广东 |
|---|---|---|---|---|
| treat · period | 34.658 *<br>(17.695) | 0.910<br>(3.532) | 6.157<br>(3.482) | 3.813<br>(9.661) |
| treat | −26.443<br>(15.986) | −59.132 *<br>(27.036) | 7.546<br>(5.436) | −26.061<br>(15.965) |
| period | 3.807<br>(14.964) | 9.294<br>(5.568) | −4.289 *<br>(2.088) | 4.350<br>(9.671) |
| 常数 | 170.197<br>(107.640) | −26.253<br>(21.529) | −0.358<br>(16.143) | −25.902<br>(98.240) |
| 是否加入控制变量 | 是 | 是 | 是 | 是 |
| $R^2$ | 0.835 | 0.717 | 0.852 | 0.723 |

注：*、* *、* * * 分别表示在 10％、5％、1％水平下显著，括号内为对应系数的标准误。

稳健性检验结果表明，上海自贸区金融创新对地区跨境人民币结算具有显著持续推动作用，福建、天津、广东自贸区金融创新在自贸区设立的前两年对地区跨境人民币结算具有显著促进作用，与前文结果一致。首先，上海自贸区金融创新对跨境人民币结算的正效应最强，无论通过合成控制法进行自贸区金融创新实施后各年的处理效应分析，抑或结合双重差分法进行稳健性检验中交互项系数在无论是否加入控制变量时均显著为

正的结果，上海自贸区金融创新从整体净效应层面与自贸区设立后各年的处理效应层面均表现出对上海跨境人民币结算的推动作用且持续性较好，也证明上海作为我国自贸区金融创新的第一试验者，在上海更开放的贸易与营商环境下，在更完备的金融要素市场中，上海自贸区一系列金融创新政策能更高效并持久地促进上海跨境人民币结算，通过设立 FT 账户、外商准入负面清单制度、扩大跨境人民币业务、促进利率汇率市场化等手段，切实提升上海跨境人民币结算与人民币国际化水平，作为国际金融中心的上海在人民币国际化进程中展现出突出的作用。其次，福建、天津与广东自贸区金融创新对跨境人民币结算的推动作用主要集中于前两年。在 2016 年我国跨境人民币结算总金额受汇率波动而大幅下降时，福建、天津、广东跨境人民币结算在自贸区金融创新的利好作用下依旧处于高于各自控制组的水平，而 2017 年后，第二批自贸区试点地区的自贸区金融创新对跨境人民结算的推动力逐渐减弱。总体来说，上海与第二批自贸区金融创新均对各地跨境人民币结算规模具有不同程度的推动效应，上海自贸区金融创新的跨境人民币结算推动效应最为持续显著，第二批试点的自贸区金融创新对跨境人民币结算的促进效应主要集中在前两年。

### 3.3.5 机制检验

本节在前文研究的基础上对自贸区金融创新影响地区跨境人民币结算的作用机制进行探究。自贸区一系列金融创新举措主要集中在两个方面：扩大资本项目开放与形成离岸金融中心。本节使用各地跨境直接投资，即外商直接投资与对外直接投资规模之和，衡量地区资本项目开放水平，使用各地外汇存贷款余额衡量各地区作为境内人民币离岸金融中心的发展水平，首先使用合成控制法与双重差分法相结合的方式具体探究自贸区政策是否能够对资本项目开放与境内人民币离岸金融中心发展产生显著推动作用，然后使用分步回归法对自贸区金融创新影响跨境人民币结算的作用机制进行检验。

1）自贸区金融创新对资本项目开放与离岸金融中心发展的影响效应分析

分别以上海、福建、天津、广东为处理组，将除去以上 4 个地区及第三批和第四批自贸区开设地以外的 17 个省（区、市）作为控制组，使用合成控制法拟合如果上海、福建、天津、广东不进行自贸区金融创新的跨境直接投资规模和外汇存贷款余额水平，并分析自贸区金融创新实施后各年对地区跨境直接投资规模和外汇存贷款余额的处理效应，如图 3－9、图 3－10 所示。

图 3－9 分别为真实和合成上海、福建、天津、广东在各自贸区金融创新实施前后的跨境直接投资走势；图 3－10 分别为真实和合成上海、福建、天津、广东于各自贸区金融创新实施前后的外汇存贷款余额走势。图 3－9 与图 3－10 中垂直虚线左侧的跨境直接投资、外汇存贷款余额真实值与合成值曲线几乎重合，可见，各地进行自贸区金融创新前跨境直接投资与外汇存贷款余额得到了较好拟合，由于广东外汇存贷款余额自 2012 年起规模位居全国第一，故相较其他地区，广东进行自贸区金融创新前的外汇存贷款余额合成曲线未能与真实值完全重合，但依旧获得了较好的趋势拟合。上海、福建、天津、广东自

贸区金融创新对跨境直接投资与外汇存贷款余额的处理效应见表 3 - 6。

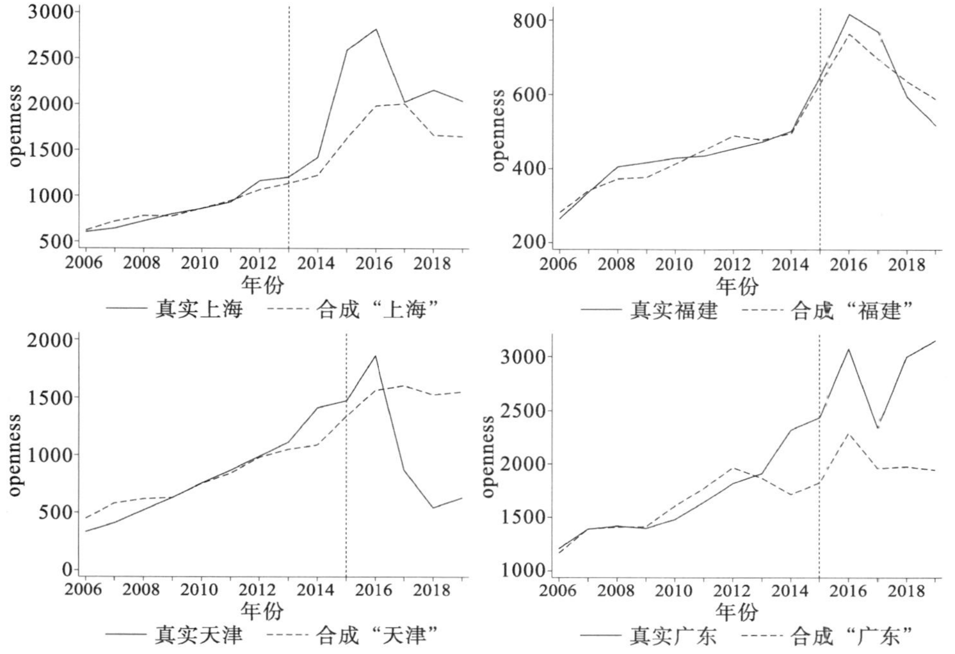


图 3 - 9　上海、福建、天津、广东真实与合成跨境直接投资走势图

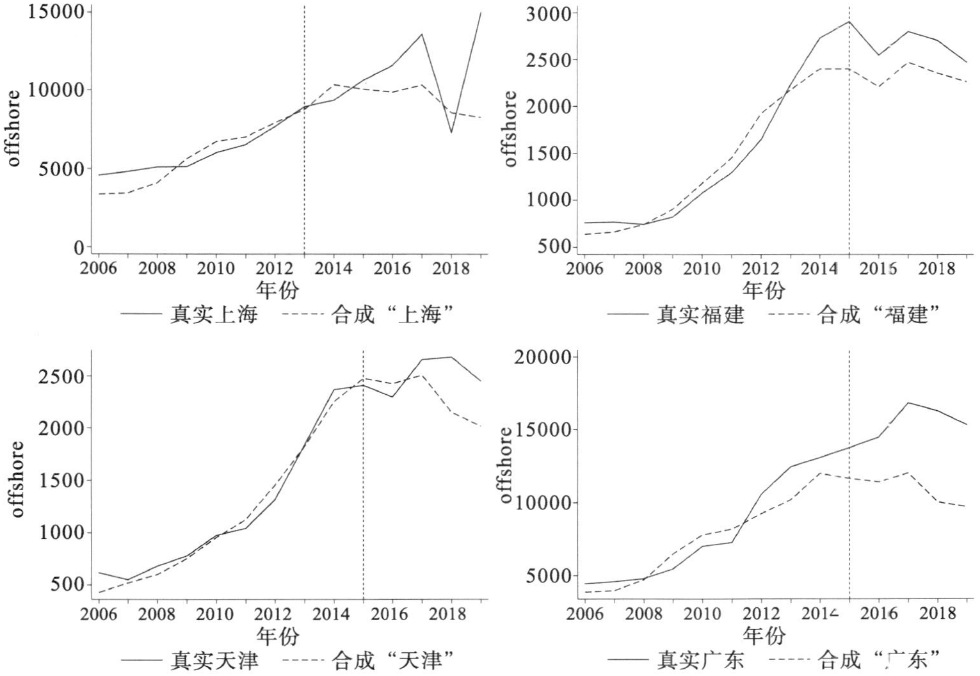


图 3 - 10　上海、福建、天津、广东真实与合成外汇存贷款余额走势图

表 3-6 跨境直接投资与外汇存贷款余额处理效应

| 年份 | 跨境直接投资处理效应 | | | | 外汇存贷款余额处理效应 | | | |
|---|---|---|---|---|---|---|---|---|
| | 上海 | 福建 | 天津 | 广东 | 上海 | 福建 | 天津 | 广东 |
| 2013 | 5.91% | — | — | — | 2.12% | — | — | — |
| 2014 | 16.01% | — | — | — | −9.47% | — | — | — |
| 2015 | 59.25% | 3.05% | 9.85% | 33.39% | 5.75% | 21.23% | −2.75% | 17.97% |
| 2016 | 42.21% | 6.91% | 18.97% | 34.15% | 17.46% | 15.53% | −5.36% | 26.85% |
| 2017 | 1.00% | 10.55% | −45.62% | 19.37% | 31.90% | 13.49% | 5.98% | 39.81% |
| 2018 | 29.76% | −6.62% | −64.40% | 51.73% | −14.69% | 15.14% | 24.73% | 62.12% |
| 2019 | 23.57% | −11.99% | −59.41% | 61.71% | 81.08% | 9.38% | 21.51% | 57.62% |
| 平均处理效应 | 25.39% | 0.38% | −28.12% | 40.07% | 16.31% | 14.95% | 8.82% | 40.88% |

自贸区金融创新对地区跨境直接投资影响程度存在地区差异性。在上海与广东两地,进行自贸区金融创新后跨境直接投资规模显著得到提升,未设立自贸区的合成“上海”与合成“广东”跨境直接投资均较进行自贸区金融创新的真实上海与真实广东表现出明显的差距。尽管2017年在全球跨国投资低迷加之中国对房地产、酒店业等对外投资进行严控的作用下,我国整体跨境直接投资规模大幅下降,但其进行自贸区金融创新后真实跨境直接投资始终显著高于合成跨境直接投资,上海与广东自贸区金融创新的处理效应始终为正,平均每年拉动地区跨境直接投资25.39%、40.07%的增幅。而福建、天津自贸区金融创新对跨境直接投资的持续正效应却未能如愿显现。虽然2015—2017年福建自贸区金融创新对福建跨境直接投资具有正效应,但整体促进作用不大,平均来看未能显示出对福建跨境直接投资持续显著的推动力;2017—2018年天津跨境直接投资在全球跨国投资低迷的背景下大幅下降,天津自贸区金融创新似乎也未能对天津跨境直接投资起到稳定器的作用。可以看出,自贸区设立对跨境直接投资的推动作用集中在金融环境更优、投资开放程度更高的上海与广东。

对上海、福建、天津、广东外汇存贷款余额的合成控制结果显示,总体上各地自贸区金融创新对外汇存贷款均有正向促进作用,进行自贸区金融创新后的上海、福建、天津、广东外汇存贷款余额每年相较假设未设立自贸区的合成外汇存贷款余额提升16.31%、14.95%、8.82%与40.88%。而天津自贸区设立前两年未能对其外汇存贷款余额产生即时推动作用,广东、上海、福建自贸区金融创新对外汇存贷款余额的提升作用更为显著高效。

接下来利用合成控制法得出的MSPE(纯均方误差)取最小值时的最优权重组,构建各地区跨境直接投资与外汇存贷款余额的控制组,使其满足双重差分法共同趋势条件,上海、福建、天津、广东的最优控制组组成见表3-7,并以此拟合控制组样本变量,同时使用双重差分法对上海、福建、天津、广东的自贸区金融创新处理效应进行检验。上海、福建、天津与广东自贸区金融创新对跨境直接投资的净效应见表 3－8，上海与广东的 treat · period 交互项在未加入与加入控制变量时分别在 1%与 5%的水平下显著为正，上海与广东自贸区金融创新对上海、广东跨境直接投资的正向净效应再一次得到验证，而福建与天津的交互项始终未呈现显著性，与合成控制法得到的先正后负的处理效应不谋而合，可见自贸区金融创新在经济水平与开放程度更高的地区对资本项目开放的推动作用更明显；对外汇存贷款余额的影响效应研究中，上海、福建与广东自贸区金融创新均在加入控制变量后表现出 1%显著性水平下对各地外汇存贷款余额的正处理效应，天津由于 2015—2016 年外汇存贷款余额出现小幅波动而未能通过显著性检验，总体来说天津自贸区金融创新对促进地区离岸业务发展的作用表现不够明显。

**表 3－7　跨境直接投资规模与外汇存贷款余额最优控制组权重**

| 地区 | 跨境直接投资规模 | | | | 外汇存贷款余额 | | | |
|---|---|---|---|---|---|---|---|---|
| | 合成“上海” | 合成“福建” | 合成“天津” | 合成“广东” | 合成“上海” | 合成“福建” | 合成“天津” | 合成“广东” |
| 安徽 | 0.000 | 0.000 | 0.524 | 0.000 | 0.000 | 0.000 | 0.000 | 0.000 |
| 北京 | 0.187 | 0.168 | 0.270 | 0.130 | 0.762 | 0.050 | 0.029 | 0.862 |
| 甘肃 | 0.000 | 0.000 | 0.000 | 0.000 | 0.000 | 0.000 | 0.000 | 0.000 |
| 广西 | 0.000 | 0.692 | 0.000 | 0.000 | 0.000 | 0.753 | 0.000 | 0.000 |
| 贵州 | 0.000 | 0.000 | 0.000 | 0.000 | 0.000 | 0.000 | 0.000 | 0.000 |
| 河北 | 0.000 | 0.000 | 0.000 | 0.000 | 0.000 | 0.000 | 0.000 | 0.000 |
| 黑龙江 | 0.000 | 0.000 | 0.000 | 0.000 | 0.172 | 0.000 | 0.000 | 0.000 |
| 湖南 | 0.000 | 0.000 | 0.000 | 0.000 | 0.000 | 0.000 | 0.000 | 0.000 |
| 江苏 | 0.813 | 0.139 | 0.206 | 0.701 | 0.067 | 0.197 | 0.000 | 0.138 |
| 江西 | 0.000 | 0.000 | 0.000 | 0.000 | 0.000 | 0.000 | 0.000 | 0.000 |
| 内蒙古 | 0.000 | 0.000 | 0.000 | 0.000 | 0.000 | 0.000 | 0.000 | 0.000 |
| 宁夏 | 0.000 | 0.000 | 0.000 | 0.000 | 0.000 | 0.000 | 0.000 | 0.000 |
| 青海 | 0.000 | 0.000 | 0.000 | 0.000 | 0.000 | 0.000 | 0.641 | 0.000 |
| 山东 | 0.000 | 0.000 | 0.000 | 0.169 | 0.000 | 0.000 | 0.330 | 0.000 |
| 山西 | 0.000 | 0.000 | 0.000 | 0.000 | 0.000 | 0.000 | 0.000 | 0.000 |
| 新疆 | 0.000 | 0.000 | 0.000 | 0.000 | 0.000 | 0.000 | 0.000 | 0.000 |
| 云南 | 0.000 | 0.000 | 0.000 | 0.000 | 0.000 | 0.000 | 0.000 | 0.000 |

表 3－8　上海、福建、天津、广东跨境直接投资与外汇存贷款余额净效应估计结果

| 变量 | 跨境直接投资规模 | | | | 外币存贷款余额 | | | |
|---|---|---|---|---|---|---|---|---|
| | 上海 | 福建 | 天津 | 广东 | 上海 | 福建 | 天津 | 广东 |
| treat · period | 706.706** (265.632) | 37.365 (82.187) | －314.690 (295.903) | 545.157** (224.972) | 3176.09*** (1115.337) | 913.147*** (226.242) | 509.544 (406.451) | 7523.837*** (1351.567) |
| treat | －1869.95** (753.870) | －54.989 (41.039) | －312.939 (473.679) | 734.602** (275.252) | －858.839 (1644.989) | －256.568 (449.076) | 202.552 (405.334) | －1868.017 (6228.125) |
| period | －489.907** (199.056) | 177.124*** (82.187) | 523.407*** (178.811) | －150.16 (221.123) | 105.172 (1138.270) | －643.669** (236.740) | 11.941** (336.629) | －4756.016** (1792.149) |
| 常数 | －1663.371 (1596.313) | 1306.761*** (300.006) | 449.162 (1364.803) | 387.100 (978.268) | 8822.735* (4205.226) | －550.645 (907.852) | 685.382 (826.637) | 19166.06 (12187.82) |
| 是否加入控制变量 | 是 | 是 | 是 | 是 | 是 | 是 | 是 | 是 |
| $R^2$ | 0.870 | 0.945 | 0.900 | 0.848 | 0.830 | 0.952 | 0.890 | 0.844 |

注：*、**、***分别表示在10%、5%、1%水平下显著，括号内为对应系数的标准误。

2）自贸区金融创新影响人民币国际化的机制检验

经过以上研究可以证明，自贸区金融创新对地区跨境人民币结算、资本项目开放、离岸金融中心发展均有不同程度的促进作用，下面构建中介效应模型，对自贸区金融创新是否确实通过推动地区资本项目开放与离岸金融中心发展助力人民币国际化进行检验。

首先，构建如下模型进行逐步回归：

$$\text{RCTS}_{it}=\beta_0+\beta_1\cdot \text{FTZ}_{it}+\delta\cdot Z+\varepsilon_{it} \tag{3-5}$$

$$\text{openness}_{it}=\beta_0+\beta_1\cdot \text{FTZ}_{it}+\delta\cdot Z+\varepsilon_{it} \tag{3-6}$$

$$\text{offshore}_{it}=\beta_0+\beta_1\cdot \text{FTZ}_{it}+\delta\cdot Z+\varepsilon_{it} \tag{3-7}$$

其中，$\text{FTZ}_{it}$为衡量是否存在自贸区金融创新的虚拟变量，若地区 $i$ 在 $t$ 时点设立自贸区并实施自贸区金融创新，则取值为 1，反之取值为 0。若式(3－5)、式(3－6)与式(3－7)中 $\beta_1$ 系数皆显著，则说明自贸区金融创新对跨境人民币结算及其中介变量存在显著影响，则可构建式(3－8)与式(3－9)进行最后一步中介效应检验：

$$\text{RCTS}_{it}=\beta_0+\beta_1\cdot \text{FTZ}_{it}+\beta_2\cdot \text{openness}_{it}+\delta\cdot Z+\varepsilon_{it} \tag{3-8}$$

$$\text{RCTS}_{it}=\beta_0+\beta_1\cdot \text{FTZ}_{it}+\beta_2\cdot \text{offshore}_{it}+\delta\cdot Z+\varepsilon_{it} \tag{3-9}$$

本节使用剔除存在缺失值的 4 个省(区、市)数据后的 27 个省(区、市)2011—2019 年的数据构建以上中介效应模型，检验自贸区金融创新影响人民币国际化的作用机制，结果见表 3－9。

**表 3-9　中介效应分步回归第一步及第二步估计结果**

| 变量 | RCTS | | openness | | offshore | |
|---|---|---|---|---|---|---|
| | (1) | (2) | (3) | (4) | (5) | (6) |
| FTZ | 5,536.799***<br>(943.886) | 3042.559***<br>(840.190) | 171.759*<br>(96.242) | 240.794**<br>(114.492) | 167917.5***<br>(51492.59) | 139101***<br>(50661) |
| pergdp | 0.125***<br>(0.016) | 0.139***<br>(0.026) | 0.015***<br>(0.002) | 0.013**<br>(0.006) | 1.362<br>(1.104) | −1.555<br>(1.552) |
| fgdp | 399.509**<br>(164.999) | 848.774***<br>(191.442) | −33.259*<br>(17.722) | 66.564***<br>(11.526) | −13983.26<br>(9847.400) | −26920.94*<br>(11543.40) |
| trade | −3.079**<br>(1.544) | −13.209***<br>(2.620) | −0.070<br>(0.178) | 0.001**<br>(0.000) | 92.866<br>(124.725) | −207.182<br>(157.974) |
| investment | −46.558***<br>(13.984) | −25.000<br>(13.710) | 4.573***<br>(1.435) | 0.013**<br>(0.006) | −161.824<br>(802.512) | −51.371<br>(826.692) |
| fiscal | 215.659<br>(449.280) | 1107.566<br>(910.017) | −124.632**<br>(61.320) | 0.032<br>(0.025) | −6410.847<br>(46211.86) | 37573.51<br>(54871.38) |
| 出口率 | 205.758***<br>(60.837) | 1316.759<br>(1203.690) | 8.840<br>(5.896) | 355.749**<br>(174.541) | 3173.037<br>(3027.392) | 22904<br>(72579.01) |
| 进口率 | 2,117.971***<br>(520.551) | 12438.22<br>(10664.96) | 69.743<br>(52.005) | 3220.362**<br>(1541.104) | −553.377<br>(28016.35) | 103619<br>(643066.2) |
| 消费者物价指数 | 114.567<br>(240.114) | 735.194<br>(364.194) | 26.655<br>(23.287) | 106.011*<br>(55.473) | −13707.6<br>(11961.29) | −1688.207<br>(21959.830) |
| 常数 | −49,527.25*<br>(30,046.56) | −298154.8*<br>(172803) | −4293.029<br>(2912.887) | −69171.32**<br>(30037.32) | 1230155<br>(1495019) | −2519345<br>(4150134) |
| 时间固定效应 | 否 | 是 | 否 | 是 | 否 | 是 |
| 个体固定效应 | 否 | 是 | 否 | 否 | 否 | 是 |

注：*、**、***分别表示在 10%、5%、1%水平下显著，括号内为对应系数的标准误。

从表 3-9 中可以看出，式(3-5)中自贸区金融创新对人民币跨境结算的影响系数 $\beta_1$ 在 1%的水平下显著为正，证明自贸区金融创新对人民币跨境结算有显著的促进作用，满足中介效应检验分步回归的第一步；式(3-6)与式(3-7)中自贸区金融创新对资本项目开放程度与离岸金融中心发展的影响系数分别在 5%与 1%的水平下显著为正，表明自贸区金融创新对资本项目开放与离岸金融中心发展推动作用显著，满足中介效应检验分步回归的第二步。接着通过式(3-8)与式(3-9)进行分步回归第三步，检验自贸区金融创新对跨境人民币结算的影响是否通过促进资本项目开放与离岸中心发展进行传导，回归结果如表 3－10 所示。

**表 3－10　中介效应分步回归第三步估计结果**

| 变量 | 机制一 | | 机制二 | |
|---|---|---|---|---|
| | (1) | (2) | (3) | (4) |
| openness | 4.128***<br>(1.485) | 1.946***<br>(0.677) | — | — |
| offshore | — | — | 0.006***<br>(0.001) | 0.007***<br>(0.001) |
| FTZ | 4612.971*<br>(2411.755) | 3181.078***<br>(826.814) | 3434.665*<br>(2202.484) | 2125.963***<br>(787.311) |
| pergdp | 0.060*<br>(0.036) | 0.125***<br>(0.026) | 0.124*<br>(0.024) | 0.149***<br>(0.024) |
| fgdp | 592.098**<br>(258.565) | 935.286***<br>(190.467) | 747.695**<br>(289.694) | 1026.167***<br>(178.488) |
| trade | −4.316*<br>(2.599) | −10.108***<br>(2.791) | −6.916*<br>(1.958) | −11.843***<br>(2.421) |
| investment | −60.703***<br>(20.274) | −39.648***<br>(14.401) | −34.113***<br>(12.386) | −24.661*<br>(12.613) |
| fiscal | 725.322*<br>(417.687) | 1370.923<br>(898.689) | −17.620*<br>(239.548) | 859.978<br>(838.164) |
| 出口率 | 164.722***<br>(47.811) | 616.996<br>(1207.310) | 182.414***<br>(58.569) | 1165.835<br>(1107.633) |
| 进口率 | 1896.389***<br>(530.330) | 6619.061<br>(10671.11) | 2617.734***<br>(549.662) | 11755.430<br>(9812.076) |
| 消费者物价指数 | 14.613<br>(109.202) | 392.608<br>(377.113) | 211.509<br>(192.542) | 746.318**<br>(335.052) |
| 常数 | −32749.41**<br>(14469.13) | −153179.5<br>(213541.3) | −62364.55**<br>(28298.18) | −281553.7<br>(194331.4) |
| 时间固定效应 | 否 | 是 | 否 | 是 |
| 个体固定效应 | 否 | 是 | 否 | 是 |

注：*、**、***分别表示在 10%、5%、1%水平下显著，括号内为对应系数的标准误。

表 3－10 回归结果显示，式(3－8)与式(3－9)中资本项目开放程度、离岸金融中心发展程度对跨境人民币结算的影响系数 $\beta_2$ 均在 1%的水平下显著为正，至此可以得出自贸区金融创新通过促进资本项目开放与离岸金融中心发展有效促进了人民币国际化进程。同时，式(3－8)与式(3－9)中 FTZ 项系数均在 1%的水平下显著，可以证明资本项目开

放与离岸金融中心发展在自贸区金融创新影响人民币国际化的机制中起完全中介作用，自贸区金融创新完全通过促进资本项目开放与离岸金融中心发展发挥对人民币国际化的推动作用。此外，使用 Sobel 检验再一次对自贸区金融创新对跨境人民币结算的影响机制进行分析，得出资本项目开放的 Sobel 检验 $p$ 值为 0.064，离岸金融中心发展的Sobel 检验 $p$ 值为 0.000，皆可拒绝中介效应不显著的原假设，证明资本项目开放与离岸金融中心发展作为自贸区金融创新影响跨境人民币结算的中介效应均显著存在，与分步回归法分析结果一致。同时，通过 Sobel 检验得出资本项目开放效应可以解释自贸区金融创新对人民币国际化的推动作用的 16.46%，离岸金融中心发展可以解释自贸区金融创新对人民币国际化的推动作用的 44.42%。

## 3.4　本章小结

本章首先在理论上分析自贸区金融创新影响人民币国际化的机理和路径，然后实证分析自贸区金融创新对人民币国际化的影响。通过研究得出以下结论。

1）自贸区金融创新对人民币国际化具有促进作用，但不同自贸区之间的影响效应存在异质性

自贸区通过建立自由贸易账户、对外商投资准入实施负面清单制度并进行备案制改革、扩大跨境人民币业务范围与种类、促进金融业对外开放等金融创新举措，有效降低了人民币跨境使用的成本，拓宽了人民币跨境使用的渠道并为人民币跨境使用提供了更加市场化的环境。进一步研究发现，上海自贸区金融创新对跨境人民币结算具有显著且持续的推进效应，而福建、天津及广东自贸区金融创新对跨境人民币结算的正效应则主要表现在自贸区设立的前两年，自贸区金融创新对跨境人民币结算推进的持续性不足。

2）自贸区通过资本账户扩大开放有利于促进人民币国际化

自贸区诸多金融创新举措皆为针对突破资本账户开放程度不足的阻碍，有利于更好地满足境外主体进行人民币自由汇兑需求，促进跨境人民币直接投资与证券交易结算，健全人民币的货币职能，理论与实证研究均验证了存在“自贸区金融创新—扩大资本账户开放—推进跨境人民币结算”传导路径。

3）自贸区通过离岸金融中心建设对人民币国际化的影响显著

在自贸区金融创新推动下，众多金融服务业在此集聚，成为境内具有独特地位的离岸金融中心，为人民币跨境投资结算提供了便利渠道，提升了自贸区金融环境的市场化程度，为推进跨境人民币结算进行金融改革提供安全的试验场，“自贸区金融创新—加大离岸金融中心建设—推进跨境人民币结算”的传导路径也得到了证明。

# 第 4 章　人民币国际化进程测算及影响因素分析

自贸区金融创新既有利于推进人民币国际化，也给人民币国际化提出了更高要求。那么，如何在自贸区金融创新视角下多维度推进人民币国际化就成为接下来需要研究的重要问题。本章拟从国际货币三大职能视角出发，选取全球外汇交易货币份额、全球直接投资货币份额、全球国际债券存量货币份额、全球外汇储备币种结构和全球对外信贷货币份额作为指标体系，利用主成分分析法、熵权法和 CRITIC 法，分两步得出指标体系的最终权重，计算人民币、美元、欧元、英镑和日元的国际化指数。从规模因素、金融市场发展水平、币值稳定性、政治军事及网络外部性五个维度，选取代表性变量作为解释变量，将五种货币的国际化指数作为被解释变量，采用面板数据模型对影响人民币国际化进程的因素进行实证分析。针对人民币国际化进程中的里程碑事件，重点研究 2016 年人民币加入 SDR(特别提款权)后对人民币国际化进程的影响因素是否显著改变。

## 4.1　人民币国际化的理论基础及影响因素

人民币国际化本质上属于货币国际化范畴，其内在逻辑和理论依据符合货币国际化的一般规律。为此，首先以货币国际化理论为切入点，分析人民币国际化的理论逻辑，阐述其必要性和可行性。在此基础上，再对影响人民币国际化进程的因素进行分析，为实证研究人民币国际化进程提供理论支持。

### 4.1.1　人民币国际化的理论基础

1)货币替代理论

货币替代理论的核心思想是“由于一国发行货币的币值不稳定以及以该货币计价的资产收益率相对较低，使得该国居民对本国货币失去了信心，进而造成外币在本国范围内使用或者以本国货币计价的资产外流”。McKinnon 通过总结前人研究，提出货币替代分为直接和间接两种形式。直接替代是指货币在商品领域内发挥交易媒介时的竞争；而间接替代则是指人们对不同币种表示的非货币金融资产上的需求。

货币替代的发生受很多因素的影响。首先是规模因素，比如当一国国民收入越大时，意味着一国居民的财富水平越高，那么，居民为了财富的保值增值会进行多元化资产配置，故而对外币的需求就会相应增加；当一国对外贸易规模比较大时，如果在国际贸易结算中外币的使用量也比较大，那么，就会产生货币替代现象。其次是汇率因素，一般说来，汇率代表一国货币对外的价值，如果一国货币汇率被高估，那么，人们会产生该货币汇率贬值的预期，一旦预期形成，本国居民就会争相抛售本国货币，从而增加对外币的需求。最后是本外币的真实利率比较，一般说来，一国货币的名义收益率减去该国通货膨胀率就等于该国的真实收益率，货币或者以该货币计价的金融资产的真实收益率越高，那么，居民就越乐意使用该货币。本外币真实利率如果相差很大，就会引起人们的兑换。比如本国货币持续低于外国货币的真实收益率，那么在允许自由兑换的假设下，本国居民对外币的需求就会上升，发生货币替代现象。

虽然货币替代理论实质是关于货币竞争的内容，没有涉及货币国际化，但其实与货币国际化有紧密联系。对于人民币国际化来说，如果国际金融市场上出现了人民币对其他货币的替代现象，那么，就意味着对人民币的需求增加，人民币就在国际市场上发挥了国际货币职能。所以，我们可以从该理论中窥探到影响人民币国际化进程的因素，比如人民币要国际化，就肯定要避免人民币被其他货币替代的现象。为此，我国必须要保持良好的经济发展和不断增长的对外贸易，保持人民币汇率稳定以及维持较低的通货膨胀率等。

2)最优货币区理论

1961 年罗伯特·蒙代尔首次提出最优货币区理论，是指在最优的某一地理区域内使用单一货币或者几种货币，并且货币之间不限制相互兑换，以及在资本项目和经常项目交易时汇率保持稳定。早期最优货币区形成所需要的判断标准比较单一，此后，学者们又陆续提出了最优货币区形成的其他判断标准。在此基础上，很多学者对此问题进行总结，得出了一致认同的评判标准，比如产品多样性、各国经济增长率和经济开放度、劳动力流动性和工资物价弹性等。

1999 年，欧元的成功发行将该理论真正地付诸实践。因为欧元区达到了最优货币区所要求的标准，所以在该区域内甚至全球范围内，它很好地发挥了三大职能，可以说是该理论运用的一个典范。在这样的背景下，蒙代尔创造性地探索了亚元的可能性，然而亚洲和欧元区不一样，在一定程度上并不满足最优货币区的条件，所以一直以来并未付诸实践。

对人民币国际化来说，该理论及其实践经验为推进人民币分阶段走向国际市场，发挥国际货币职能提供了很好的理论基础。人民币国际化的推进应循序渐进，首先要实现人民币区域化。当前在“一带一路”建设背景下，沿线国家与中国的经济来往越来越密切，那么，在该区域内提高人民币的使用就显得十分重要，同时也是中国和“一带一路”沿线国家经济进一步发展的重要基础，为该区域整体经济的稳定提供保障，在这样的背景下，最优货币区理论为人民币区域化奠定了理论基础。

3)货币搜寻理论

Matsui 和 Matsuyama 开拓性地将搜寻理论运用到国际货币的研究中。在研究过程中，通过建立“两个国家两种货币”框架，全面研究了货币国际化相关的问题，认为在一定情况下，当达到一系列标准，一国货币便可以实现国际化。该理论有如下几个结论：第一，通过博弈论分析，两国之间可能存在三种均衡，即本国货币在各自发行国国内流通；有且仅有一种货币在国际市场上流通；各个国家的货币都可以在其他国家流通。第二，一国货币能否成功国际化，在国际市场上被接受，取决于其发行国的经济规模以及经济一体化程度。第三，一国货币的国际化未必总能给一国带来利益，如果本币在国内的供给量能被货币当局控制，那么该货币在本国范围外的流通可以增加本国居民的福利；但是假如该国货币供给量是一定的，那么该货币在国外的使用会使境内货币供应量降低，损害本国福利。

尽管货币搜寻理论在一定程度上还有不完善之处，但该模型研究的基本逻辑为人民币国际化的深入研究打下了一定基础，也使得这方面的研究越来越完善，并且越来越多的学者基于该理论建立模型来分析人民币国际化，已经取得了丰硕的成果。现在，国内外在该方向的研究已成为人民币国际化的一个重要分支。

### 4.1.2 人民币国际化的理论逻辑

1)人民币国际化的含义

本书第二章对人民币国际化含义已经进行了文献梳理，发现尽管人民币国际化进程已有时日，但关于人民币国际化含义的确定并不统一。从国际货币职能的视角看，学术界普遍认为人民币国际化是指人民币在国际市场的私人交易和官方交易中发挥国际货币职能。中国人民大学货币研究所发布的《2017 年人民币国际化报告》则分别从静态和动态两个角度对人民币国际化的含义进行了解释。静态是指人民币国际化在某一时间所能达到的状态和水平；动态则是指人民币从启动国际化进程到实现预期状态所经历的过程。本书认为，人民币国际化是指人民币在国际市场上发挥国际货币的三大职能，是人民币的职能在物理空间上的拓展，不仅是一个静态概念，也是一个动态的长期发展过程，需要经历汇率形成机制的市场化、金融市场的开放，最终被国际市场广泛接纳。

2)人民币国际化的必要性分析

2009 年以来，我国推出了一系列政策制度，标志着人民币国际化进程正式步入了快车道。随着我国货币当局的不断推进，人民币国际化的必要性已经上升到国家战略高度，具体如下。

(1)国际货币体系改革的需要

当前国际货币体系具有不对称性和不稳定性。2008 年美国华尔街金融危机暴露出了“美元霸权”下的国际货币体系存在内在缺陷，最突出的表现就是美元作为国内货币，其发行国货币政策的出发点是为本国的经济利益服务的，促进本国的经济持续稳定发展；而作为国际货币，美国又有义务向全球提供合理的流动性，两者在很多情况下是相互冲突的，这就造成了货币政策的制定者与货币政策效果的接受者之间出现不对称，换言之，也就是主要发达国家的货币政策制定者的激励是来自调节本国经济的需要，而忽视了新兴市场国家的经济发展要求。陈建奇[104]通过一国货币在全球国际储备中的规模与发行国实际 GDP 的比重分析了国际储备的稳定性，认为经济实际增长率大于或者等于通胀率与外汇储备货币真实利率之和时，国际储备与实际 GDP 之比的动态趋势趋于聚拢，此时该国际储备货币具有内在的稳定性；当经济实际增长率小于通胀率与储备货币真实利率之和时，储备资产则不具有稳定性。本节以美元为例，探讨其稳定性。从图 4－1 可以看出，美国宏观经济的实际增长率明显小于通胀率与美元真实利率之和，说明以美元为主的国际储备格局具有一定的不稳定性。总之，当前国际货币体系的不对称性和不稳定性会造成全球经济失衡，不利于全球宏观经济的稳定发展。而通过人民币国际化可以使得国际货币多元化，增强全球经济与金融稳定性，促进全球经济均衡发展。

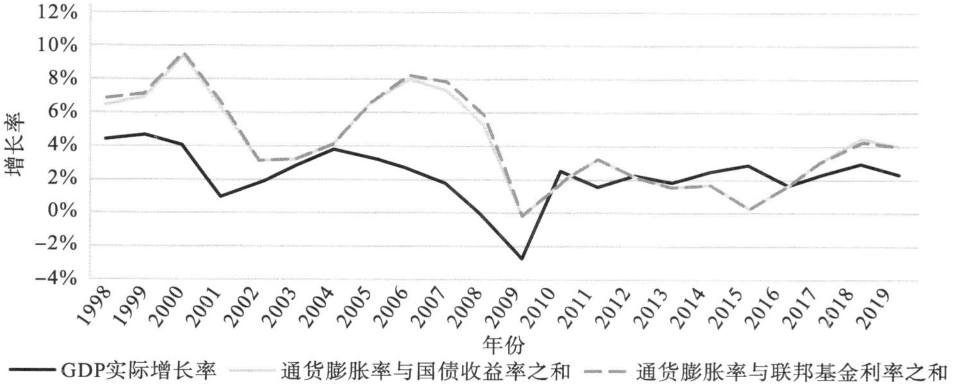


图 4－1　美国 GDP 实际增长率与通胀率和三个月期的国债收益率之和的比较

数据来源：国际货币基金组织、美联储统计数据。

进入 21 世纪以来，以中国为首的新兴市场经济体保持了强劲的经济增长速度，其 GDP 全球份额不断提高，成为全球经济的重要一极，而美国等发达国家的 GDP 份额逐渐下降(见图 4－2)。因此，对国际货币体系改革的讨论越来越多，人民币国际化的呼声也越来越高。在这样的全球宏观背景下，如果中国能够抓住难得的机遇，顺利推进人民币国际化，不仅可以实现我国的利益诉求，也能为提高新兴市场国家话语权做出很大贡献，还可以为改革国际货币体系做出有益的尝试。

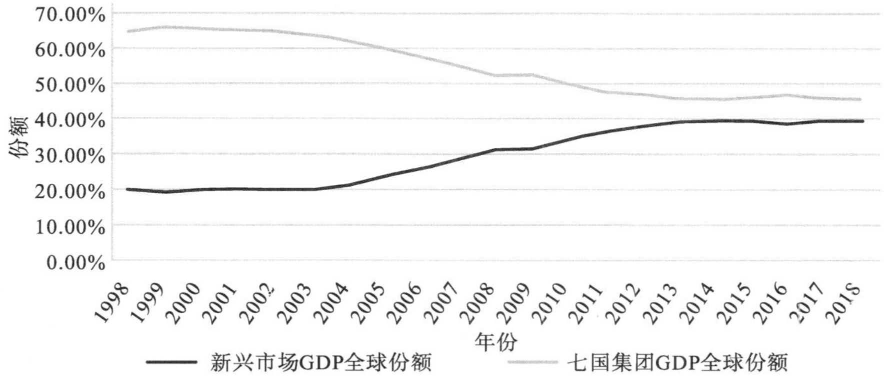


图 4－2　新兴市场和七国集团 GDP 全球份额走势

数据来源：国际货币基金组织统计数据。

(2)我国经济实力与人民币国际化现状不匹配

改革开放以来，我国经济取得了巨大成就。从国际经验来看，一国经济实力的强弱与其主权货币在国际上的影响力应当一致，但是目前人民币在国际舞台上的地位却与经济实力严重不匹配。以 2018 年为例，在世界主要经济体中，美国、欧元区、英国的 GDP 全球份额低于其主权货币的国际储备份额；日本、瑞士、加拿大、澳大利亚的 GDP 全球份额与其主权货币的国际储备份额相当；只有中国的 GDP 全球份额远远高于人民币的国际储备份额(见图 4-3)，由此说明人民币的国际化水平是相当落后的，明显滞后于我国的经济实力，这在很大程度上限制了我国在国际舞台上的话语权。因此，在我国经济金融持续稳定发展的利益诉求下，非常有必要通过加快人民币国际化进程增强我国在国际政治经济舞台上的话语权和影响力，以此来改善人民币国际化现状与经济实力严重不匹配的现象，可以毫不夸张地说，未来能否顺利推进人民币国际化进程关乎我国经济金融的发展前景。

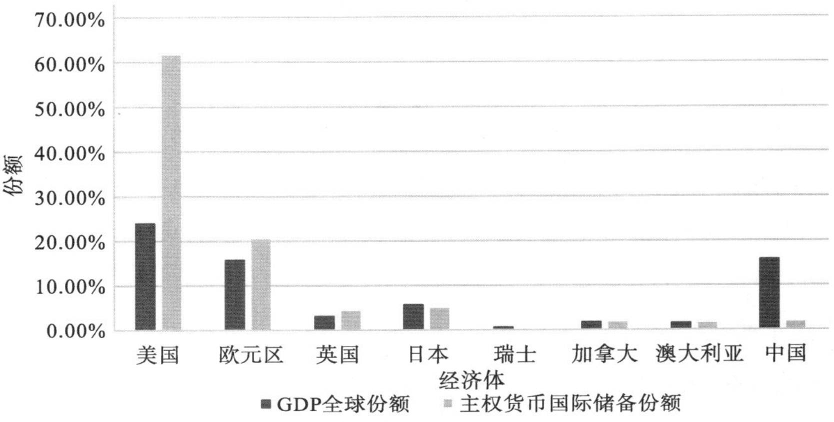


图 4-3　2018 年主要经济体 GDP 份额与其主权货币国际储备份额比较

数据来源：国际货币基金组织、世界银行统计数据。

推进人民币国际化有利于我国转变经济发展方式，人民币国际化的一个必备条件是必须对外保持一定程度的逆差，人民币国际化能够缓解中国对外贸易依存度过高的问题，进而促进中国经济增长方式的转变。有利于进出口贸易，人民币国际化能够增强本国企业在跨国贸易以及投资中的优势地位，有利于经济主体规避汇率风险，提高本国的贸易竞争力，进而使得其规模不断扩大。倒逼金融市场不断开放，增加投资便利性，一方面可以极大地促使境外经济主体来中国投资，另一方面也能促使境内经济主体到境外投资，从而提升规模巨大的国内储蓄的收益水平。降低对美元的依赖，众所周知，我国拥有巨大的美元储备，对美元有极大的依赖性，过多的外汇储备反而增加我国的持有成本，损害中国的利益，在这样的背景下，人民币国际化能够改变目前现状，降低对美元的依赖。

(3)我国金融市场进一步开放的需要

人民币国际化是我国金融领域改革的热点，是一项复杂的系统工程，其中涉及汇率市场化、利率市场化、资本项目改革和金融市场基础设施建设等方方面面的改革(见图 4-4)。同时人民币国际化战略对于推进中国金融市场对外开放以及增强与国际金融市场的紧密联系也是必不可少的有效措施，随着人民币国际化相关措施的推出，不仅可以倒逼金融市场对外开放，而且也能促进金融市场建设。事实上，在我国金融市场不断开放的过程中，人民币国际化发挥了非常重要的作用，如越来越多的跨境贸易和国际资本交易将以人民币作为计价货币，提升了我国的金融效率，也增强了金融行业的综合实力。同时，中国要变成全球的金融市场，人民币国际化的推进工作仍然任重而道远。

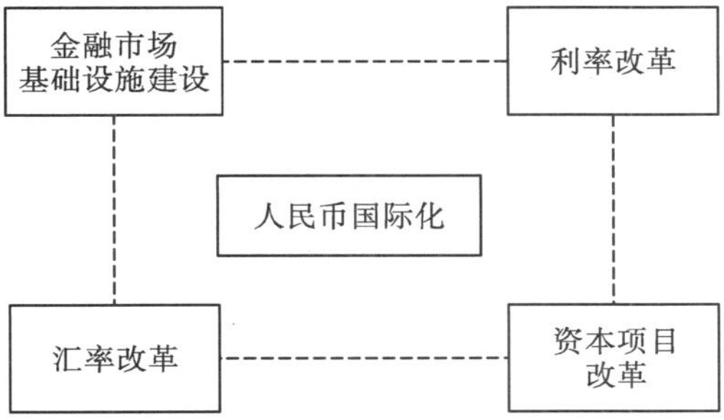


图 4－4　人民币国际化涉及的金融改革

3)人民币国际化的可行性分析

(1)强大的经济实力

改革开放 40 余年来，我国取得了经济建设的巨大发展，是全球仅次于美国的经济体和货物贸易规模最大的国家。截至 2018 年末，我国 GDP 规模跨越 90 万亿元人民币关口，同比增长率为 6.57%，对全球 GDP 贡献大约为 30%。尽管 2012 年以来，我国经济增长有所放缓，但经济结构不断优化，宏观经济稳中向好的态势基本没变。如表 4－1 所示，中国和世界主要发达经济体相比可谓独树一帜，这为人民币国际化提供了稳固的基础条件。

**表 4－1　中国与世界主要发达经济体的 GDP 份额和增长率比较**

| 年份 | 中国 | | 美国 | | 英国 | | 德国 | | 日本 | |
|---|---|---|---|---|---|---|---|---|---|---|
| | 份额/% | 增长率/% | 份额/% | 增长率/% | 份额/% | 增长率/% | 份额/% | 增长率/% | 份额/% | 增长率/% |
| 2009 | 8.46 | 9.40 | 23.95 | −2.54 | 4.00 | −4.25 | 5.63 | −5.70 | 8.67 | −5.42 |
| 2010 | 9.22 | 10.64 | 22.70 | 2.56 | 3.75 | 1.95 | 5.14 | 4.18 | 8.63 | 4.19 |
| 2011 | 10.29 | 9.55 | 21.18 | 1.55 | 3.62 | 1.54 | 5.10 | 3.92 | 8.39 | −0.12 |
| 2012 | 11.36 | 7.86 | 21.57 | 2.25 | 3.60 | 1.48 | 4.70 | 0.42 | 8.26 | 1.50 |
| 2013 | 12.39 | 7.77 | 21.73 | 1.84 | 3.61 | 2.14 | 4.83 | 0.43 | 6.68 | 2.00 |
| 2014 | 13.16 | 7.30 | 22.09 | 2.45 | 3.86 | 2.61 | 4.90 | 2.23 | 6.11 | 0.37 |
| 2015 | 14.68 | 6.91 | 24.28 | 2.88 | 3.90 | 2.36 | 4.48 | 1.74 | 5.85 | 1.22 |
| 2016 | 14.62 | 6.74 | 24.56 | 1.57 | 3.54 | 1.92 | 4.55 | 2.23 | 6.47 | 0.61 |
| 2017 | 15.00 | 6.76 | 24.07 | 2.22 | 3.29 | 1.89 | 4.52 | 2.47 | 6.00 | 1.93 |
| 2018 | 15.84 | 6.57 | 23.91 | 2.93 | 3.32 | 1.39 | 4.60 | 1.53 | 5.79 | 0.79 |

(2)充足的外汇储备规模

人民币国际化的本质可以理解为人民币的货币职能在空间上的拓展，这就要求在商品市场和金融市场上，我国必须保持与国际市场的衔接，从而实现人民币的向外开拓。这个衔接的重点，在商品市场领域表现为经常项目下人民币实现完全自由可兑换，在金融市场领域体现为资本项目下人民币实现完全自由可兑换。目前,我国仅实现了前者,后者还未全部实现。资本项目下人民币完全自由可兑换,是实现人民币国际化战略的重中之重,也是风险与挑战最为集中的领域。

在我国资本项目开放进程中,外汇储备规模作为国家偿付国际债务能力的衡量指标,是一国综合国力的体现,对于平衡国际收支、稳定人民币汇率显得尤为重要。目前,在世界范围内,中国外汇储备总量连续数年维持在第一的位置,因此有着很大的信心应对随时可能出现的兑换需求、保障我国国际收支平衡、维持外汇市场和人民币汇率的基本稳定,从而为人民币国际化进程保驾护航(见图 4-5)。

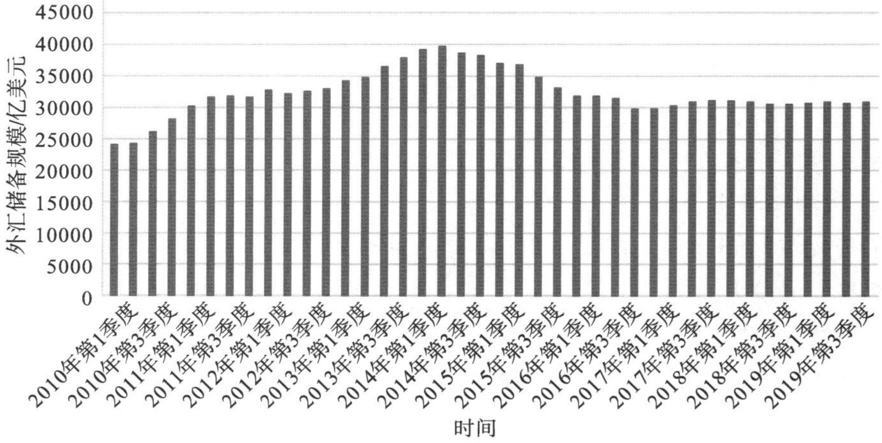


图 4-5 我国外汇储备规模

数据来源:国际货币基金组织统计数据。

(3)合理的人民币汇率形成机制

人民币要想真正成为国际货币,就需要我国保持对国际市场的供给,并保持币值稳定性,以便很好地履行交易媒介、记账单位和价值贮藏功能。2015 年 8 月 11 日以来,货币当局对人民币汇率的形成机制进行了一系列改革,经过数次的卓有成效的改革后,人民币对美元汇率中间价形成机制更加合理完善,如表 4-2 所示。

**表 4-2 2015 年以来人民币汇率形成机制政策梳理**

| 时间 | 政策梳理 |
|---|---|
| 2015 年 8 月 11 日 | 将上日收盘汇率纳入人民币兑美元汇率中间价报价考量中 |
| 2015 年 12 月 | 提出要提高一篮子货币对中间价的影响力度 |
| 2016 年 2 月 | 推出“收盘汇率+一篮子货币汇率变化”的人民币兑美元汇率中间价形成机制 |
| 2017 年初 | 调整 CFETS(中国外汇交易中心)货币篮子中的货币数量以及一篮子货币汇率计算时段 |
| 2017 年 5 月 26 日 | 中间价报价公式中引入“逆周期因子” |

随着人民币汇率形成机制越来越市场化，人民币汇率也越来越稳定。“8·11”汇率改革后，人民币汇率相较于以前更加灵敏，改变了以往单边升值的预期，并且围绕着均衡水平上下波动，而均衡水平则是由经济基本面所决定的均衡汇率水平。随着汇率形成机制趋于市场化，境内外汇率更加一致，明显增强了中间价的基准地位，这很大程度减少了跨境人民币套利活动，保障人民币汇率保持在合理均衡水平内震荡，如图 4－6 所示。

图 4－6　2009 年以来人民币汇率变化

数据来源：万得数据库。

### 4.1.3　人民币国际化的影响因素

影响人民币国际化的因素本质上是在其进程中起促进或阻碍作用的政治制度以及宏观经济因素，以下从五个方面进行分析。

1）规模因素

规模因素是指经济规模和对外贸易规模，反映的是一国的经济实力，从历史经验来看，主要国际货币的出现都是基于强大的经济实力。人民币要想被国际市场广泛接受，需要一定的 GDP 和对外贸易规模作为支撑。中国目前 GDP 仅次于美国，保持全球第二地位，对外贸易规模位居世界第一，给人民币国际化提供了强有力的保障。

具体来说，可以从交易成本和信用程度两个方面来分析规模因素对人民币国际地位的影响机制。一方面，中国的经济贸易体量越大，意味着与其他经济体的贸易往来越密切，那么中国在国际市场上的话语权和影响力也就越大，人民币就容易被选择作为定价和结算货币，促进人民币国际化进程。另一方面，经济贸易规模也代表着中国的综合国力，经济贸易规模越大，综合国力越强，那么中国抵御风险和应对外部冲击的能力越强，从而增强外部对中国的信心，在不兑换的信用货币制度时代，人民币的信用程度就会越高，越能促进人民币国际化进程，如图 4－7 所示。

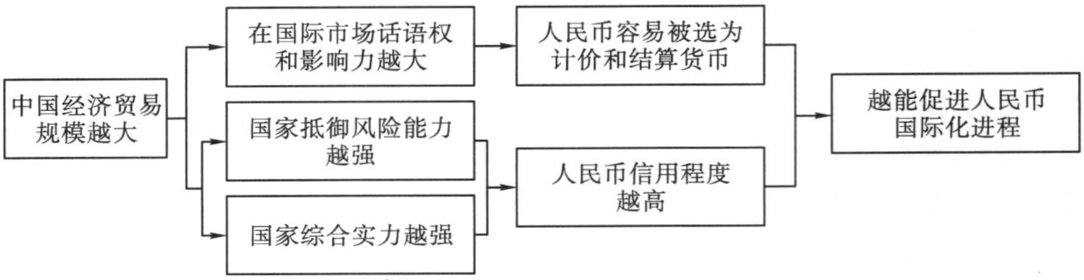


图 4-7　经济规模对人民币国际化的影响机制

2)币值稳定性

人民币币值的稳定性包括两个方面,即相对国内的币值稳定和相对国外的币值稳定。在当前信用货币制度下,保持人民币对内稳定,代表着人民币相对中国商品价值的稳定性,一般用通货膨胀率来衡量。而对外稳定,代表着人民币相对外国商品的稳定性,往往通过人民币汇率形式表现出来,也包含两个方面,一是汇率的变动趋势,二是汇率的波动性。

通货膨胀率和汇率会通过多种方式影响人民币国际化进程。首先,从风险角度看,如果我国的通货膨胀率较低并且人民币汇率比较稳定,那么,以人民币计价的金融资产的价值就会相对比较稳定。投资者为了增加收入,就会增加配置这类资产,从而有助于人民币在国际市场上发挥价值贮藏功能,促进人民币国际化。其次,从交易成本来看,在全球化趋势下,跨国贸易面临的风险是非常大的,那么,为了降低交易成本,跨国企业往往会选择价值比较稳定的人民币进行交易。随着人民币在全球流通范围扩大,风险不断降低,流动性不断上升,交易成本不断下降,使得人民币可以在国际市场上更好地发挥交易媒介职能,如图 4-8 所示。

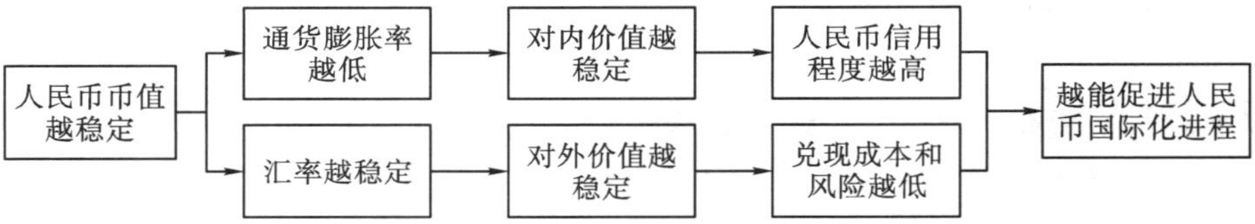


图 4-8　币值稳定性对人民币国际化的影响机制

3)金融市场发展水平

为了顺利推进人民币进程,我国金融市场发展应具有更大的深度和广度,并具有更高的开放度和更少的监管。未来,金融市场越开放,市场效率就会越高,价格可以更加真实地反映货币、资本和外汇市场的供求关系,进而向人民币持有者提供最及时、有效的反馈,增加国际市场对人民币的需求。

一般来说,金融市场的发展水平会通过两种途径影响人民币的国际地位。首先,从金融市场效率来看,发达的金融市场意味着先进的金融基础设施、高效的金融企业、多样性的金融产品和较少的监管措施,那么就意味着资金能更加高效地流通。对于外国投资者来讲,愿意在这样的金融市场上开展经济活动,人民币的流动性提高,风险更低,成本也更低，所以更加乐意持有人民币，那么人民币就更好地发挥了交易媒介、记账单位和价值贮藏的功能。其次，金融市场发达意味着金融限制比较少，所以离岸市场比较发达，那么，人民币就能在国际市场上更多地沉淀和流通，外国投资者出于流动性、交易成本及风险等考虑也更加愿意持有人民币或者以人民币计价的金融资产，促进人民币国际化进程，如图 4-9 所示。

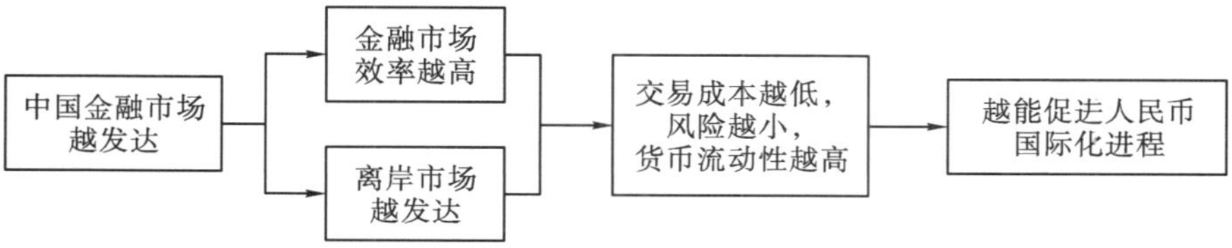


图 4-9　金融市场发展水平对人民币国际化的影响机制

4)政治因素

一国的政治实力及稳定性代表着一个国家的软实力和综合国力。在不兑换的信用货币制度时代，主权货币背后依靠的是国家信用，国际货币之所以能够在国际市场上发挥功能，某种程度上也是国际市场参与者对发行国信用的信赖。政治实力一方面代表国内政治环境的稳定性，另一方面也代表了一个国家在国际上的话语权和影响力，所以政治实力越强，越有利于该国家的货币国际化进程。

货币国际化进程离不开政策的支持。货币国际化有收益也有风险，一个国家即使具备了货币国际化的条件，货币国际化进程如何，也要看这个国家的政策配合，如果政策推动合适，那么，就会促进货币国际化，反之则会阻碍货币国际化进程。

5)网络外部性

罗尔夫斯 1974 年论述了网络外部性的含义，认为如果一种商品的用户在不断增加时，那么，对于消费者来说，这种商品的价值相应地也在增加，则该商品就具备了网络外部性，这种现象同样存在于人民币的使用当中。人民币所具有的这种网络外部性会对其在国际市场上的职能发挥带来正向作用，第一种途径是规模效应，如果人民币被大量使用，那么，规模效应就会使交易成本降低，从而又会吸引新的使用者，促进人民币国际化进程；第二种途径是路径依赖，如果人民币已经在国际市场达到一定的地位，为了避免转换成本，使用者就会对人民币产生一定依赖。

目前，人民币国际化进程刚刚推进了十年有余，其网络外部性的现象还不突出，产生的历史惯性还不够大，并且对使用者还没有形成很好的黏性，仍需要进一步推动人民币走出去。更为重要的是，人民币很大部分是依赖于我国与周边国家的经贸往来，但是在这些邻近国家中没有形成很好的沉淀，它们之间更是缺乏广泛的流通，这远远落后于在全球范围之内流通的美元、欧元等货币的地位。因此，历史惯性的因素将大大阻碍人民币国际化进程的快速推进，这也决定了这个过程是一个长期的历史进程。

## 4.2 人民币国际化现状分析

2009 年我国推出跨境贸易人民币结算试点，拉开了人民币国际化快速发展的序幕，随后我国相继实施了一系列相关政策措施。经过十余年的不懈努力，人民币国际化进程现状到底如何？人民币国际化进程中具有哪些特征？为了准确测算人民币国际化程度，就需要根据国际货币的三大职能，客观分析人民币国际化的现状，以此为基础对人民币国际化进程进行定量研究。

### 4.2.1 交易媒介职能

1)官方领域

官方领域主要通过本币互换协议规模来衡量。货币当局之间的本币互换可以保障一国(地区)在紧急情况下有能力给金融领域注入流动性，从而维持宏观经济的稳定发展。各国(地区)可以使用获得的人民币干预外汇市场，或者用于为贸易企业提供融资，进而扩大人民币在双边贸易和投资中的使用。截至 2019 年 12 月末，中国人民银行已经与 36 个国家签署了双边本币互换协议(见表 4－3)，并且与多个国家续签，签约累计规模达到 7.89 万亿元(包括已失效规模)；与香港金融管理局及欧央行互换规模超 1 万亿元，极大方便了国际市场持有和使用人民币。

**表 4－3　与中国人民银行签署双边本币互换协议的国家及累计规模**

| 国家 | 互换规模 | 国家 | 互换规模 |
|---|---|---|---|
| 韩国 | 9000 亿元 | 巴西 | 1900 亿元 |
| 马来西亚 | 6200 亿元 | 英国 | 9000 亿元 |
| 白俄罗斯 | 270 亿元 | 匈牙利 | 200 亿元 |
| 印度尼西亚 | 4000 亿元 | 阿尔巴尼亚 | 40 亿元 |
| 阿根廷 | 2100 亿元 | 瑞士 | 3000 亿元 |
| 冰岛 | 105 亿元 | 斯里兰卡 | 100 亿元 |
| 新加坡 | 7500 亿元 | 俄罗斯 | 1500 亿元 |
| 新西兰 | 750 亿元 | 卡塔尔 | 350 亿元 |
| 乌兹别克斯坦 | 7 亿元 | 加拿大 | 2000 亿元 |
| 蒙古 | 450 亿元 | 苏里南 | 10 亿元 |
| 哈萨克斯坦 | 140 亿元 | 亚美尼亚 | 10 亿元 |
| 泰国 | 1400 亿元 | 南非 | 300 亿元 |
| 巴基斯坦 | 200 亿元 | 智利 | 220 亿元 |
| 阿联酋 | 700 亿元 | 塔吉克斯坦 | 30 亿元 |
| 土耳其 | 220 亿元 | 摩洛哥 | 100 亿元 |
| 澳大利亚 | 6000 亿元 | 塞尔维亚 | 15 亿元 |
| 乌克兰 | 300 亿元 | 埃及 | 180 亿元 |
| 尼日利亚 | 150 亿元 | 老挝 | 未公布 |

数据来源：中国人民银行公开资料整理。

2）私人领域

人民币在跨境贸易中执行交易媒介职能保持稳定上升趋势，但也呈现一定幅度的波动。在2009年跨境贸易人民币结算试点刚放开时，因为相关配套政策不完善，跨境贸易人民币结算金额较少，2010年的跨境贸易人民币结算金额仅为5063亿元。随着有关部门后续政策的不断完善，跨境贸易结算中使用人民币的金额进入了缓慢上升的区间，2015年已达到7.23万亿元，并且2015年4月跨境贸易人民币结算金额在进出口贸易总额中占比达到最高值37%。然而2015年“8·11汇改”后，人民币兑美元单边升值的预期消失，造成国际经济主体对其需求有所降低，进而跨境贸易人民币结算总额明显下降。2019年，跨境贸易人民币结算业务继续保持平稳增长态势，全年跨境贸易人民币结算业务累计发生6.0万亿元，较2018年增长9300亿元，同比增长18.20%，如图4-10所示。

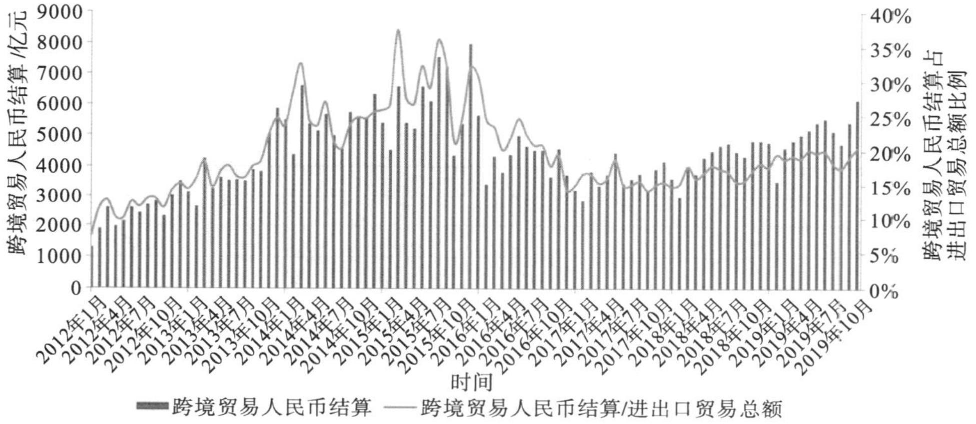


图4-10　跨境贸易人民币结算金额及占进出口贸易总额比例

数据来源：中国人民银行。

人民币在跨境投资中的结算金额不断攀升。自2012年以来，外商直接投资和对外直接投资的人民币结算金额都快速上升，2015年第三季度两者金额达到峰值，分别为5734亿元和3323亿元。然而，2015年第三季度之后人民币直接投资结算总额明显下降，其在对外投资中交易媒介的职能有所减弱，2017年第一季度开始企稳回升。总体来说，2012年以来人民币直接投资结算金额虽然有所波动，但是整体上呈现逐步上升态势，如图4-11所示。

人民币外汇交易日益活跃。1998年以来，全球人民币外汇交易稳步提升。根据国际清算银行2019年4月公布的统计报告，人民币日均交易量由2010年的340亿美元上升到2019年的2850亿美元，在所有货币的外汇交易中，人民币占比由2010年的0.43%上升到2019年的2.16%。国际资金清算系统报告显示，人民币在国际外汇交易当中表现得越来越活跃。从地域来看，英国、中国香港、美国和新加坡人民币外汇交易金额分别排在离岸市场前四位，合计占离岸人民币外汇交易金额超过八成，如图4-12所示。

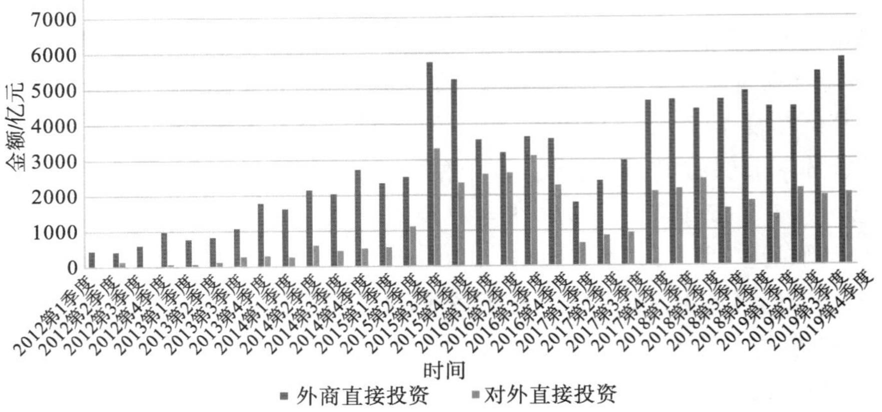


图 4-11　历年各季度人民币直接投资跨境结算金额

数据来源：中国人民银行。

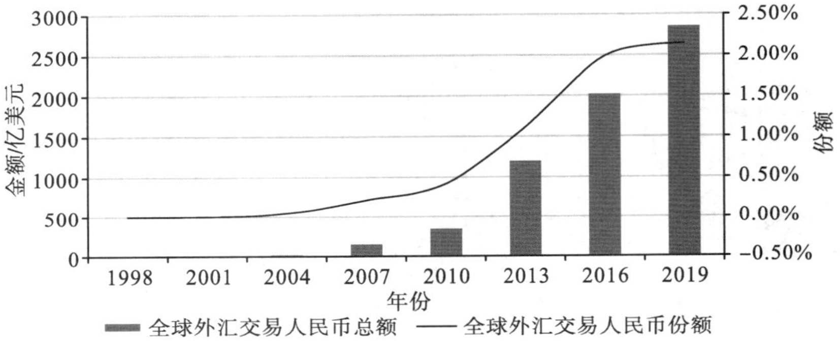


图 4-12　历年全球人民币外汇交易金额及占比

数据来源：根据国际清算银行发布的全球外汇市场调查报告数据整理。

### 4.2.2　记账单位职能

人民币发挥记账单位的职能体现在贸易领域和金融领域。

在贸易领域，2018 年 3 月 26 日，以人民币计价的原油期货正式推出，同时参与者延伸到境外；紧接着 5 月 4 日大连商品交易所的铁矿石期货也引入境外交易者；2018 年 11 月，PTA(精对苯二甲酸)期货正式引入境外交易者。境外交易者的交易机制与原油期货保持一致。原油、铁矿石和 PTA 作为工业领域的必需品，三者的价格在一定程度上反映着该国的货币和金融市场在国际上的地位。因此，原油、铁矿石和 PTA 等大宗商品期货交易引入境外交易者是我国扩大对外金融开放的重要举措，有利于完善期货产品服务实体经济发展的功能，也标志着我国人民币国际化进程迈入新台阶。同时，这三大工业品所涉及的下游产业覆盖广泛，则三者的人民币期货将使人民币在贸易领域发挥计价和结算职能更加广泛，因而人民币国际地位的持续向好发展非常值得期待。

在金融领域，人民币国际债券强势复苏。2009 年以来人民币国际债券规模稳步增长，

2015 年达到峰值,随后有所下降。2016 年以来,在中美贸易摩擦和英国脱欧等不确定性因素之下,中国人民银行灵活实施稳健中性的货币政策,保持了良好的流动性,人民币国际债券强势复苏,规模和占比继续攀升。截至 2018 年末,人民币国际债券在全球的占比达到 0.44%。总的来说,人民币在金融领域发挥记账单位职能的能力越来越突显,人民币国际债券规模已经由 2009 年的 115.1 亿美元上升到 2018 年的 1075.5 亿美元,如图 4－13 所示。

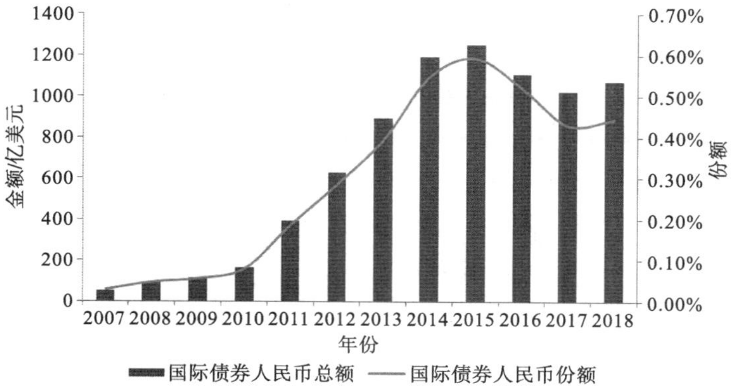


图 4－13　历年人民币国际债券规模及占比

数据来源:根据国际清算银行统计数据整理。

### 4.2.3　价值贮藏职能

人民币已经成为全球第六大官方外汇储备。2017 年初,国际货币基金组织首次将人民币纳入其发布的"官方外汇储备货币构成"的报告中,2016 年底以来,人民币在官方外汇储备中的占比稳步上升,截至 2019 年第三季度,人民币储备规模达 2196.19 亿美元,占全球外汇储备总额的 1.88%,目前排名第六位,如图 4－14 所示。

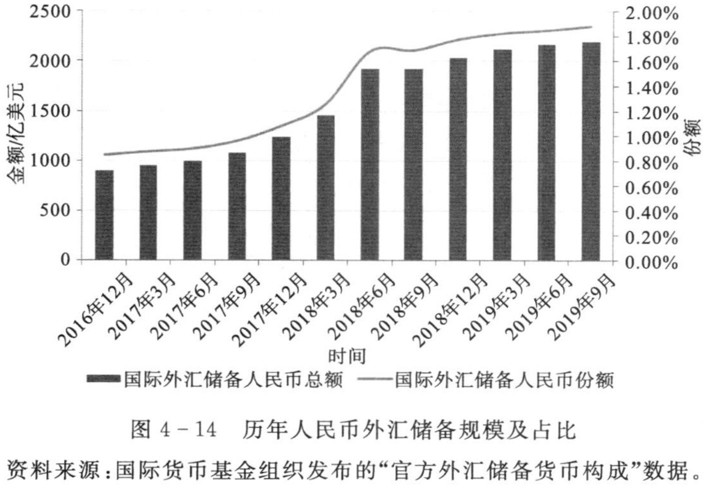


图 4－14　历年人民币外汇储备规模及占比

资料来源:国际货币基金组织发布的"官方外汇储备货币构成"数据。

综上，从 2009 年以来，人民币在发挥国际货币三大职能中取得了辉煌的成就，实现了从无到有、从贸易项下向资本金融项下的目标，在国际市场上逐步发挥交易媒介、记账单位和价值贮藏职能。但是总体而言，人民币国际化进程刚刚起步十余年，和美元、欧元以及英镑等货币相比，仍然存在很大的差距。

与此同时，人民币国际化进程中也存在三大职能发展不均衡的问题，即交易媒介职能领先于记账单位和价值贮藏功能。2008 年国际金融危机爆发后，我国所推出的一系列政策促使人民币的交易媒介职能在国际市场上得到了充分发挥，以 2019 年为例，交易媒介职能下的跨境贸易人民币结算占比和全球外汇交易人民币份额分别达到 23% 和 2.4%。然而人民币记账单位职能和价值贮藏职能的发展水平仍然是比较低的，2019 年，国际债券人民币份额和官方外汇储备人民币份额分别是 0.46% 和 1.7%，明显低于前两者。在这样的背景下，仅仅通过分析人民币国际化发挥三大职能的现状仍然不能够清晰地把握人民币国际化进程，需要通过定量研究准确测算。

## 4.3 人民币国际化进程测算

本节从国际货币职能视角出发，采用主成分分析法、熵权法和 CRITIC 法测算人民币、美元、欧元、英镑和日元的国际化水平。在此基础上，分析人民币国际化进程的动态变化和国际地位。

### 4.3.1 测算方法比较与选择

1）货币境外存量视角

人民币境外存量代表着人民币在国际市场上的流通规模，规模越大，说明人民币国际化进程越高，因此很多研究常用人民币境外存量表示人民币国际化进程。沿着这条思路，学者们用各种方法对人民币境外存量进行了测算[52]，其中最具代表性和可行性的方法是 Hawkins 和 Leung 提出的扣除本地需求法。其理论基础是：在一国保持开放的情形下，该国货币同时在国内外流通，那么，该国货币的供应量等于国内外需求量之和，而一国国内具有稳定的货币需求函数，所以货币的境外存量就等于货币供应量减去货币的境内需求量。如式（4－1）所示。

$$M'_{\text{stock}} = M_s - M_d \qquad (4-1)$$

其中，$M'_{\text{stock}}$ 表示人民币境外存量，$M_s$ 表示人民币供应量，$M_d$ 表示人民币境内需求量。

人民币供应量可以从我国央行统计数据得到，根据式（4－1），如果想要计算人民币境外存量，必须先求出人民币境内需求量，而计算人民币境内需求量的关键就是人民币境内需求函数的设定。理论上人民币境内需求函数可以基于货币需求函数和我国的实际情况来建立，比较常用的如式（4－2）所示。

$$\ln\left(\frac{M_0}{P}\right) = \beta_0 + \beta_1 \ln\left(\frac{\text{GDP}}{P}\right) + \beta_2 r + \beta_3 \text{srr} + \beta_4 D + \varepsilon_t \qquad (4-2)$$

其中，$\ln\left(\frac{M_0}{P}\right)$表示剔除了物价水平影响的我国境内人民币需求量；$\ln\left(\frac{GDP}{P}\right)$表示我国国内生产总值；$r$ 表示利率水平；$D$ 表示货币化程度；$srr=sr-r$ 表示股票收益率水平，其中 sr 表示股票收益率。

由式(4-1)和式(4-2)，可以得出人民币境外存量的计算方法，如式(4-3)所示。

$$M'_{stock}=M_s-\ln\left(\frac{M_0}{P}\right)=M_s-\left[\beta_0+\beta_1\ln\left(\frac{GDP}{P}\right)+\beta_2 r+\beta_3 srr+\beta_4 D+\varepsilon_t\right] \quad (4-3)$$

2）国际货币职能视角

人民币国际化的最终目的是其在国际市场上发挥交易媒介、记账单位和价值贮藏功能，因此人民币发挥国际货币职能的表现，就反映着人民币国际化的水平，其中三大职能中人民币份额越高，人民币国际化进程就越高。通过构建国际化指数就综合考量了各项职能的发展水平，具体做法就是：根据国际货币的职能构建指标体系，确定权重，然后加权平均计算出人民币国际化指数，如式(4-4)所示。

$$\text{index}_t=\frac{\sum_{j=1}^{n}X_{jt}w_j}{\sum_{j=1}^{n}w_j}\times 100 \quad (4-4)$$

其中，$t$ 表示期数，$\text{index}_t$ 表示人民币国际化水平，$X_{jt}$ 表示在第 $t$ 期时第 $j$ 个指标的原始份额，$w_j$ 表示该指标的权数。$\text{index}_t$ 的含义是：如果在国际范围内，只有人民币发挥交易媒介、记账单位和价值贮藏职能，那么公式中的各个自变量为 100%，这样 index 就等于 100；反之，如果没有国家使用人民币，那么公式中的各个自变量为 0，index 就等于 0。index上升表示人民币国际化水平的提高。

3）测算方法的选择

尽管人民币境外存量视角和国际货币职能视角这两种方法都有可行性，但是，利用人民币境外存量进行测算存在内在缺陷，即该方法的指标都是存量数据，最终求出的人民币境外存量是绝对数，其大小并没有反映人民币相对于其他主要国际货币的国际地位。而基于国际货币职能视角求出的人民币国际化进程是百分比形式，科学性更强(见表 4-4)。因此，拟从国际货币职能视角测算人民币国际化进程。

**表 4-4 两种视角的对比**

| 视角 | 指标形式 | 人民币国际化进程 |
|---|---|---|
| 境外存量视角 | 存量指标 | 绝对值 |
| 国际货币职能视角 | 份额指标 | 百分比 |

### 4.3.2 指标体系的构建

国际货币职能研究领域最具代表性的研究成果[105-106]认为，货币国际化之后，可以在私人层面和官方层面从六个方面发挥职能。在私人层面是私人外汇市场交易、贸易结算和金融投资;在官方层面是汇率锚、官方外汇市场干预及外汇储备,如表 4－5 所示。

**表 4－5　国际货币职能**

| 功能 | 官方层面 | 私人层面 |
| --- | --- | --- |
| 交易媒介职能 | 官方外汇市场干预 | 私人外汇市场交易、贸易结算 |
| 价值贮藏功能 | 外汇储备 | 金融投资 |
| 记账单位职能 | 汇率锚 | 金融投资、贸易结算 |

1)指标选择

接下来针对表 4－5 中的六个方面选择代表性指标。由于国际货币的职能是相互联系的,它们并不是相互孤立的,会同时体现在某一经济行为当中,因此一个指标可能是多种职能的体现,具体选择依据如下。

首先,当货币发挥交易媒介职能时,在官方层面主要体现为官方部门为维持汇率的稳定,对外汇市场进行干预。而在私人层面主要体现为三点:第一,私人部门出于各种目的(比如套利等)在外汇市场进行交易;第二,使用货币在贸易领域进行结算;第三,使用货币在投资领域进行结算。依据以上经济行为可以分别筛选三个指标,即采用全球外汇交易份额、国际贸易结算份额以及全球直接投资份额反映货币在外汇市场、国际贸易和国际投资领域的国际化水平。

其次,当货币发挥价值贮藏职能时,在官方层面主要体现为货币当局往往会持有一定外汇储备资产来维持国际收支平衡,因此,全球外汇储备各货币份额就很好地反映了货币在官方层面发挥价值贮藏职能的情况。而在私人层面,一国居民会出于资产多元化的需要持有外汇资产,而这种经济行为最终会汇聚到以该货币标价的对外信贷当中。所以,一国货币在全球对外信贷中所占份额就很好地反映了该货币在私人领域发挥价值贮藏职能的情况。

最后,当货币发挥记账单位职能时,在官方层面主要体现为货币当局将本币汇率钉住其他货币,而那些被钉住的货币往往具有很高的国际地位。因此,一国货币被钉住的国家数量占比,就很好地反映了某一货币在官方领域发挥记账单位职能的情况。而在私人层面,主要体现在两点:第一,对于贸易领域,商品或者服务往往会选择国际地位高的货币来计价,考虑到商品或者服务通常也是用计价货币来结算,并且交易媒介职能下已经选择贸易结算份额指标,因此这里就不再考虑记账单位职能了;第二,对于金融领域,由于国际债券规模远远高于股票市场规模,因此国际债券各货币份额能够很好地反映货币在金融领域的国际化水平。

基于国际货币职能的三个方面构建的衡量一国货币国际化程度的指标体系如表 4－6所示。

**表 4-6　衡量一国货币国际化程度的指标体系**

<table>
<tr><th>一级指标</th><th>二级指标</th><th>三级指标</th></tr>
<tr><td rowspan="4">交易媒介职能</td><td>官方外汇市场干预</td><td rowspan="2">全球外汇交易各货币份额</td></tr>
<tr><td>私人外汇市场交易</td></tr>
<tr><td rowspan="2">私人贸易结算</td><td>国际贸易结算各货币份额</td></tr>
<tr><td>全球直接投资各货币份额</td></tr>
<tr><td rowspan="2">价值贮藏职能</td><td>官方外汇储备</td><td>全球外汇储备各货币份额</td></tr>
<tr><td>私人外汇资产</td><td>全球对外信贷各货币份额</td></tr>
<tr><td rowspan="3">记账单位职能</td><td>官方钉住锚货币</td><td>汇率钉住的国家数量占比</td></tr>
<tr><td rowspan="2">私人计价货币</td><td>全球国际债券存量各货币份额</td></tr>
<tr><td>全球国际债券流量各货币份额</td></tr>
</table>

2)数据来源

由于国际贸易结算中各货币份额尚无官方统计数据，虽然曾有学者研究过国际贸易结算中的币种结构，但是仅涉及一个年度，数据没有连续性；汇率钉住国家数量占比这一指标来源于 IMF，但是收费使用，暂时无其他指标可以替代；同时，国际债券存量数据已经包含了流量数据的信息，故指标体系中暂不考虑这三个指标。最终的指标体系数据来源如表 4-7 所示。

**表 4-7　指标体系及数据来源**

| 指标 | 变量 | 数据来源 |
|---|---|---|
| 全球外汇交易各货币份额 | FET | 国际清算银行 |
| 全球直接投资各货币份额 | GDI | 联合国贸易和发展会议 |
| 全球国际债券存量各货币份额 | IB | 国际清算银行 |
| 全球外汇储备人民币份额 | GR | 中国人民银行、国际货币基金组织 |
| 全球外汇储备其他货币份额 | GR | 国际货币基金组织“官方外汇储备货币构成” |
| 全球对外信贷人民币份额 | GFC | 中国人民银行、万得数据库 |
| 全球对外信贷其他货币份额 | GFC | 国际清算银行 |

注：全球外汇交易各货币份额＝该货币的外汇交易额/全球外汇交易总量；
全球直接投资各货币份额＝该货币的直接投资规模/全球直接投资规模；
全球国际债券存量各货币份额＝该货币计价的国际债券存量/全球国际债券总额；
全球外汇储备各货币份额＝该货币的全球外汇储备规模/全球外汇储备总额；
全球对外信贷各货币份额＝该货币的全球对外信贷规模/全球对外信贷总额。

3)数据处理

本节选取 1998—2018 年的年度数据，其中全球外汇市场交易各货币份额来源于国际清算银行每三年统计一次的全球外汇市场调查报告，即 1998、2001、2004、2007、2010、

2013、2016、2019 年度数据可得，其余年份外汇市场交易份额(FET)数据有缺失，以往的研究通常是采用插值法，但是插值法有一定的误差，鉴于此，本节采用如下方法来进行估算：根据每年 6 月份发布的外汇衍生品留存金额和换手率计算出对应的成交金额，然后再结合即期交易数据推算缺失年份的份额。估算结果如表 4－8 和表 4－9 所示。

**表 4－8　全球外汇市场日均交易额缺失年份指标估算结果**　　单位：亿美元

| 年份 | 全球外汇衍生产品 6 月末留存金额 | 全球外汇衍生产品 6 月末换手率/% | 上半年外汇衍生产品日均成交金额 | 4 月即期交易占总外汇交易比例/% | 上半年即期日均成交金额 | 4 月总外汇日均成交金额 |
|---|---|---|---|---|---|---|
| (1998) | 220435.6 | 5.44 | 9591.9 | 0.37 | 5633.3 | 15270.0 |
| 1999 | 186536.2 | 5.37 | 8013.6 | 0.35 | 4349.3 | 12362.9 |
| 2000 | 198266.5 | 5.29 | 8394.6 | 0.33 | 4167.6 | 12562.1 |
| (2001) | 204245.9 | 5.22 | 8527.9 | 0.31 | 3831.4 | 12390.0 |
| 2002 | 225602.9 | 5.20 | 9385.1 | 0.32 | 4347.0 | 13732.1 |
| 2003 | 280481.2 | 5.19 | 11639.3 | 0.32 | 5512.7 | 17152.0 |
| (2004) | 314971.1 | 5.17 | 13030.4 | 0.33 | 6417.9 | 19340.0 |
| 2005 | 368616.0 | 5.12 | 15098.5 | 0.32 | 7048.8 | 22147.4 |
| 2006 | 457447.7 | 5.08 | 18585.6 | 0.31 | 8361.4 | 26947.0 |
| (2007) | 576057.1 | 5.03 | 23191.1 | 0.30 | 9939.0 | 33240.0 |
| 2008 | 748478.3 | 4.99 | 29879.3 | 0.33 | 14483.3 | 44362.5 |
| 2009 | 592210.2 | 4.97 | 23523.0 | 0.35 | 12701.8 | 36224.7 |
| (2010) | 629608.8 | 4.93 | 24839.2 | 0.37 | 14588.1 | 39730.0 |
| 2011 | 765968.1 | 4.99 | 30577.4 | 0.38 | 18520.9 | 49098.3 |
| 2012 | 774673.5 | 5.05 | 31319.4 | 0.38 | 19166.5 | 50485.9 |
| (2013) | 809011.3 | 5.11 | 33103.0 | 0.38 | 20289.0 | 53570.0 |
| 2014 | 825097.4 | 5.06 | 33399.9 | 0.36 | 19068.5 | 52468.5 |
| 2015 | 797709.0 | 5.02 | 32022.3 | 0.34 | 16851.5 | 48873.8 |
| (2016) | 858666.1 | 4.97 | 34136.5 | 0.33 | 16813.5 | 50660.0 |
| 2017 | 884289.6 | 5.26 | 37210.9 | 0.32 | 17342.1 | 54553.0 |
| 2018 | 957981.1 | 5.55 | 42523.7 | 0.31 | 19071.4 | 61595.2 |
| (2019) | 986508.1 | 5.84 | 46075.6 | 0.30 | 19746.7 | 65950.0 |

注：括号内为公布年份。

**表4-9 各主要货币外汇日均交易额缺失年份指标估算结果** 单位:亿美元

| 年份 | 美元 | 欧元 | 英镑 | 人民币 | 日元 |
|---|---|---|---|---|---|
| 1998 | 13250.0 | — | 1680.0 | 0.00 | 3320.0 |
| 1999 | 10727.5 | 4525.9 | 1360.2 | 0.00 | 2687.9 |
| 2000 | 10900.4 | 4598.9 | 1382.1 | 0.00 | 2731.3 |
| 2001 | 11140.0 | 4700.0 | 1620.0 | 0.00 | 2920.0 |
| 2002 | 12346.7 | 5209.1 | 1795.5 | 14.2 | 3236.3 |
| 2003 | 15421.6 | 6506.4 | 2242.6 | 17.7 | 4042.3 |
| 2004 | 17020.0 | 7240.0 | 3190.0 | 20.0 | 4030.0 |
| 2005 | 19490.6 | 8290.9 | 3653.1 | 22.9 | 4615.0 |
| 2006 | 23714.5 | 10087.7 | 4444.7 | 27.9 | 5615.1 |
| 2007 | 28450.0 | 12310.0 | 4940.0 | 150.0 | 5730.0 |
| 2008 | 37969.7 | 16429.1 | 6593.0 | 200.2 | 7647.3 |
| 2009 | 31004.6 | 13415.4 | 5383.6 | 163.5 | 6244.5 |
| 2010 | 33710.0 | 15510.0 | 5120.0 | 340.0 | 7540.0 |
| 2011 | 41658.8 | 19167.3 | 6327.3 | 420.2 | 9317.9 |
| 2012 | 42836.1 | 19708.9 | 6506.1 | 432.0 | 9581.3 |
| 2013 | 46620.0 | 17900.0 | 6330.0 | 1200.0 | 12350.0 |
| 2014 | 45661.4 | 17531.9 | 6199.8 | 1175.3 | 12096.1 |
| 2015 | 42533.1 | 16330.8 | 5775.1 | 1094.8 | 11267.3 |
| 2016 | 44370.0 | 15900.0 | 6490.0 | 2020.0 | 10960.0 |
| 2017 | 47779.7 | 17121.9 | 6988.7 | 2175.2 | 11802.2 |
| 2018 | 53947.4 | 19332.1 | 7890.9 | 2456.0 | 13325.8 |

### 4.3.3 指标体系权重确定

本章求权重的方法是在运用主成分分析法和熵权法的基础上,最终采取CRITIC法求权重,具体流程如图如4-15所示。

1)基于主成分分析法

主成分分析(principal components analysis,PCA)是由Holtelling于1933年首先提出的,主要依靠降维的思路将多个指标转换为多元统计分析方法的几个综合指标,即力争信息损失最少的原则,研究指标体系的线性组合。

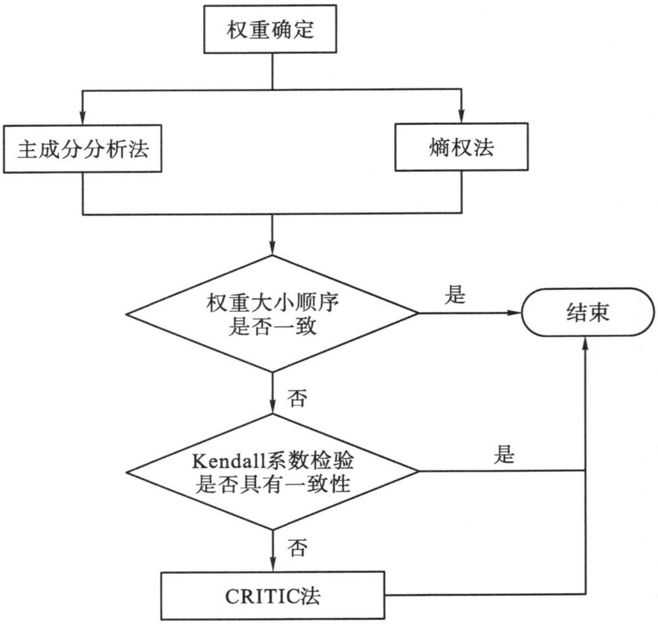


图 4-15　求权重流程图

主成分的导出步骤具体如下。

步骤 1:设 $m$ 个指标 $x_1, x_2, \cdots, x_m$ 的 $n$ 次样本观测数据为

$$X=\begin{bmatrix} x_{11} & x_{12} & \cdots & x_{1n} \\ x_{21} & x_{22} & \cdots & x_{2n} \\ \vdots & \vdots & & \vdots \\ x_{m1} & x_{m2} & \cdots & x_{mn} \end{bmatrix} \tag{4-5}$$

步骤 2:将指标体系的数据标准化

$$x_{ij}^{*}=\begin{cases} 0 & x_{ij}\leqslant \min(x_j) \\ \dfrac{x_{ij}-\min(x_j)}{\max(x_j)-\min(x_j)} & \min(x_j)<x_{ij}<\max(x_j) \\ 1 & x_{ij}\leqslant \min(x_j) \end{cases} \tag{4-6}$$

其中 $i=1,2,\cdots,m, j=1,2,\cdots,n$。

步骤 3:求出指标体系的相关系数。

$$R=\begin{bmatrix} r_{11} & r_{12} & \cdots & r_{1m} \\ r_{21} & r_{22} & \cdots & r_{2m} \\ \vdots & \vdots & & \vdots \\ r_{m1} & r_{m2} & \cdots & r_{mm} \end{bmatrix} \tag{4-7}$$

相关系数 $r_{ij} = \dfrac{1}{n-1}\sum_{t=1}^{n} x_{it}^{*} x_{tj}^{*}, i,j = 1,2,\cdots,m$。

步骤 4:求出矩阵 $R$ 的特征值 $\lambda_1, \lambda_2, \cdots, \lambda_m$ 及其特征向量 $\hat{a}_1, \hat{a}_2, \cdots, \hat{a}_m, \hat{a}_i=(a_{i1}, a_{i2},$

$\cdots,a_{im}),i=1,2,\cdots,m$。

步骤 5：依据 $\lambda>1$ 确定主成分并确定其表达式和得分。

将标准化后的各观测数据分别代入主成分表达式得到各主成分下的各个观测数据的新数据。具体形式为

$$F=\begin{bmatrix} F_{11} & F_{12} & \cdots & F_{1m} \\ F_{21} & F_{22} & \cdots & F_{2m} \\ \vdots & \vdots & & \vdots \\ r_{m1} & r_{m2} & \cdots & F_{mn} \end{bmatrix} \tag{4-8}$$

其中，$F_{ij}$ 表示第 $i$ 个观测数据的第 $j$ 个主成分，有 $F_{ij}=a_{j1}x_{1i}^{*}+a_{j2}x_{2i}^{*}+\cdots+a_{jm}x_{mi}^{*}$。

利用上述标准化公式及 Matlab 软件计算得到标准化的数据，如表 4－10 所示。

**表 4－10　指标体系标准化数据**

| 年份 | FET | GDI | IB | GR | GFC |
|---|---|---|---|---|---|
| 1998 | 0.059049 | 0 | 0 | 0 | 0 |
| 1999 | 0 | 0.034471 | 0.034749 | 0.017443 | 0.003913 |
| 2000 | 0.004047 | 0.045532 | 0.072836 | 0.032715 | 0.036883 |
| 2001 | 0.000551 | 0.032362 | 0.117525 | 0.04395 | 0.074503 |
| 2002 | 0.027811 | 0.040427 | 0.183481 | 0.079457 | 0.145677 |
| 2003 | 0.097277 | 0.112883 | 0.282169 | 0.140606 | 0.259547 |
| 2004 | 0.141718 | 0.174823 | 0.371389 | 0.21229 | 0.393752 |
| 2005 | 0.198741 | 0.214632 | 0.392448 | 0.268954 | 0.480418 |
| 2006 | 0.296231 | 0.332402 | 0.547054 | 0.361406 | 0.690023 |
| 2007 | 0.424053 | 0.469572 | 0.7142 | 0.505229 | 1 |
| 2008 | 0.649973 | 0.369345 | 0.73676 | 0.568792 | 0.902236 |
| 2009 | 0.484679 | 0.487927 | 0.835427 | 0.649914 | 0.854056 |
| 2010 | 0.555877 | 0.556964 | 0.833648 | 0.758927 | 0.864257 |
| 2011 | 0.746166 | 0.580713 | 0.840363 | 0.852141 | 0.866048 |
| 2012 | 0.77435 | 0.626612 | 0.888385 | 0.926042 | 0.825208 |
| 2013 | 0.836994 | 0.711074 | 0.926602 | 1 | 0.809197 |
| 2014 | 0.81462 | 0.755562 | 0.880041 | 0.990928 | 0.79673 |
| 2015 | 0.741605 | 0.76571 | 0.845201 | 0.924164 | 0.751062 |
| 2016 | 0.777886 | 0.817784 | 0.854176 | 0.903839 | 0.74887 |
| 2017 | 0.856961 | 1 | 0.982034 | 0.976256 | 0.8394 |
| 2018 | 1 | 0.946124 | 1 | 0.974064 | 0.841403 |

计算得到各指标之间的相关系数、主成分分析特征值及贡献度以及各主成分的特征向量，如表 4－11、表 4－12 和表 4－13 所示。

**表 4－11　各指标的相关系数**

| 指标 | FET | GDI | IB | GR | GFC |
|---|---|---|---|---|---|
| FET | 1 | 0.963 | 0.958 | 0.983 | 0.862 |
| GDI | 0.963 | 1 | 0.944 | 0.968 | 0.829 |
| IB | 0.958 | 0.944 | 1 | 0.971 | 0.952 |
| GR | 0.983 | 0.968 | 0.971 | 1 | 0.87 |
| GFC | 0.862 | 0.829 | 0.952 | 0.87 | 1 |

**表 4－12　主成分分析特征值及贡献度**

| 序号 | 特征值 | 贡献度/% | 累积贡献度/% |
|---|---|---|---|
| 1 | 4.702 | 94.034 | 94.034 |
| 2 | 0.235 | 4.690 | 98.724 |
| 3 | 0.040 | 0.797 | 99.521 |
| 4 | 0.018 | 0.360 | 99.881 |
| 5 | 0.006 | 0.119 | 100.000 |

**表 4－13　各主成分的特征向量**

| 指标 | PCA1 | PCA2 | PCA3 | PCA4 | PCA5 |
|---|---|---|---|---|---|
| FET | 0.4517 | 0.2849 | －0.5631 | 0.6186 | －0.1231 |
| GDI | 0.4459 | 0.4226 | 0.7557 | 0.1918 | 0.1215 |
| IB | 0.4569 | －0.1961 | 0.0561 | －0.3497 | －0.7920 |
| GR | 0.4541 | 0.25036 | －0.3186 | －0.6450 | 0.4622 |
| GFC | 0.4268 | －0.7994 | 0.0852 | 0.2057 | 0.3594 |

最终得到的各指标权重如表 4－14 所示。

**表 4－14　主成分分析计算得到各指标的权重**

| 指标 | FET | GDI | IB | GR | GFC |
|---|---|---|---|---|---|
| 权重 | 0.202099 | 0.199424 | 0.204363 | 0.203128 | 0.190986 |

2）基于熵权法

在信息论中，熵代表一个不确定的水平。如果指标不确定性越大，其熵值就越大，那么，其含有的信息量越大。因此依据熵的特征，可以通过计算熵值来作为衡量该指标对综合评价的作用强弱的指标，即权重的大小。熵权法属于客观赋权方法中一种常用的方法。

熵权法的具体计算步骤如下。

步骤 1：设 $m$ 个指标 $x_1, x_2, \cdots, x_m$ 的 $n$ 次样本观测数据为

$$X=\begin{bmatrix} x_{11} & x_{12} & \cdots & x_{1n} \\ x_{21} & x_{22} & \cdots & x_{2n} \\ \vdots & \vdots & & \vdots \\ x_{m1} & x_{m2} & \cdots & x_{mn} \end{bmatrix} \tag{4-9}$$

步骤 2：对原始数据进行标准化处理

$$x_{ij}^{*}=\begin{cases} 0 & x_{ij} \leqslant \min(x_j) \\ \dfrac{x_{ij}-\min(x_j)}{\max(x_j)-\min(x_j)} & \min(x_j)<x_{ij}<\max(x_j) \\ 1 & x_{ij} \leqslant \min(x_j) \end{cases} \tag{4-10}$$

其中，$i=1,2,\cdots,m$，$j=1,2,\cdots,n$。

步骤 3：求出第 $j$ 项指标中第 $i$ 个数据值在该指标中的权数

$$p_{ij}=\frac{x_{ij}^{*}}{\sum\limits_{i=1}^{n} x_{ij}^{*}}, i=1,2,\cdots,m; j=1,2,\cdots,n \tag{4-11}$$

步骤 4：求出第 $j$ 项指标的熵值 $e_j=-k\sum\limits_{i=1}^{n} p_{ij}\ln(p_{ij}), j=1,2,\cdots,m$，其中 $k=\dfrac{1}{\ln n}$。

步骤 5：计算各项指标的权重 $w_j=\dfrac{1-e_j}{\sum\limits_{j=1}^{m}(1-e_j)}, j=1,2,\cdots,m$。

对于熵权法标准化的数据与表 4 - 10 一致。利用 Matlab 计算得到各指标的权重如表 4 - 15 所示。

**表 4 - 15　熵权法计算得到各指标的权重**

| 指标 | FET | GDI | IB | GR | GFC |
|---|---|---|---|---|---|
| 熵值 | 0.880342 | 0.891927 | 0.926180 | 0.893917 | 0.919723 |
| 权重 | 0.194443 | 0.197359 | 0.205981 | 0.19786 | 0.204356 |

由于主成分分析法和熵权法得到的各个指标权重有所差异，因此接下来通过Kendall协同系数检验对主成分分析法和熵权法计算各指标的权重进行向量检验。本节利用 SPSS 软件计算得到 Kendall 权重等于 0.04，较为接近 0，说明两种方法得到的权重的确具有不一致性，因此采用 CRITIC 方法确定权重。

3）基于 CRITIC 方法

CRITIC 是一种比较常用的客观确定权重的方法。该方法取决于两个要素：一是异同性，代表不同方法下权重的差别，用标准差的大小来衡量；二是各个指标相互之间的冲突性，

指标之间的相关性是冲突性的关键。指标 $j$ 和他者的冲突性可以用公式 $\sum_{i=1}^{n}(1-r_{ij})$ 来计算，$r_{ij}$ 代表 $i$ 和 $j$ 两者的相关系数。

具体计算步骤如下。

步骤 1:计算各指标的信息量。

通过对比异同性和冲突性这两个要素，就可以确定各个指标的权重。这里假定 $j$ 指标含有的信息量为 $C_j$，那么它的计算公式为

$$C_j = \sigma_j \sum_{i=1}^{n}(1-r_{ij}), j = 1,2,\cdots,m$$

其中 $\sigma_j$ 表示第 $j$ 项指标的标准差。

步骤 2:计算各指标的权重。

$j$ 指标的 $C_j$ 越大，则它承载的信息量越大，意味着其具有更加重要的地位，那么它的赋权公式为

$$w'_j = \frac{C_j}{\sum_{j=1}^{m} C_j} \tag{4-12}$$

各权重向量的相关系数矩阵为

$$\boldsymbol{R} = \begin{bmatrix} 1 & 0.284 \\ 0.284 & 1 \end{bmatrix}$$

各权重向量的标准差为 $\boldsymbol{\sigma}=[0.0055 \quad 0.0049]$。

利用公式及 Matlab 计算得到信息承载量 $\boldsymbol{C}=[0.0055 \quad 0.0049]$。

利用上式计算权重系数为 $\boldsymbol{w}'=[0.52895 \quad 0.47115]$。

故利用 CRITIC 方法进行组合赋权得到

$\boldsymbol{W}=[0.2403 \quad 0.2189 \quad 0.2465 \quad 0.2158 \quad 0.1676]$，如表 4-16 所示。

**表 4-16 CRITIC 法计算得到各指标的权重**

| 指标 | FET | GDI | IB | GR | GFC |
|---|---|---|---|---|---|
| 权重 | 0.2403 | 0.2189 | 0.2465 | 0.2158 | 0.1676 |

## 4.3.4 人民币国际化进程测算结果

利用公式

$$\text{index}_{i,j} = \sum_{j=1}^{5} r_{ij} w_j, i = 1,2,\cdots, j = 1,2,3,4,5$$

其中 $r_{ij}$ 表示标准化后的指标体系值，$w_j$ 表示用 CRITIC 法计算出来的权重，计算得到美元、欧元、英镑、人民币及日元的国际化水平，如表 4-17 所示。$\text{index}_t$ 可以做如下解释：如果全球只使用人民币发挥交易媒介、记账单位和价值贮藏功能，那么，公式中的各个自变量为 100%，这样，index 就等于 100；反之，如果没有国家使用人民币，那么，公式中的

各个自变量为 0，index 就等于 0。index 上升表示人民币国际化水平的提高。

**表 4－17　主要货币近几年的国际化指数**

| 年份 | 美元 | 欧元 | 英镑 | 人民币 | 日元 |
|---|---|---|---|---|---|
| 1998 | 49.33248 | — | 6.28249 | 0.1015 | 10.07347 |
| 1999 | 49.80348 | 19.52751 | 6.80808 | 0.0955 | 9.51679 |
| 2000 | 49.95409 | 21.56321 | 7.42746 | 0.0938 | 8.68325 |
| 2001 | 50.00705 | 24.00484 | 7.79070 | 0.1199 | 7.77752 |
| 2002 | 46.08523 | 27.63783 | 8.16278 | 0.1366 | 7.24169 |
| 2003 | 44.28197 | 30.36222 | 8.07140 | 0.1031 | 6.63430 |
| 2004 | 42.99367 | 31.20167 | 8.41841 | 0.1107 | 6.03719 |
| 2005 | 43.00078 | 30.88149 | 8.14504 | 0.1275 | 5.66447 |
| 2006 | 41.44831 | 31.97446 | 8.41864 | 0.1322 | 5.08604 |
| 2007 | 39.41922 | 32.73217 | 8.22837 | 0.2080 | 4.73079 |
| 2008 | 37.03698 | 33.43801 | 7.75035 | 0.3264 | 5.30975 |
| 2009 | 37.25911 | 33.31439 | 7.57825 | 0.3656 | 4.79819 |
| 2010 | 38.04974 | 31.72041 | 6.97784 | 0.4723 | 5.34548 |
| 2011 | 38.11635 | 31.06096 | 6.89370 | 0.6118 | 5.48790 |
| 2012 | 38.39260 | 30.97347 | 6.88693 | 0.7196 | 5.42915 |
| 2013 | 39.34454 | 29.58533 | 6.66926 | 0.9817 | 5.61139 |
| 2014 | 41.73763 | 28.52167 | 6.47292 | 1.1815 | 5.51038 |
| 2015 | 44.19547 | 27.59802 | 6.62960 | 2.0070 | 5.70440 |
| 2016 | 46.72171 | 27.16220 | 6.15759 | 1.9378 | 5.74841 |
| 2017 | 46.94117 | 28.21993 | 6.37698 | 1.5935 | 5.92673 |
| 2018 | 47.19873 | 28.58028 | 6.34959 | 2.4116 | 6.30975 |

### 4.3.5　人民币国际化进程分析

如表 4－17 所示，人民币国际化进程整体上呈现逐步上升态势，但也有小幅波动。1998—2015 年，人民币国际化进程保持着逐渐上升的趋势，但是 2015 年之后有所下跌，人民国际化陷入停滞期，2018 年人民币国际化指数止跌回升，逐步走出低谷。根据本节测算结果，可以得到以下结论。

首先，从人民币国际化进程来看，可以分为三个阶段：2008 年之前，人民币国际化进程提升速度比较慢，维持在 0.3%以下，而不断提升的原因主要是中国改革开放带来中国经济体量的增大和对外经济交流的增多，从而使国际市场对人民币的需求增大，人民币被动发挥国际货币的三大职能；2008—2015 年，人民币国际化上升到国家战略，无论是政策支持和市场需求，还是国际格局的变化，都极大地促进了人民币国际化步伐加快，因此，人民币国际化进程上升趋势加快，人民币国际化指数 2015 年首次超过 2%；2015 年之后，由于人民币汇率制度改革和中国宏观经济的系统性风险等原因，人民币境外需求量显著降低，使得人民币国际化进程有所减慢。随着中国采取宏观审慎调控政策逐步取得成效，经济稳中有进，2018 年起人民币国际化止跌回升。

其次，从人民币的国际地位来看，人民币国际化进程虽然有了很大提升，但总体上和美元、欧元、英镑以及日元相比还有很大差距，其中美元国际霸权地位仍未被动摇，国际化程度基本维持在 35%以上；欧元 1999 年出现以后其国际化程度紧随美元，维持在 20%以上且有逐年上升趋势；英镑国际化程度比较稳定，维持在 5%～10%；日元的国际化程度一直呈现下跌趋势，近年来和英镑的国际地位相当。需要注意的是，由于 2016 年人民币才纳入 SDR，所以 2016 年前的人民币外汇储备份额有缺失，本节根据人民银行官网进行补充，但是由于数据有限，所以 2016 年前的人民币国际化程度是有所低估的。

## 4.4 人民币国际化影响因素实证分析

制约人民币国际化的因素有哪些？以下进行实证分析。

### 4.4.1 变量选取

将构建的人民币国际化指数作为被解释变量，影响因素作为解释变量，以此分析影响人民币国际化进程的因素及强弱。影响人民币国际化的因素有很多，但是有些因素难以用量化方法加以表示，因此在构建模型前，要尽可能选取能够直观量化的变量。本节拟从规模因素、币值稳定性、金融市场发展水平、政治因素和网络外部性这五个维度来选取解释变量。

规模因素方面，以货币发行国的 GDP 在全球的份额来代表该国的经济规模；以货币发行国对外贸易额占本国 GDP 的比重代表该国的贸易开放程度，反映其经济结构；以货币发行国对外贸易额占世界贸易总额的比重代表该国的贸易规模。

金融市场方面，利用某一指标全面反映一国金融发达程度比较困难，根据已有研究，一般以一国的股票交易总额占本国 GDP 的比重反映金融市场发展水平，比例越高，金融市场越发达。

币值稳定性方面，以通货膨胀率衡量货币的对内价值稳定性，以汇率波动率衡量对外价值稳定性，其中汇率波动率的计算方法有很多种，本节以汇率对数收益率的标准差来衡量。

政治因素①主要是指政治军事实力，世界银行每年公布每个国家和地区的政治稳定系数，以该系数衡量一国的政治稳定性。另外，军费开支是政治稳定的关键影响因素，因此，以一国的军费开支占本国 GDP 的比重衡量军事实力。

---

①政策因素难以找到合适替代变量，略去。

网络外部性借鉴 Chinn 和 Frankel[23,107]等的做法，以滞后一期 index(－1)来替代，假如存在网络外部性，则变量的回归系数应显著为正。

具体各变量的选取如表 4－18 所示。

**表 4－18 变量及说明**

| 影响因素 | | 变量 | 变量说明 | 数据来源 |
|---|---|---|---|---|
| 规模因素 | 经济规模 | gdpr | 一国 GDP/世界 GDP | 世界银行、世界贸易组织 |
| | 贸易开放程度 | tropen | 一国对外贸易额/本国 GDP | 世界银行、世界贸易组织 |
| | 贸易规模 | tr | 一国对外贸易额/世界贸易总额 | 世界银行、世界贸易组织 |
| 金融市场 | 金融市场发展水平 | fm | 一国股票交易总额/本国 GDP | 世界银行、世界贸易组织 |
| 币值稳定性 | 对内价值稳定性 | inf | 通货胀率 | 世界银行 |
| | 对外价值稳定性 | vol | 汇率波动率 | 国际金融统计数据库 |
| 政治因素 | 政治稳定性 | pol | 政治稳定系数 | 世界银行“全球治理指数” |
| | 军事实力 | mil | 一国军费开支/本国 GDP | 世界银行“世界发展指数” |
| 网络外部性 | | — | 滞后一期 | — |

注：汇率波动率通过公式 $V_t = \sqrt{\frac{1}{12}\sum_{k=t-1}^{t-12}[\ln(P_k) - \ln(P_{k-1})]}$ 计算得到。

在以往的研究中往往会采用一国对外贸易额占全球贸易总额的比重作为贸易规模的衡量指标，但由于该指标和贸易开放程度的相关系数高，会出现模型回归的多重共线性现象。因此，本节暂时不采用该指标，各变量的描述性统计如表 4－19 所示。

**表 4－19 变量统计性描述**

| 变量 | 观测值 | 均值 | 标准差 | 最小值 | 最大值 |
|---|---|---|---|---|---|
| gdpr | 100 | 0.129 | 0.076 | 0.03 | 0.28 |
| tropen | 100 | 0.47 | 0.195 | 0.18 | 0.88 |
| fm | 100 | 1.07 | 0.678 | 0.2 | 3.14 |
| inf | 100 | 0.016 | 0.015 | −0.01 | 0.06 |
| vol | 100 | 0.017 | 0.016 | 0 | 0.15 |
| pol | 100 | 0.069 | 0.19 | 0.28 | 0.91 |
| mil | 100 | 0.021 | 0.01 | 0.01 | 0.05 |

在构建模型之前，基于上节的分析做出影响因素的假设，即经济规模、贸易开放程度、金融市场发展水平、政治稳定性及军事实力对人民币国际化进程起促进作用，而通货膨胀率和汇率波动率对人民币国际化进程起阻碍作用，如表 4－20 所示。

表 4-20 人民币国际化影响因素的相关性假设

| 变量 | 相关性 | 符号 |
|---|---|---|
| gdpr | 正相关 | + |
| tropen | 正相关 | + |
| fm | 正相关 | + |
| inf | 负相关 | — |
| vol | 负相关 | — |
| pol | 正相关 | + |
| mil | 正相关 | + |

### 4.4.2 模型建立

基于美元、欧元、英镑、人民币和日元构成的面板数据，分析影响人民币国际化进程的因素。由于被解释变量 index 实质是一个份额，其变动范围在 0～1，因此某些解释变量与被解释变量变动范围不一致。而 Chinn 和 Frankle[23] 指出货币国际地位存在“突变现象”，和影响因素之间存在非线性关系。故对被解释变量 index 进行 Logistic 变换，公式为 LogisticA＝Log[A/(1－A)]，将其范围扩展为(－∞，＋∞)，再与解释变量进行回归。实证过程运用 Stata 13 来实现，具体模型有两个。

模型一

$$\text{Logistic index}_{i,t}=\alpha_i+\beta_1\text{gdpr}_{i,t}+\beta_2\text{tropen}_{i,t}+\beta_3\text{fm}_{i,t}+\beta_4\text{inf}_{i,t}+\beta_5\text{vol}_{i,t}+\beta_6\text{pol}_{i,t}+\beta_7\text{mil}_{i,t}+\text{Logistic index}_{i,t-1}+\varepsilon_{i,t} \quad (4-13)$$

模型一中，$i=1,2,\cdots,5$ 分别代表美元、欧元、英镑、人民币和日元，$t$ 表示年度，区间为 1999—2018 年度数据。在回归之前需要考虑内生性，由于在上节构建的被解释变量 index是根据指标体系的份额进行加权计算而来，计算过程中并没有用到表 4-20 中的因素，所以该问题并不存在，能够直接进行检验。

2016 年人民币正式加入 SDR，是国际市场对我国主权货币的肯定，也是重要的里程碑事件，以往学者们认为该事件有助于人民币国际化，但是其水平反而在 2015 年之后有所下降。我们猜测可能是由于该事件引起相关因素的作用发生了变化。因此，这里在模型一中加入哑变量 SDR 表示该事件来探究该问题。由于 2016 年人民币加入 SDR，所以 2016 年之前变量取 0，2016 年之后变量取 1。

模型二

$$\text{Logistic index}_{i,t}=\alpha_i+\beta_1\text{gdpr}_{i,t}+\gamma_1\text{gdpr}_{i,t}\cdot\text{SDR}+\beta_2\text{tropen}_{i,t}+\gamma_2\text{tropen}_{i,t}\cdot\text{SDR}+\beta_3\text{fm}_{i,t}+\gamma_3\text{fm}_{i,t}\cdot\text{SDR}+\beta_4\text{inf}_{i,t}+\gamma_4\text{inf}_{i,t}\cdot\text{SDR}+\beta_5\text{vol}_{i,t}+\gamma_5\text{vol}_{i,t}\cdot\text{SDR}+\beta_6\text{pol}_{i,t}+\gamma_6\text{pol}_{i,t}\cdot\text{SDR}+\beta_7\text{mil}_{i,t}+\gamma_7\text{mil}_{i,t}\cdot\text{SDR}+\text{Logistic index}_{i,t-1}+\varepsilon_{i,t} \quad (4-14)$$

模型二中，$\beta_1$，$\beta_2$，$\beta_3$，$\beta_4$，$\beta_5$，$\beta_6$，$\beta_7$ 分别代表各解释变量在人民币加入 SDR 之前的影响作用，$\gamma_1$，$\gamma_2$，$\gamma_3$，$\gamma_4$，$\gamma_5$，$\gamma_6$，$\gamma_7$ 代表人民币加入 SDR 之后，各解释变量影响作用的变化，如果 $\gamma_1$，$\gamma_2$，$\gamma_3$，$\gamma_4$，$\gamma_5$，$\gamma_6$，$\gamma_7$ 存在显著不为 0 的情况，则代表该事件对于各因素确实有作用。

### 4.4.3　模型回归及结果分析

1）单位根检验

在回归分析前先进行单位根检验，以确定数据的平稳性。在检验时要分变量进行，这里采用 LLC 和 IPS 方法依次对变量进行单位根检验。结果如表 4－21 和表 4－22 所示。

**表 4－21　LLC 单位根检验**

| 变量 | 系数 | $t$ | $t^*$ | $p>t$ | 序列是否平稳 |
|---|---|---|---|---|---|
| Logistic index | －0.09626 | －3.907 | －1.34890 | 0.0887 | 平稳 |
| gdpr | －0.04826 | －2.406 | －1.78598 | 0.0371 | 平稳 |
| tropen | －0.12166 | －2.326 | 0.36221 | 0.6414 | 不平稳 |
| D(tropen) | －0.71294 | －7.317 | －4.86636 | 0.0000 | 平稳 |
| fm | －0.30489 | －5.068 | －2.84958 | 0.0022 | 平稳 |
| inf | －0.46383 | －5.190 | －2.76510 | 0.0028 | 平稳 |
| vol | －1.07950 | －7.122 | －3.69444 | 0.0001 | 平稳 |
| pol | －0.54725 | －5.217 | －1.77128 | 0.0383 | 平稳 |
| mil | －0.88424 | －8.445 | －6.36654 | 0.0000 | 平稳 |

注：* 代表 10％显著性水平；D 代表一阶差分。

**表 4－22　IPS 单位根检验**

| 变量 | $\bar{t}$ | 5％临界值 | 1％临界值 | $W[\bar{t}]$ | $p$ | 序列是否平稳 |
|---|---|---|---|---|---|---|
| Logistic index | －0.891 | －2.190 | －2.500 | 1.530 | 0.937 | 不平稳 |
| D(Logistic index) | －3.216 | －2.190 | －2.500 | －4.107 | 0.000 | 平稳 |
| gdpr | －0.969 | －2.190 | －2.500 | 1.341 | 0.910 | 不平稳 |
| D(gdpr) | －6.939 | －2.190 | －2.500 | －13.131 | 0.000 | 平稳 |
| tropen | －2.999 | －2.190 | －2.500 | －3.466 | 0.000 | 平稳 |
| fm | －2.236 | －2.190 | －2.500 | －1.683 | 0.046 | 平稳 |
| inf | －2.521 | －2.190 | －2.500 | －2.350 | 0.009 | 平稳 |
| vol | －3.007 | －2.190 | －2.500 | －3.486 | 0.000 | 平稳 |
| pol | －2.231 | －2.190 | －2.500 | －1.718 | 0.043 | 平稳 |
| mil | －3.814 | －2.190 | －2.500 | －5.556 | 0.000 | 平稳 |

注：D 代表一阶差分。

可以看出，在 LLC 检验中，Logistic index、fm、inf、vol、pol 和 mil 在显著性水平为 10%条件下，均通过平稳性检验，tropen 未通过平稳性检验。而在 IPS 检验中，变量 tropen、fm、inf、vol、pol 在合适的显著性水平下，均通过了单位根检验。结合 LLC 和 IPS 检验，数据具有平稳性，能够进行接下来的模型回归。

2)策略选择及相关检验

(1)F 检验、B－P 检验和 Husman sigmamore 检验

对于面板数据的实证策略有以下几种形式：①混合回归；②固定效应模型；③随机效应模型。应该在回归之前通过检验，选择合适的实证策略，结果见表 4－23，选择固定效应回归策略进行实证分析。

**表 4－23　F 检验、B－P 检验和 Husman sigmamore 检验结果**

| 检验类型 | F 检验 | B－P 检验 | Hausman sigmamore 检验 |
|---|---|---|---|
| 目的 | 判断①和② | 判断①和③ | 判断②和③ |
| 结果 | F(4,89) ＝140.04<br>Prob＞F ＝0.0000 | chibar2(01) ＝0.00<br>Prob＞chibar2 ＝ 1.0000 | chi2(4)＝ 560.18<br>Prob＞chi2＝0.0000 |
| 结论 | 拒绝原假设，选择固定效应较为合适 | 接受原假设，选择混合回归较为合适 | 拒绝原假设，选择固定效应较为合适 |

(2)异方差及截面相关检验

由于本书面板数据属于典型的长面板数据，$t$ 较大，信息较多，所以在建模前需要对数据分别进行组内自相关、组间同期相关以及组间异方差的检验，因为若不进行检验，会影响实证结果的科学性。鉴于此，采用三种检验办法，分别对面板数据进行检验，检验结果显示，在显著性水平为 1%的条件下，面板数据存在一阶组内自相关、组间同期相关以及组间异方差，结果如表 4－24 所示。

**表 4－24　异方差及截面相关检验**

| 检验项目 | 检验方法 | 原假设 | 结果 | 检验结论 |
|---|---|---|---|---|
| 组内自相关 | Wooldridge test | 不存在一阶组内相关性 | F(1, 4)＝126.952<br>Prob＞F＝0.0004 | 拒绝原假设，认为存在一阶组内自相关 |
| 组间同期相关 | Breusch-Pagan LM test | 截面之间不存在相关性 | chi2(10)＝57.398<br>Pr＝0.0000 | 拒绝原假设，认为存在组间同期相关 |
| 组间异方差 | 修正的 Wald test | 不存在组间异方差 | chi2 (5)＝364.83<br>Prob＞chi2＝0.0000 | 拒绝原假设，认为存在组间异方差 |

3)回归结果

全面 FGLS(可行的广义最小二乘法)可以在一定程度上修正和解决自相关和异方差现象。因此，可选择全面 FGLS 方法对模型进行估计。另外，还可以采取迭代 FGLS (iFGLS)方法，即使用 FGLS 的残差再进行估计，直至收敛。回归过程中，军费开支占比降低了模型的拟合扰度，我们认为政治稳定系数的构建已经考虑了军费开支占比，存在多重共线性，故不再考虑该因素。

(1)模型一的回归结果

为了对比回归结果，我们首先对模型一分别采用 FE、全面 FGLS 和 iFGLS 估计(见表 4－25、表 4－26)，其中回归结果(2)和(4)对应自回归系数相同的 AR 自回归模型(1)过程，回归结果(3)和(5)对应面板个体自回归系数不同的情形。其中表 4－25 和表 4－26 分别代表不考虑网络外部性和考虑网络外部性两种情况。

**表 4－25　不考虑网络外部性的回归结果**

| 变量 | FE | FGLS | | iFGLS | |
|---|---|---|---|---|---|
| | (1) | (2) | (3) | (4) | (5) |
| gdpr | 24.537*** | 13.376*** | 18.206*** | 11.784*** | 1.777*** |
| | (8.39) | (12.19) | (23.68) | (25.69) | (3.92) |
| tropen | 1.497* | 3.105*** | 0.409 | 0.519** | −0.400*** |
| | (1.84) | (4.95) | (1.50) | (2.40) | (−3.23) |
| fm | 0.307*** | 0.904*** | 0.045 | 0.027 | 0.002 |
| | (3.20) | (3.95) | (0.93) | (0.90) | (0.09) |
| inf | −8.777** | −2.447 | −0.461 | −0.520 | 0.894** |
| | (−2.50) | (−0.32) | (−0.41) | (−0.79) | (2.17) |
| vol | −3.611 | 7.590 | −0.132 | −0.462 | 0.283 |
| | (−1.53) | (1.38) | (−0.24) | (−1.36) | (1.36) |
| pol | −0.988** | 0.204*** | 0.077 | −0.126 | −0.281*** |
| | (−2.02) | (9.55) | (0.39) | (−1.34) | (−3.62) |
| 常数 | −5.808*** | −9.825*** | −4.801*** | −3.354*** | −0.422*** |
| | (−7.55) | (−15.80) | (−19.19) | (−25.39) | (−2.83) |

注：括号内为 $t$ 值，* $p<0.1$，** $p<0.05$，*** $p<0.01$。

**表 4－26　考虑网络外部性的回归结果**

| 变量 | FE | FGLS | | iFGLS | |
|---|---|---|---|---|---|
| | (1) | (2) | (3) | (4) | (5) |
| gdpr | 1.756* | 0.696*** | 0.615*** | 0.761*** | 0.702*** |
| | (1.75) | (4.16) | (3.28) | (5.44) | (4.63) |
| tropen | 0.157 | 0.161*** | 0.174*** | 0.128*** | 0.148** |
| | (0.73) | (2.69) | (2.61) | (2.64) | (2.53) |
| fm | 0.070*** | 0.041** | 0.047** | 0.028** | 0.049*** |
| | (2.68) | (2.22) | (2.54) | (2.23) | (3.85) |

续表

| 变量 | FE | FGLS | | iFGLS | |
|---|---|---|---|---|---|
| | (1) | (2) | (3) | (4) | (5) |
| inf | 1.402 | 0.596 | 0.573 | −0.090 | −0.475 |
| | (1.46) | (1.22) | (1.14) | (−0.28) | (−1.50) |
| vol | −0.448 | −0.176 | 0.030 | −0.430* | −0.395** |
| | (−0.72) | (−0.48) | (0.09) | (−1.87) | (−2.06) |
| pol | 0.062 | 0.098 | 0.041 | 0.085** | 0.003 |
| | (0.47) | (1.60) | (0.66) | (1.99) | (0.07) |
| Logistic index(−1) | 0.954*** | 0.939*** | 0.947*** | 0.938*** | 0.945*** |
| | (34.86) | (70.33) | (71.79) | (77.56) | (81.60) |
| 常数 | −0.507** | −0.389*** | −0.343*** | −0.342*** | −0.297*** |
| | (−2.01) | (−4.40) | (−3.60) | (−5.44) | (−4.43) |

注:括号内为 $t$ 值,* $p<0.1$, ** $p<0.05$, *** $p<0.01$。

表 4-25 显示,在不考虑网络外部性的情况下,五种回归结果中,gdpr、tropen、fm 和 pol 通过了显著性检验,inf 和 vol 虽然没有通过显著性检验,但是符号都一致,说明回归结果较好。表 4-26 显示,在考虑网络外部性的情况下,gdpr、tropen、fm 和 Logistic index(−1)在五种回归方法中都至少在 5%的显著性水平下显著,而 inf、vol 和 pol 仅在 iFGLS 回归方法中显著,虽然和其他方法相比,显著性方面除有个别不同外,系数符号均表现比较一致,也体现了该模型的稳健性,说明实证结果有很大的解释意义。

规模因素的回归结果显示,gdpr 通过了 1%的显著性水平检验并且系数都为正,说明 Logistic index 与 gdpr 正相关,即一个国家 GDP 份额越大,该国货币的国际化水平越高,同时五种方法表明,gdpr 的系数在所有解释变量中的系数仅次于网络外部性,说明 gdpr 对人民币国际化进程的影响最为显著,GDP 是决定人民币国际化进程的主要因素;tropen 代表贸易开放程度,在 FGLS 和 iFGLS 的回归结果中,tropen 都在 1%显著性水平下显著,系数都为正,说明贸易开放程度和人民币国际化进程正相关,一国贸易开放程度越高,则该国货币国际化水平越高。总的来看,经济实力是人民币国际化进程中的决定性因素,这与绝大多数学者的观点是一样的。当前,美元、欧元、英镑、日元之所以国际化水平高,恰恰离不开其发行国家强大的经济实力的支撑,目前中国的经济实力已经有相当大体量,这就为人民币国际化以后的发展提供了良好的保障。

金融市场发展水平的回归结果显示,五种方法中 fm 都至少通过了 5%的显著性水平检验,同时系数为正,说明金融市场发展水平和人民币国际化进程正相关,即金融市场越发达,人民币国际化进程越快。这与现实情况也比较符合,比如美国和欧洲的金融市场都非常发达,同时,美元、欧元及英镑的国际化程度也比较高。反观我国,金融市场比较落后,离岸金融市场建设、金融基础设施建设、资本项目的开放等都不到位,所以,金融市场落后可能是导致人民国际化程度不高的原因之一。

币值稳定性的回归结果显示，inf 的系数在 iFGLS 中为负，说明通货膨胀率与人民币国际化进程负相关，即通货膨胀率越大，人民币国际化进程越低，这点与大多数学者的观点一致，因为通货膨胀率高，表明货币对内贬值，导致人们不愿意持有该货币，从而减弱该货币的接受度。vol 代表货币对外的稳定性，在五种方法的回归结果中，系数基本都为负，并且在 iFGLS 通过显著性水平检验，表明汇率波动率和人民币国际化进程负相关，即汇率波动率越大，人民币国际化程度越低。

政治因素的回归结果显示，pol 在五种回归结果中系数均为正，并且在 iFGLS 中通过了 5％的显著性检验，说明一国的政治稳定性与人民币国际化进程正相关，即一个国家或地区的政治越稳定，越有利于该国货币国际化水平的提高。这与大多数学者观点一致，在现代不兑换的信用货币制度下，货币是靠国家信用背书，所以国家的政治稳定性越高，人们对该国发行的货币认可度越高。

网络外部性的回归结果显示，网络外部性在五种回归结果中都在 1％的水平下显著，系数都为正，并且系数在所有因素里面是最大的。从这点来看，网络外部性对人民币国际化的影响程度最大，即网络外部性促进一国的货币国际化进程，从这点也可以看出，一国货币的国际化是一个漫长的过程，而由于人民币国际化进程刚刚起步，所以受到在位国际货币的阻碍。

(2)模型二的回归结果

本节在模型一回归结果的基础上，对模型二进行了回归，结果如表 4－27 所示。

**表 4－27　模型二的回归结果**

| 变量 | FE | FGLS | | iFGLS | |
|---|---|---|---|---|---|
| | (1) | (2) | (3) | (4) | (5) |
| gdpr | 2.397** | 0.653*** | 0.561*** | 0.932*** | 0.781*** |
| | (2.31) | (3.93) | (3.07) | (7.20) | (5.42) |
| tropen | 0.159 | 0.128** | 0.160** | 0.110** | 0.156*** |
| | (0.73) | (2.19) | (2.45) | (2.45) | (2.92) |
| fm | 0.067** | 0.028 | 0.035* | 0.034*** | 0.047*** |
| | (2.47) | (1.57) | (1.91) | (2.88) | (3.70) |
| inf | 1.430 | 0.587 | 0.540 | −0.320 | −0.591* |
| | (1.48) | (1.17) | (1.04) | (−1.09) | (−1.96) |
| Logistic index(−1) | 0.928*** | 0.944*** | 0.951*** | 0.921*** | 0.934*** |
| | (31.57) | (74.53) | (79.91) | (79.10) | (79.27) |
| gdpr · SDR | 0.371 | 0.229 | 0.193 | 0.273 | 0.199 |
| | (0.78) | (0.94) | (0.73) | (1.61) | (1.10) |

续表

| 变量 | FE | FGLS | | iFGLS | |
|---|---|---|---|---|---|
| | (1) | (2) | (3) | (4) | (5) |
| tropen · SDR | −0.015 | −0.041 | −0.035 | −0.040 | −0.021 |
| | (−0.16) | (−0.58) | (−0.48) | (−0.61) | (−0.30) |
| fm · SDR | 0.031 | 0.019 | 0.021 | 0.013 | 0.014 |
| | (0.69) | (0.61) | (0.65) | (0.57) | (0.60) |
| inf · SDR | −1.693 | −0.081 | −0.029 | −0.092 | −0.208 |
| | (−0.57) | (−0.05) | (−0.02) | (−0.09) | (−0.21) |
| 常数 | −0.631** | −0.288*** | −0.286*** | −0.350*** | −0.342*** |
| | (−2.50) | (−4.81) | (−5.31) | (−6.74) | (−6.86) |

注:括号内为 $t$ 值,* $p<0.1$,** $p<0.05$,*** $p<0.01$。

在加入 SDR 哑变量之前,各变量的回归系数的符号和大小与上文中一致,并且显著性有所提高,说明回归具有较好的解释力度,这里仍然是网络外部性、gdpr、tropen 和 fm 对人民币国际化进程有促进作用,并且网络外部性是最大的影响因素,然后依次是 gdpr、tropen 和 fm;而 inf 对人民币国际化起阻碍作用。

在加入哑变量 SDR 之后,虽然哑变不显著,可能是从人民币加入 SDR 到现在为止年限太短的原因,但系数的符号在五个回归结果中都一致,所以仍然有一定的解释意义。回归结果中,gdpr · SDR 系数为正,说明在人民币加入 SDR 后,gdpr 的影响有所增强。tropen · SDR 系数为负,说明贸易开放程度对人民币国际化进程的影响有所减弱,但仍起促进作用,原因可能是人民币加入 SDR 之后,制度的放松导致贸易中更加倾向于选择在位国际货币计价和结算。fm · SDR 和 inf · SDR 系数分别是正和负,说明在人民币加入 SDR 之后,fm 和 inf 的作用都有所增强,可能是金融市场的开放导致人民币在金融市场的地位增强的原因。

## 4.5 本章小结

本章测算了人民币国际化进程并对影响因素进行了实证分析,通过研究得到以下结论。

1)人民币国际化进程整体上呈现逐步上升态势,但也有所起伏

人民币国际化从时间上可以分为三个阶段:2008 年之前,人民币国际化进程提升速度相对缓慢。主要是中国经济贸易体量的增大促使人民币境外需求量增加,使得人民币被动地发挥国际货币的三大职能。2008—2015 年,人民币国际化上升到国家战略,人民币国际化进程变被动为主动,因此无论是政策支持还是市场需求,都使得人民币国际化进程加速。2015 年之后,由于人民币汇率制度改革和宏观经济的系统性风险集聚等原

因，人民币国际化进程有所放缓。但随着中国采取宏观审慎调控政策并逐步取得成效，经济稳中有进，2018 年，人民币国际化进程止跌回升。

从人民币的国际地位来看，人民币国际化进程虽然已经有了很大提升，但总体上和美元、欧元、英镑以及日元相比还是有很大的差距。其中美元的国际霸权地位仍未动摇，国际化程度基本维持在 35%以上；欧元 1999 年出现以后其国际化程度紧随美元之后，维持在 20%以上且逐年有上升趋势；英镑的国际化程度比较稳定，维持在 5%～10%；日元的国际化程度一直呈现下跌趋势，近年来和英镑的国际地位相当。

2）经济质量不高、金融市场落后及网络外部性是人民币国际化进程放缓的主要原因

根据回归结果，经济规模、贸易开放程度、金融市场发展水平、政治稳定性、网络外部性对人民币国际化进程有积极的正向影响，而通货膨胀率和汇率波动率对人民币国际化进程有负向影响。其中经济规模、贸易开放程度和网络外部性对人民币国际化进程影响最大。在模型中加入 SDR 哑变量后，各变量系数符号未变，但是经济规模、金融市场发展水平和通货膨胀率的影响程度有所增强，贸易开放程度的影响作用有所减弱。

人民币国际化进程仍然较慢的原因有三点。一是目前我国经济的增长更多地表现为总量增长，经济发展质量却落后于发达国家，经济质量落后必定会影响人民币持有者对我国未来经济持续增长的信心，最终会降低对人民币的信心；二是金融市场发展水平对人民国际化水平有积极的正向作用，然而，国内金融市场在一定程度上还比较落后，比如离岸市场建设、金融基础设施建设、资本项目开放等方面，由此减弱了人民币的吸引力；三是网络外部性对人民币国际化进程的影响表明，历史环境对人民币国际化具有重要作用。目前人民币国际化进程正处于起步阶段，货币网络范围相对狭小，因此制约了人民币国际化进程的快速提升。

# 第5章 自贸区金融创新视角下人民币跨境流通分析

人民币跨境流通是人民币国际化的第一步，也是人民币国际化的必由之路。自2009年7月正式推出《跨境贸易人民币结算试点管理办法》以来，拓宽了人民币跨境流通的渠道。2013年9月，上海自贸区设立，以资本项目可兑换和金融服务开放为目的的金融创新制度基本确立，进一步放松人民币跨境流通的约束。随着自贸区相继挂牌成立，已形成了多项改革试点经验，人民币跨境流通大大加速。本章基于自贸区金融创新视角研究人民币跨境流通问题。

## 5.1 货币跨境流通及其条件

### 5.1.1 货币跨境流通

目前学术界尚未对货币跨境流通进行明确定义，但有学者认为，货币跨境流通实质上是货币国际化的初始阶段。货币跨境流通是指货币跨越其主权发行国地理边界，在国际市场上流通。从货币的使用范围来看，货币跨越本国国境即为跨境流通，与其使用的地理区域范围、主体以及规模无关。从货币职能来看，只要境内外交易双方在交易中使用了某国货币，即发生了跨境流通，并不要求货币在经济往来中发挥其全部职能。相对于货币国际化而言，跨境流通的要求更低，在国际经济交往中更为常见，但货币跨境流通却是其国际化的基础。首先，货币跨境流通使得境外主体可以获得该货币，为其在国际市场上的使用打下基础。其次，货币跨境流通的发展会扩大其在境外的使用范围，降低货币的搜寻成本，提高境外主体的使用意愿。最后，国际市场中货币职能的发挥存在一定顺序，一般货币先在贸易结算中发挥计价、结算职能，货币跨境流通的发展将催生境外持有者的投资需求，推动其职能的全面发挥，有利于其国际化进程。

可以看出，货币跨境流通是指货币跨越其主权发行国家地理边界，在国际市场上流通。它是货币国际化的开端，也是货币国际化的初级形式，其发展能够推动货币职能在国际市场的全面发挥，推动货币国际化进程。

### 5.1.2 货币跨境流通条件

当前国际社会正在探索多元化货币体系，欧元和日元在国际市场上占据了一席之地，但美元依然是最主要的国际货币。主权货币依靠国家强制力在本国境内发行和流通，国际货币则是作为特殊商品跨境流通，一国货币成为国际货币有四个重要的先决条件，一是该国拥有庞大的经济规模；二是金融市场成熟度较高；三是该国货币具有稳定的购买力；四是该国政治稳定，货币公信力较高。此外，货币国际化并非单纯由市场需求驱动，其在很大程度上也会受到政府意志的影响。市场需求是境外非居民持有该国货币的意愿，而政府意志则通过资本管制为境外非居民提供货币供给。

## 5.2　人民币跨境流通理论分析

### 5.2.1　人民币跨境流通的影响

1）对人民币国际化的影响

人民币跨境流通是实现人民币国际化的必由路径。从历史经验来看，人民币国际化是一个渐进过程，不可能一蹴而就。学术界普遍认为，从区域拓扩展角度来看，人民币国际化的推进顺序是“周边化—区域化—国际化”；从货币职能角度来看，人民币将依次在国际市场上充当“结算货币—投资货币—储备货币”，循序渐进地推进其货币职能的发挥。无论从哪一种路径实现人民币国际化，人民币跨境流通均发挥着重要作用。从区域拓展角度来看，人民币跨境流通将提升人民币在国际市场上的接受程度，逐步扩大人民币的境外使用范围，从而推动人民币国际化进程；从货币职能的角度来看，人民币跨境流通将直接促进人民币计价结算职能的发展，当人民币境外存量积累到一定程度且国内金融体系得到完善时，人民币投资职能及储备职能也将在国际市场中有更大的发展空间。因此，推动人民币跨境流通对实现人民币国际化具有重要意义。

（1）对人民币国际化的直接影响

人民币跨境流通可以促进人民币境外存量的增加，扩大人民币境外使用范围，推动人民币交易媒介和价值尺度职能的发挥，推动人民币国际化进程。一方面，人民币跨境流通将提升境外人民币存量，特别是推动跨境贸易人民币结算为境外主体获得人民币提供了畅通的渠道，使境外人民币存量增加，为境外主体使用人民币进行支付结算、投资等打下坚实基础。另一方面，人民币跨境流通将扩大人民币境外使用范围，特别是中国与周边国家（地区）、贸易伙伴国（地区）之间的货币互换合作从国家层面推动了人民币境外使用范围的扩大，跨境贸易结算业务则从企业层面扩大了人民币境外使用的范围。人民币境外使用范围的扩大有利于提升境外主体对人民币的认可程度，扩大其在国际市场上的外部效应，降低境外主体使用人民币的成本，进而推进人民币国际化。

（2）对人民币国际化的间接影响

人民币跨境流通可以从需求端推动离岸人民币市场发展，推动资本项目开放，促进人民币境外投融资职能与储备职能的发挥，推动人民币国际化进程。人民币跨境流通是人民币在境内外双向流动的良性循环，跨境贸易人民币结算业务是人民币走出去的重要途径，为推动人民币国际化发展，应打通人民币回流渠道。境外人民币存量增加，会使得境外持有主体寻求人民币投资渠道，推动政府在一定程度上放松有关资本项目的政策，不断提高贸易和投资的便利化，有助于实现人民币国际化。

2）对中国经济发展的影响

（1）促进我国企业参与国际贸易与投资

改革开放以来，我国在国际市场贸易份额不断提升，出口是拉动我国经济增长的一架重要的马车。在进出口贸易结算中，使用外币计价结算提升了外贸企业的汇兑成本，同时汇率波动给外贸企业带来了巨大风险，提升了外贸企业的管理成本。此外，我国中小规模外贸企业管理水平有限，将会面临更大汇兑风险。在跨境贸易中使用人民币进行计价结算，不仅可以降低外贸企业的汇兑成本与管理成本，还可以帮助企业规避汇率风险，锁定收益。与跨境贸易人民币结算一致，在跨境投资中使用人民币也能够降低投资成本，规避外汇风险，促进企业积极参与国际投资，引进国际先进技术，在国际市场中占据更多份额。

（2）获得铸币税收益

铸币税是信用货币背景下，一国政府发行货币所能够获得的收益，其在数额上等于货币面值减去货币发行成本。当人民币流出中国国境并被境外非居民储备时，人民币在境外产生沉淀，流出的人民币换回了商品和服务，这就是人民币跨境流通带来的境外铸币税收益。随着人民币跨境流通规模的不断扩大，人民币的贮藏职能将在国际社会中更广泛地发挥作用，其他国家（地区）货币当局持有的人民币外汇储备将为我国带来更多的境外铸币税收益。

（3）缩小外汇储备规模

充足的外汇储备可以应对国际市场上的冲击，维护我国金融体系的稳定，但外汇储备规模过大可能会影响我国货币政策的有效性，同时，汇率波动会对我国外汇储备带来较大风险，造成我国财富的升值或贬值。我国作为贸易顺差大国，多年来积累了大量外汇储备。国际贸易伙伴交易时使用人民币进行支付结算将缩小我国外汇储备规模，优化我国外汇储备结构，提高境外非居民持有、使用人民币的意愿，促进人民币回流，缩小我国外汇储备规模。

（4）促进金融部门发展

人民币跨境流通依赖于我国金融部门的发展，同时，人民币跨境流通也会推动我国金融部门发展，二者相互促进、相辅相成。人民币跨境流通会增加人民币在国际上的使用，需要我国金融业为境内外交易者提供服务，这有助于我国金融企业走向国际，同时可以扩大金融企业盈利空间。随着人民币跨境流通的发展，境外持有者需要更多样化的投资渠道，这将提升我国金融企业的创新能力与服务能力，增加金融企业的收益。此外，提供同质产品的金融企业增多，竞争加剧，将会促进金融企业的创新，降低交易成本，提升金融企业的盈利空间。

人民币跨境流通在给我国带来收益的同时，也会产生一定威胁。一方面，人民币跨境流通会削弱货币政策有效性，我国制定货币政策时一个重要的中介指标为货币供应量，人民币流出会造成人民币的境外沉淀，人民币流入则会增加国内的货币供应量，会对我国货币政策的调控效果造成难以估计的影响。另一方面，伴随着资本管制的放松，人民币跨境流通会增加境外货币持有者投机的可能性，大规模的资本外逃将会对我国经济及金融造成巨大的冲击。

### 5.2.2 影响人民币跨境流通的因素

1)经济实力

货币国际化是一个漫长的发展历程，理论研究与实践经验均表明，强大的经济实力是货币国际化的重要基础。一个国家拥有了强大的经济实力，其货币才能够受到全球货币使用者的信任，为货币的国际化打下坚实基础。Bergsten 提出，如果一个国家的货币想成为国际货币，必须在国际经济体系中具有比较优势，拥有强大的经济实力和稳定的价格水平。从历史经验来看，当前国际经济体系中国际化水平较高的货币，其发行国都拥有强大的经济基础。凭借着工业革命和自由贸易的发展，17 世纪末英国成为世界工厂，经济发展水平远超其他国家，英镑成为当时的国际货币。美国基于后发优势建立起高效的现代化工业体系，经济规模迅速扩大，1870 年超越英国成为世界第一经济大国，此后的布雷顿森林会议将美元确定为主要国际货币。日本在开放资本项目、推动日元国际化前，已经成为世界第二大经济体。由此可见，强大的经济实力是推动货币国际化的根本保证。改革开放以来，我国经济高速发展，2010 年我国 GDP 总量超过日本，成为全球第二大经济体。当前我国经济增速虽然有所下降，但相比于其他国家仍处于高位水平，经济高质量发展也为人民币跨境流通提供了强劲的推动力。

2)对外贸易规模

一国对外贸易规模体现了其对国际市场的总供给与总需求，对外贸易规模扩大会提升国际交易中使用该种货币的可能性。如果一个国家能够为其他国家(地区)提供规模宏大的进出口市场，通过对外贸易多样化与较多国家(地区)建立联系，则该国货币有可能走出国境，成为国际货币。货币搜寻成本是影响境外主体持有和使用货币意愿的一个关键因素。一国对外贸易规模越大，该国居民与境外非居民发生交易的概率越大；一国对外贸易范围越广泛，该国货币可能的使用范围越大，境外主体获得该国货币的搜寻成本越低，这将提升境外主体的持有意愿。此外，从货币职能在国际市场上逐渐拓展的角度来看，国际货币逐步在市场上发挥交易媒介职能、价值尺度职能以及储备货币职能。对外贸易的发展是货币交易媒介职能得以发挥的重要途径。境外主体在持有较多该国货币时将会寻求到更多投资机会，有助于促进该国货币的国际货币职能发挥。当前我国进出口总额位列世界第一，拥有广阔的国际市场，这为人民币跨境流通提供了坚实的基础。

3)币值稳定

在一国货币国际化的过程中，币值稳定以及境外持有者对该国货币币值稳定的预期起着至关重要的作用。币值稳定主要包括对内价值与对外价值稳定两方面，对内价值的体现是该国货币的通货膨胀率，对外价值的体现则是该国货币的汇率。币值稳定说明该国货币拥有稳定的购买力，持有该国货币在能够获得一定收益的同时承担较小的风险，这将提升境外主体对该国货币的信心，推动货币国际化。从通货膨胀率来看，通货膨胀率较高的货币难以被境外主体接受。一国货币的实际利率是该国名义利率扣除通货膨胀率，货币的通货膨胀率高则其实际利率降低，持有该货币的收益将会降低，不利于该国货币走向国际市场。从汇率来看，国际贸易中进出口商倾向于选择汇率波动幅度较小的货币进行结算，以规避汇率风险，汇率经常性大幅波动不利于一国货币的国际化。此外，根据传统国际贸易理论，企业在进行进出口贸易时，出口方倾向于收取币值稳定且有升值趋势的货币，以获取货币升值带来的收益，汇率升值将增强境外主体的投机动机，促进货币的境外流通。近年来我国国内经济形势向好，通货膨胀率较低；人民币汇率稳定，2015 年以前人民币汇率主要呈现出升值趋势，境外主体对人民币预期较好，推动了人民币跨境流通。

4)金融发展

当前，金融全球化已经成为经济全球化的主要动力，因此，成熟的金融体系将会推动货币国际化进程。首先，货币跨境流通需要金融机构为交易双方提供服务，成熟的金融体系会提供完善、高效的金融服务，可以降低该国货币的交易成本及持有风险，促进货币在国际市场中的使用。其次，高度发展的金融市场拥有完善的价格发现机制，金融产品的定价合理、稳定，能够支撑实体经济的高速发展，为货币跨境流通提供保障。最后，成熟的金融市场能够提供全面的金融服务，满足境内外主体多样化的需求，为境内外主体融资提供便利的渠道，为投资者提供优质的投资标的，为进出口商提供对冲风险、套期保值的工具，甚至可以满足境外货币当局外汇干预等需求。随着我国经济的进一步发展，我国金融体系的广度及深度都有所增加，市场参与主体与金融服务种类增加，二级市场规模扩大，为人民币跨境流通创造了良好的条件。

5)资本项目开放程度

货币可兑换是货币国际化的一个重要前提，一国货币不能兑换就不能被广泛接受。货币可兑换包括经常项目下可兑换与资本项目下可兑换，资本项目下可兑换是指在进行直接投资、证券投资等资本流通时，可以自由使用该国货币。资本项目开放程度高则货币的可兑换性强，资本项目开放可以促使一国货币作为计价结算货币在贸易结算中使用，也可以促进一国货币作为投资货币吸引境外主体的投资，推动金融服务种类的丰富，促进该国货币储备职能的发挥。此外，资本项目开放可以为货币跨境流通提供多样化、便捷畅通的渠道，降低境外主体获取该国货币的成本，推动货币的国际化。但贸然推进资本项目开放将会加大短期资本流动带来的冲击，对国内金融体系产生较大冲击，不利于货币国际化。我国人民币跨境流通以跨境贸易人民币结算作为开端，现已实现经常项目下可兑换。随着跨境贸易人民币结算的进一步发展，人民币境外存量增多，境外主体的投资需求进一步增加，我国资本项目逐步开放。

6)离岸人民币市场

离岸人民币市场的发展为人民币境外持有主体提供了多样化的金融服务和便捷的

获取、使用人民币的渠道，扩大了境外参与者的范围，满足了境外主体的投融资需求，有利于人民币跨境流通。同时，离岸人民币市场在较小范围内提高了资本项目开放程度，其对国内金融市场产生的影响在可控范围内，有利于国内经济金融稳定，有利于人民币国际化。

7）产品的异质性

产品的异质性是影响货币跨境流通的重要因素之一，主要是因为产品差异化程度高的产品拥有更强的核心竞争力和不可替代性，这将提升跨境贸易企业的市场地位。根据 McKinnon[59] 的研究，出口商的市场议价权利与出口产品的异质性呈正向关系，即出口产品的异质性越高，出口商的议价权越大，越有可能使用出口商货币完成贸易结算。进出口企业进行同质产品贸易时，为了保证获取信息的经济性与可比性，倾向于选择币值稳定、交易成本低的货币进行结算，当前一般采用美元进行结算。我国由于技术水平总体落后、企业缺乏核心技术，大多数企业从事的是加工和补偿贸易以及低技术的劳动密集型产业，产出的产品生产附加值较低，低附加值的产品差异化程度较低，出口量对价格变化十分敏感，外贸企业市场权利受限，不利于人民币在跨境贸易结算中的使用。

8）政策因素

主权国家货币国际化进程中政策因素也是一个重要推动力量。货币国际化对主权国家来说是一把收益与风险并存的双刃剑。若一国没有推动其货币国际化的意愿，则其货币难以跨越国境流通。同时，货币国际化的一个重要前提——资本项目开放程度主要受政策管制，若资本项目管制较严，货币跨境流入流出渠道不畅通，无法在国际市场上大规模使用，则会阻碍货币的国际化。从人民币跨境流通经验来看，自 2009 年《跨境贸易人民币结算试点管理办法》发布之后，跨境贸易人民币结算业务大幅增长，但资本项目下人民币跨境流通发展较慢。随着“沪港通”“深港通”“沪伦通”等相继开放，资本项目下人民币跨境收付额大幅提升，政策对人民币跨境流通的推动作用显著。

## 5.3　人民币跨境流通现状分析

### 5.3.1　人民币跨境流通渠道

1）人民币跨境流出渠道

（1）跨境贸易进口支付

我国是进出口贸易大国，改革开放以来我国进出口贸易总额迅速攀升，2012 年我国进出口贸易总额跃居世界第一，此后依然保持强劲的增长，2019 年我国进出口贸易总额达 31.5 万亿元，我国进口总额由 2000 年的 1.86 万亿元增长到 2019 年的 14.3 万亿元（如图 5－1 所示），随着我国跨境人民币结算业务的不断推动，越来越多的外贸企业能够在进出口贸易中使用人民币进行结算，这极大地推动了人民币的跨境流通。当前，跨境贸易进口支付已经成为境外人民币最主要的来源。

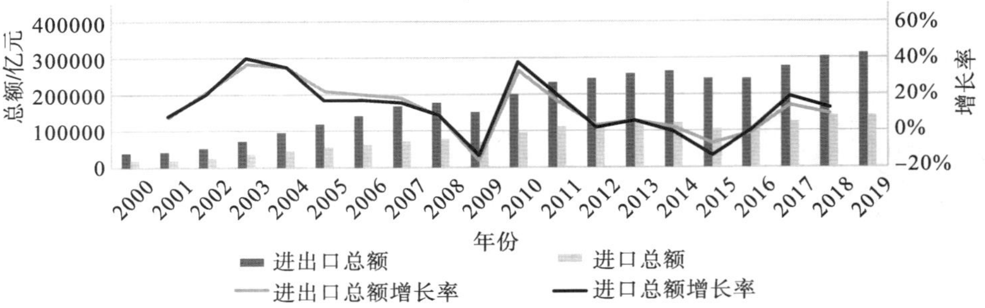


图 5-1　中国进出口贸易发展情况

数据来源：中华人民共和国海关总署。

(2)双边本币互换

双边本币互换协议是我国央行与其他国家(地区)的货币当局签署的一定额度内货币等值交换的协议，双边本币互换协议能够为签署主体双方贸易、投资提供便利，将对方国家货币注入本国的商业系统和金融系统，降低双方对第三方货币的依赖性，推动人民币的跨境流通。十多年来，央行陆续与 30 多个国家(地区)货币当局签订了双边本币互换协议(如图 5-2 所示)。

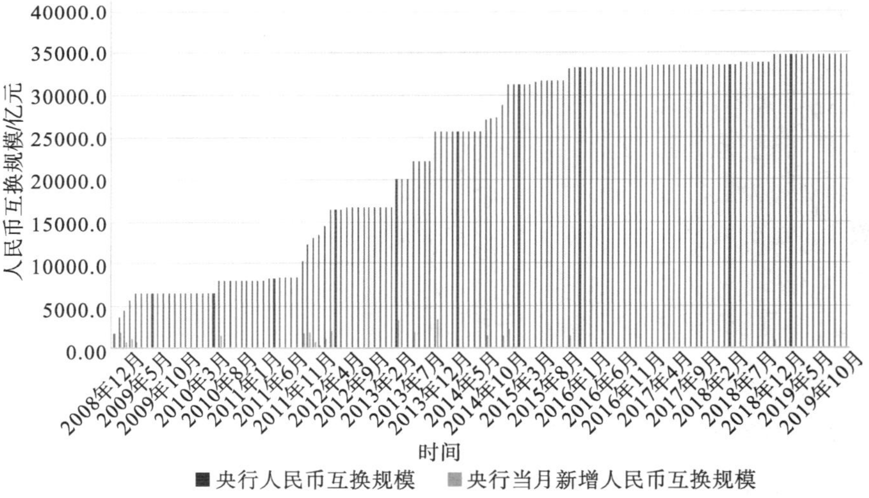


图 5-2　双边本币互换发展情况

数据来源：中国人民银行。

(3)境外投资

随着我国经济的持续增长，越来越多的中国企业在国外投资建厂、承包项目，以寻求更加丰富的资源、更加广阔的市场、更加先进的技术和更加完整的产业链。2011 年《境外直接投资人民币结算试点管理办法》的发布标志着人民币境外投资步伐的开启，随着"一带一路"倡议的推进，我国与沿线国家(地区)之间的经济贸易往来迅速发展，推动了我国境外投资的发展。

(4)出境旅游及消费

随着我国居民生活水平的不断提高,居民消费方式得到了极大丰富。出境旅游的蓬勃发展带动了人民币的跨境流通,随着我国移动支付体系在境外覆盖率的提升,我国游客境外消费移动支付率及支付金额迅速攀升。当前在日韩新马泰等亚洲国家的商场、酒店等服务场所都可接受人民币支付,出境旅游及消费成为个人方面人民币跨境流通的渠道。

(5)"熊猫债券"的发行

"熊猫债券"是指境外注册机构在中国境内发行的以人民币计价的债券。"熊猫债券"市场规模的不断扩大及主体的多元化发展表明,越来越多的境外机构在中国大陆境内发行人民币债券,使用人民币进行融资,这也是人民币跨境流出渠道之一。

(6)地下渠道

地下渠道是人民币跨境流通的一种隐蔽渠道,早期以"地摊银行"形式广泛存在于边境贸易中。当两国边境贸易发展到一定程度时,若货币不能自由兑换,就会催生"地摊银行"发展,促进人民币的跨境流通。随着我国公民境外旅游人次的增加,中国香港及泰国等热门旅游景点的货币兑换店数量亦不断增长。

此外,一些违法犯罪行为也会导致人民币隐蔽地流出国境,如赌博、毒品交易。中国澳门以及韩国、缅甸、马来西亚等地区的赌场提供了人民币兑换业务,吸纳了一定数量的人民币;东南亚部分地区毒品走私猖獗,部分交易也会选择使用人民币进行结算,这些都是隐蔽的人民币非法流出方式。

2)人民币跨境流入渠道

(1)跨境贸易出口收入

我国是全球最大的跨境贸易出口国。跨境贸易出口收入是当前人民币跨境流通的主要回流渠道之一,这种流入很大程度上受到贸易伙伴国持有的人民币数量以及其使用人民币进行贸易结算意愿的制约。

(2)入境旅游及消费

随着国际地位的提升及服务业的繁荣发展,我国入境旅游进入稳步增长阶段,景点建设日趋完善,入境旅游规模持续扩大,服务品质得到游客认可。入境旅游消费持续提升为人民币跨境流通打通了一条流入渠道,数量庞大的入境消费者通过使用本身持有的人民币以及在境外兑换的人民币在中国进行消费,扩大了人民币跨境流入的规模。

(3)人民币存款

这条渠道主要是借助银行体系完成人民币流入。以香港地区的人民币存款为例,人民币存款被香港地区银行吸纳之后,经过"香港地区银行—中银香港清算行—中国人民银行"路线实现回流。

(4)资本项目下的人民币回流

随着我国资本项目开放程度的不断提高,人民币跨境流入方式也日渐丰富。外商直接投资是资本项下最早开放、当前对人民币跨境流入贡献最大的流入渠道。自2014年

"沪港通"推出以来,我国建立起了上海、深圳与香港股票市场交易的联通机制,允许在上交所、深交所与港交所注册的投资者买卖对方交易所上市的、规定范围内的股票,促进了跨境人民币双向流通;2016 年、2017 年我国先后推出了"深港通""债券通""沪伦通"等渠道,人民币跨境流通渠道进一步丰富。

### 5.3.2 人民币跨境流通现状

1)人民币跨境流通规模

继 2009 年推出跨境贸易人民币结算以来,我国开启了资本项目下的人民币跨境流通。随着经济发展及资本项目开放的平稳推进,我国人民币跨境流通规模快速增长(如图 5-3 所示)。虽然 2016、2017 年跨境人民币收付额有所下滑,总体来看,人民币跨境收付规模呈现出较快的增长趋势,2012 年以来年均增长率高达 29.5%。2019 年,我国跨境人民币收付总规模达 19.7 万亿元,其中经常项目下跨境贸易人民币收付额达 6.04 万亿元,资本项目下跨境人民币收付额达 13.66 万亿元,创历史新高。同时从图 5-3 中可以看到,随着我国资本项目开放的不断推进,资本项目下跨境人民币收付额快速提升,2019 年资本项目下跨境人民币收付额占比已达 69.34%,人民币的投资职能日渐显露。

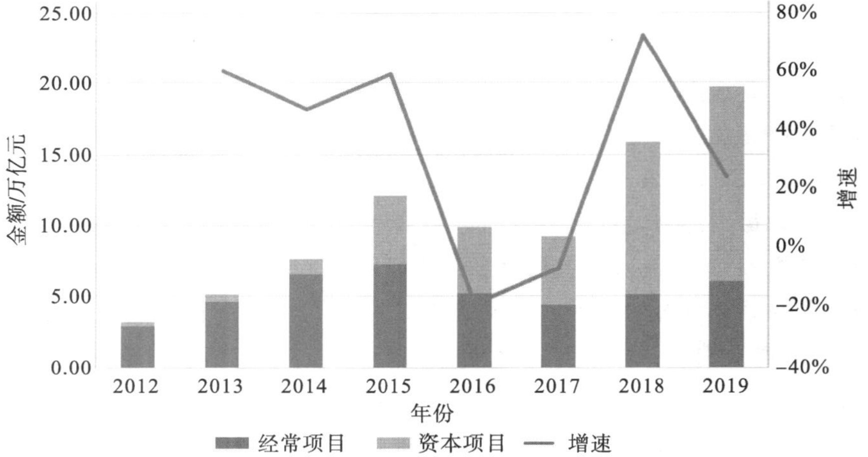


图 5-3 人民币跨境收付规模

数据来源:中国人民银行。

(1)经常项目

经常项目下的人民币跨境流通主要来源于进出口贸易的人民币结算,中国人民银行按照货物贸易、服务贸易与其他经常项目对其分别进行统计并发布相关数据。图 5-4 显示的是我国经常项目下人民币跨境流通的波动趋势。2012—2015 年,跨境贸易人民币结算额以较高的增速增长。2016、2017 年,跨境贸易人民币结算额大幅下降,尤其是 2016 年,降幅高达 27.74%。2018 年后,跨境人民币结算额恢复增长趋势,但增长率不及 2015

年之前。这主要是因为 2008 年金融危机后，我国经济增长速度世界瞩目，人民币进入了升值周期，境外主体持有、使用人民币的意愿提升；2009 年跨境贸易人民币结算试点业务开展后，随着我国政策的进一步开放及跨境结算设施的进一步完善，跨境人民币结算业务得到了较快的发展。2015 年我国进行了“8·11 汇改”，此后人民币汇率进入了贬值周期，即便我国积极推动自贸区建设及“一带一路”发展，境外主体持有人民币的预期收入却一直下降，降低了其持有人民币的意愿，跨境贸易人民币结算额大幅下跌。这说明人民币跨境流通并未形成良好的货币惯性，存在着较强的投机动机。

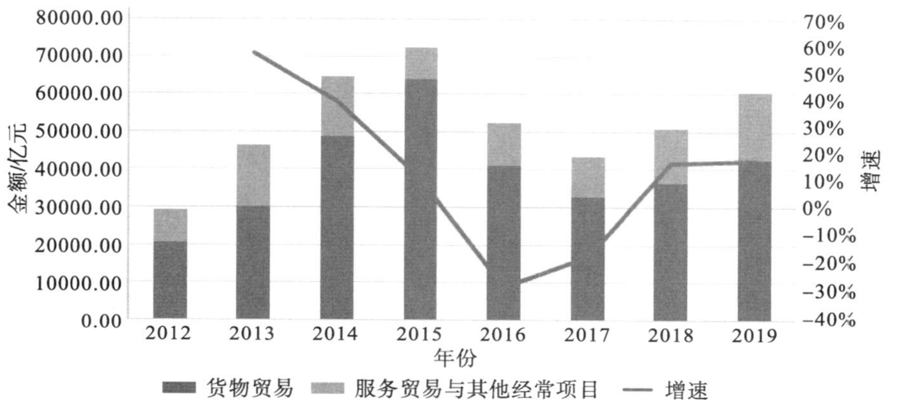


图 5－4　经常项目下的人民币跨境流通

数据来源：中国人民银行。

(2)资本项目

近年来，我国资本项目下的人民币跨境流通得到了极大发展。如图 5－5 所示，2017—2018 年，资本项目下的人民币跨境流通规模保持着较高的增速，其中证券投资增长速度最快，2018 年证券投资跨境人民币收付额达 6.38 万亿元，占当年资本项目下跨境人民币收付额的 59.34%，跨境人民币证券投资的高速发展推动了人民币跨境流通。资本项目下人民币跨境流通规模的扩大离不开资本项目的逐步开放及离岸人民币市场的快速发展。2011 年我国放松了对人民币对外直接投资的管制；同年出台了 RQFII(人民币合格境外机构投资者)，允许符合条件的境外投资机构在一定额度内开展境内证券投资业务，拓宽了人民币跨境回流渠道。2014 年推出了 RQDII(人民币合格境内机构投资者)，允许符合条件的境内投资机构参与境外金融市场人民币计价产品的投资，拓宽了人民币跨境流出渠道；同年“沪港通”推出，2016 年、2017 年“深港通”“债券通”相继推出，境内外股票市场与债券市场联通，人民币跨境双向流通渠道进一步拓展，资本项目下的人民币跨境流通额大大提升。

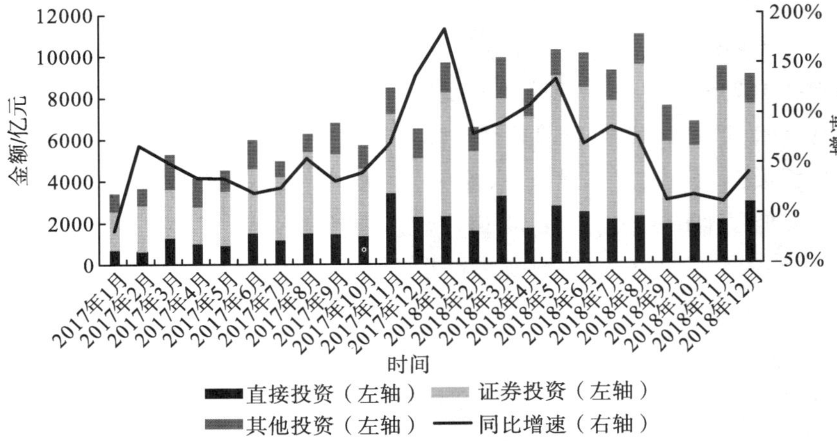


图 5-5　2017—2018 年资本项目下人民币跨境流通

数据来源：中国人民银行。

近年来我国跨境人民币直接投资总体呈上升趋势，如图 5-6 所示，外商直接投资的人民币跨境收付额较对外直接投资更大，2018 年直接投资项下的人民币跨境流通额达 2.66 万亿元。与经常项目变动趋势相似，2012—2015 年我国直接投资项下人民币跨境流通快速增长，2016—2017 年规模下降，2018 年之后跨境人民币直接投资恢复增长，表明资本项目下人民币跨境收付额同样受到汇率波动的影响，存在着一定的投机动机。

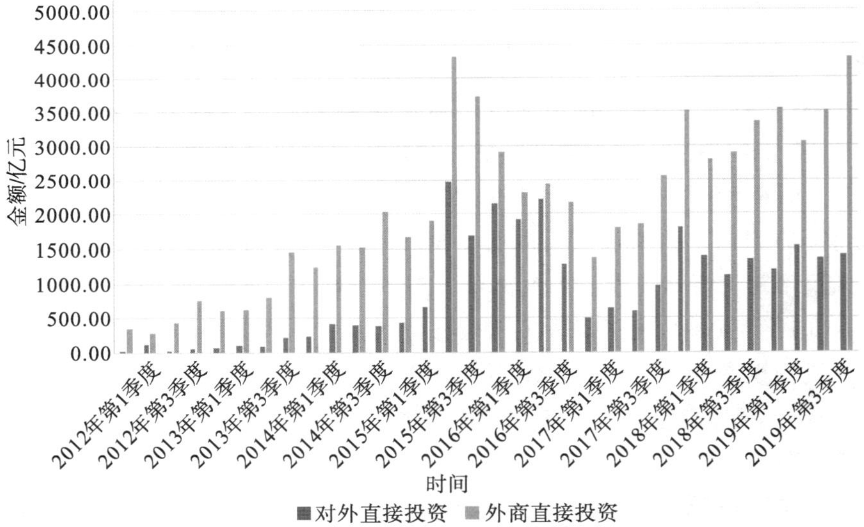


图 5-6　直接投资项下人民币跨境流通

数据来源：中国人民银行。

2)人民币跨境流通结构

(1)商品形式

我国货物贸易跨境人民币收付占比达 70%以上，服务贸易跨境人民币收付占比较小。2014 年，我国服务贸易在跨境贸易收付占比骤然下降了 30%，此后波动回升，至 2019 年已恢复到 2012 年的占比水平，服务贸易占比多在 30%左右波动。而 2012—2019 年我国进出口贸易中，服务贸易占比在 10%～17%左右，相对而言，我国在服务贸易中使用人民币进行结算的比例更高(如图 5－7 所示)。当前，我国经济正在不断转型，第三产业占比连年提升，随着国内服务业的蓬勃发展，我国进出口贸易中服务贸易比重将会有所提高，服务贸易对人民币跨境流通将发挥重要作用。

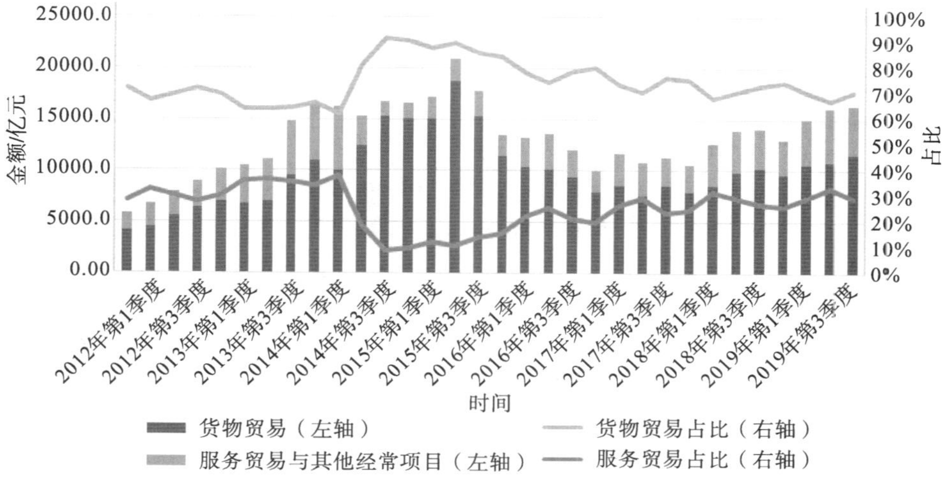


图 5－7　跨境人民币收付商品形式结构

数据来源：中国人民银行。

(2)收付结构

近年来人民币跨境收付额总体呈上升趋势，人民币跨境付款额较人民币跨境收款额大，人民币跨境流通主要表现为净流出，境外人民币存量增加(如图 5－8 所示)。从收付比(人民币跨境付款/人民币跨境收款)来看，人民币跨境收付比呈下降趋势。2011 年第一季度人民币跨境收付比高达 5.58，此后快速下降；2012—2017 年人民币跨境收付比有所波动，但总体来看付款大于收款，人民币跨境收付存在“跛足化”现象；2018 年起，人民币跨境收付比在 1 左右波动，人民币跨境流入流出趋向均衡。一方面，2009 年我国跨境人民币结算业务刚刚起步，境外存量有限，境外主体难以使用人民币进行支付结算，因此人民币跨境流出额远高于人民币跨境流入额。随着我国人民币跨境流通的不断发展，境外人民币存量增加，人民币跨境收付比逐渐下降。另一方面，2015 年之前，我国人民币汇率处于升值趋势，境外主体对人民币汇率预期良好，为获取持有人民币所带来的收益，境外主体会尽量多地接受人民币收款，减少人民币付款，导致我国跨境人民币收付出现“跛足”现象。随着人民币汇率进入贬值区间，境外主体对人民币汇率预期下降，将持有的人民币用于跨境贸易、直接投资等，人民币收付比趋于平衡，人民币跨境流通循环向好发展。

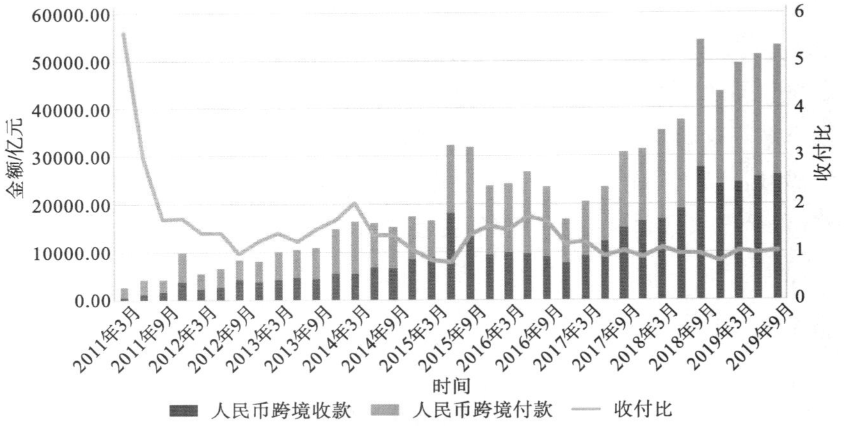


图 5-8 人民币跨境收付结构

数据来源：中国人民银行。

(3)区域结构

自 2014 年以来，上海、北京人民币跨境收付额呈上升趋势，尤其是 2018 年上海人民币跨境收付额骤增，上海国际金融市场的地位逐渐凸显。广东省跨境人民币收付金额呈波动态势，其波动趋势与跨境贸易人民币收付波动趋势相似，这是由广东外贸大省的地位所决定的。浙江省跨境人民币收付额逐年下降，人民币跨境流通发展进程缓慢。我国人民币跨境收付境内区域结构趋向集中，跨境人民币收付额排名前三的城市规模占比不断提升。上海人民币跨境流通持续向好发展，连续多年跨境人民币收付额占比提升，2018 年有 45.8％的跨境人民币收付发生在上海。上海人民币跨境流通额的提升，一方面是因为自贸区改革的不断深化，推动了人民币跨境流通，更重要的是“沪港通”及以人民币计价的原油期货快速发展推动了上海资本项目下人民币的跨境流通，上海国际金融中心的地位逐渐显现出来(如图 5-9、图 5-10 所示)。

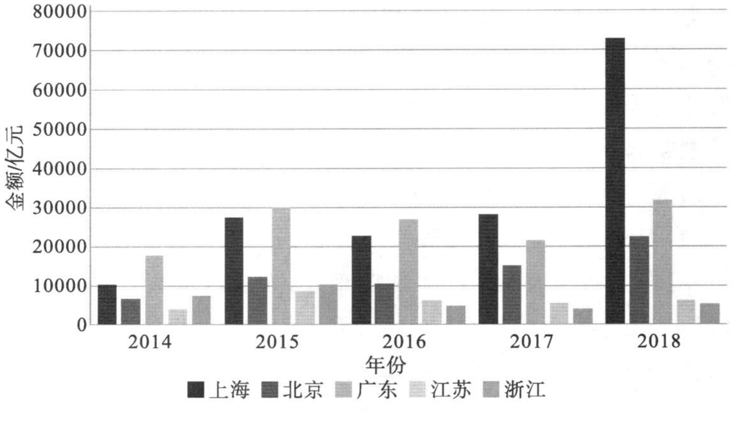


图 5-9 境内各地人民币跨境流通额

数据来源：中国人民银行。

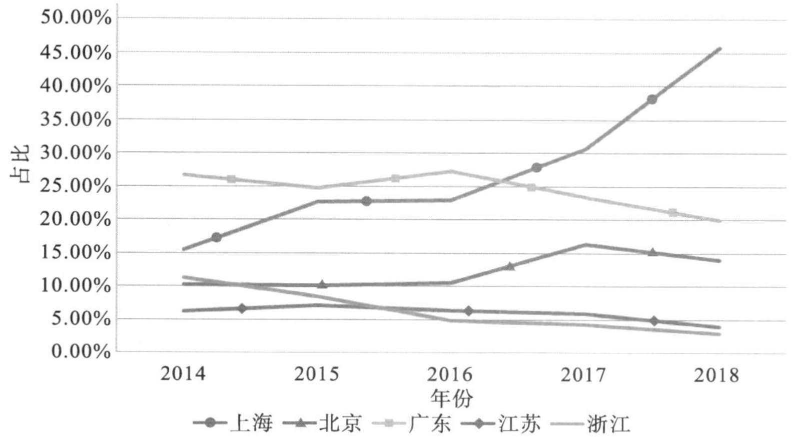


图 5－10　境内各地人民币跨境流通额占比

数据来源：中国人民银行。

从境外人民币跨境流通的区域结构来看，香港是我国人民币跨境收付的主要场所，2018 年香港的人民币跨境收付占比达 40.5%。新加坡是第二大离岸人民币市场，多年来人民币跨境收付占比稳定，对人民币跨境流通起着重要的促进作用。随着我国“一带一路”倡议的不断推进，我国与沿线国家（地区）的人民币跨境流通不断发展，具体表现为图 5－11 中“其他”地区占比的大幅提升。

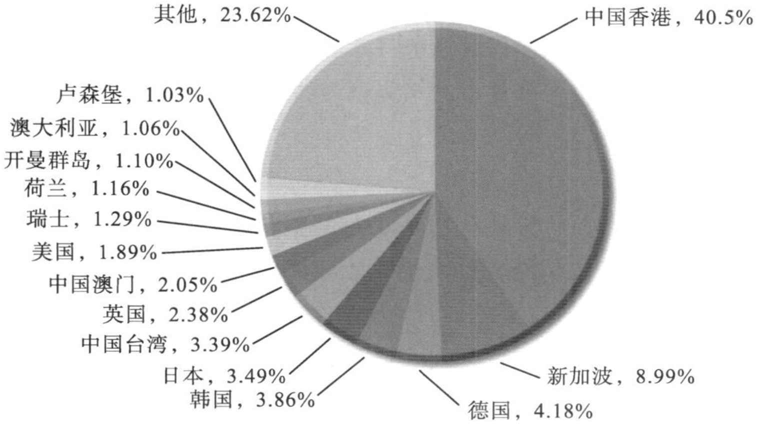


图 5－11　2018 年人民币跨境收付区域分布情况

数据来源：中国人民银行。

## 5.4　人民币跨境流通影响因素实证分析

选择国家经济实力、贸易发展水平、产品差异化程度、离岸人民币市场发展水平、汇率稳定程度以及资本项目开放程度作为解释变量，通过 2012—2019 年月度数据构建

VAR(向量自回归)计量模型对影响人民币跨境流通的因素进行实证分析,以便更直观、更清晰地展现各因素对人民币跨境流通的影响。

### 5.4.1 变量与数据选取

1)被解释变量

人民币跨境流通主要通过跨境人民币结算、境外投资、旅游支付等渠道进行,其中跨境人民币结算额占比较高。因此,本节将以跨境人民币结算额来代表人民币跨境流通情况。跨境人民币结算包括经常项目和资本项目结算,为了在数据可获得的基础上尽量保证数据的完整性和可靠性,本节将经常项目和直接投资项下跨境人民币结算额当作被解释变量,即经常项目跨境人民币结算额与直接投资项目跨境人民币结算额之和,并将其标记为$Y$,这个数值越大则说明人民币跨境流通的规模越大。

2)解释变量

(1)经济实力

一国的经济实力是结算货币选择的一个重要基础,经济实力较强的国家,其企业在贸易往来中竞争力较强,该国货币更有可能成为贸易结算货币。

国内生产总值(GDP)是衡量一国的经济实力最直观的指标,改革开放以来我国一直保持着较高的GDP增长率,经济实力不断增强,虽然近年来我国GDP增长率略有下降,但依旧维持在7%左右,说明我国经济规模依旧在稳步扩大,经济实力不断提升。本节采用我国2012—2019年GDP来衡量我国的经济实力,由于2012年后GDP统计口径调整为季度,本节采用Eviews线性插值转换法将其转换为月度数据,标记为为ECO。根据上文分析,一国经济实力越强,则该货币的结算额越大,因此,ECO与被解释变量之间预期符号为正。

(2)贸易发展水平

一国货币在国际市场上的流动往往是从对外贸易起步的,对外贸易市场规模越大,则越会增加该国货币跨境支付结算的机会。近年来,我国对外贸易不断发展,2011年我国外贸进出口额跃居世界第二,2019年全年进出口规模创历史新高,同比增长3.4%,达31.54万亿元。外贸进出口额的提升,将会降低人民币跨境支付的成本,促进人民币跨境流通的发展。本节选取我国进出口总额作为指标测算我国贸易发展水平,标记为EIP,如前文分析,贸易发展水平越高,跨境人民币结算额越大。

(3)产品差异化程度

McKinnon[59]提出出口商拥有的议价权会随着出口产品差异化程度的增大而提升,出口产品差异化程度越大,以出口商货币计价的可能性越高,而产品差异化程度低的商品则更加倾向使用交易成本低的货币(美元)进行结算。当前,产品的技术含量是产品差异化程度的决定性因素,影响着出口商的议价权。本节选取高新技术产品出口额占总出口额的比重这一指标来衡量我国出口产品的差异化程度,标记为DIFF,如前文分析,产品差异化程度越高,跨境人民币结算额越大。

(4)离岸人民币市场发展水平

发达的离岸人民币市场可以满足贸易投资、融资的需求，可以满足风险对冲、价值增值的需求，可以拓宽货币回流通道，因此发达的离岸人民币市场是支持一国货币成为国际结算货币的重要支柱。目前香港是最大的人民币离岸市场，2018 年我国有 40.5%的人民币跨境收付在香港地区发生，香港人民币债券全年发行 419 亿元，香港离岸人民币市场的境外人民币投融资功能以及风险对冲功能日渐成熟。本节选取香港人民币存款余额占我国货币供应量余额 M2 的比重来衡量离岸人民币市场的发展水平，标记为 FIN，根据前文分析，FIN 与被解释变量之间预期符号为正。

(5)汇率稳定程度

汇率稳定程度是影响国际结算货币币种选择的重要因素之一，在跨境交易中，汇率波动会影响到交易双方支出和收入的实际值。企业在国际贸易中为规避汇率风险，一般会采用“收硬付软”的原则选择结算货币，即出口方倾向于选择币值稳定、有升值趋势的货币作为结算货币，相反，进口方倾向于选择有贬值趋势的货币进行结算。当前正处于人民币国际化初期，阻碍人民币跨境流通的一个重要因素是境外人民币累计数量少，难以进行大规模的贸易支付。人民币币值稳定将提高境外持有者的投机意愿，同时增加境外人民币存量，使得跨境贸易中使用人民币结算的可能性上升。本节选取人民币名义有效汇率指数来衡量人民币汇率变动程度，标记为 EER。

(6)资本项目开放程度

资本项目开放程度即资本流动自由的实现程度，是影响一国货币跨境流通的重要因素。资本项目开放可以为人民币跨境流通建立畅通的流通渠道，提高境外人民币认可程度和兑换便利程度，从而促进人民币跨境流通。本节采用实际测度法测量资本项目开放程度，标记为 CAO，具体公式为

资本项目开放程度＝(直接投资＋证券投资＋金融衍生工具投资＋其他投资)/国内生产总值

根据前文分析，CAO 与被解释变量之间预期符号为正，其中国际收支平衡表中资本流动数据为季度数据，本节采用 Eviews 线性插值转换法将其转换为月度数据。

解释变量说明如表 5－1 所示。

3)变量间关系

为检验解释变量是否会对被解释变量产生影响，同时预期解释变量与被解释变量之间的函数关系，首先对上述 7 个变量进行广义最小二乘回归，回归结果如表 5－2 所示。6 个解释变量对人民币跨境流通的解释程度达 99.43%，对被解释变量的解释程度高。各变量回归系数均为正，说明这 6 个解释变量均能推动人民币跨境流通，与理论预期结果相符。根据回归结果我们可以看出，经济实力、贸易发展水平、产品差异化程度、离岸人民币市场发展水平、汇率稳定程度及资本项目开放程度均会对人民币跨境流通产生影响，基于此我们建立 VAR 模型对各因素的影响程度进行进一步的分析。

表 5-1　人民币跨境流通影响因素的变量说明

| 影响因素 | | 变量 | 变量说明 | 数据来源 | 单位 |
|---|---|---|---|---|---|
| 被解释变量<br>人民币跨境流通 | | $Y$ | 经常项目和直接投资项目跨境人民币结算额之和 | 中国人民银行 | 亿元 |
| 解释变量 | 经济实力 | ECO | 国内生产总值月度数据 | 中国统计年鉴 | 亿元 |
| | 贸易发展水平 | EIP | 进出口总额 | 中国海关总署 | 亿元 |
| | 产品差异化程度 | DIFF | 高新技术产品出口额/总出口额 | 中国海关总署 | 百分比 |
| | 离岸人民币<br>市场发展水平 | FIN | 香港人民币存款余额/我国货币供应量余额 M2 | 香港金融局、<br>中国人民银行 | 百分比 |
| | 汇率稳定程度 | EER | 人民币名义有效汇率指数 | 国际清算银行 | — |
| | 资本项目开放程度 | CAO | 资本流动/GDP | 外汇管理局、国家统计局 | 百分比 |

表 5-2　解释变量与被解释变量的简单回归

| 变量 | 系数 | 标准差 | $t$ | $p$ |
|---|---|---|---|---|
| 常数 | −16.98615 | 0.535603 | −31.71409 | 0.0000 |
| lnECO | 1.049579 | 0.085159 | 12.32497 | 0.0000 |
| lnEIP | 0.919766 | 0.065981 | 13.93990 | 0.0000 |
| DIFF | 0.082855 | 0.270069 | 0.306792 | 0.7597 |
| FIN | 118.3406 | 7.658678 | 15.45183 | 0.0000 |
| EER | 0.038269 | 0.001833 | 20.87393 | 0.0000 |
| CAO | 0.867070 | 0.280968 | 3.086011 | 0.0027 |
| $R^2$ | 0.994251 | — | — | — |
| $F$ | 2565.356 | — | — | — |

## 5.4.2　实证过程及结果分析

本节通过 2012—2019 年月度数据构建 VAR 模型研究影响人民币跨境流通的因素，表达式为

$$\boldsymbol{y}_t=\boldsymbol{\varphi}_0+\boldsymbol{\varphi}_1 y_{t-1}+\cdots+\boldsymbol{\varphi}_p \boldsymbol{y}_{t-p}+\boldsymbol{\varepsilon}_t \tag{5-1}$$

式中，$\boldsymbol{y}_t$ 是 $k$ 维内生向量；$p$ 为最大滞后阶数；$\boldsymbol{\varphi}_1,\boldsymbol{\varphi}_2,\cdots,\boldsymbol{\varphi}_p$ 是 $k\times k$ 维系数矩阵；$\boldsymbol{\varepsilon}_t$ 是 $k\times 1$ 阶随机误差列向量。

1）时间序列平稳性检验

本节选取的变量数据具有较大的差异，为消除数据的异方差风险，本节对被解释变量 $Y$、经济发展水平 ECO 及贸易发展水平 EIP 取对数，分别记作 ln$Y$、lnECO、lnEIP，该

行为不会影响原数据之间的关系。

为保证数据的充足性，本节在实证分析时选取的是月度数据，数据不可避免地存在着一些季节性波动。为消除季节性波动的影响，本节采用 Census X-12 调整法对所有变量数据进行了季节性调整。图 5 - 12 以 lnECO 为例展示季节性调整前后对比。

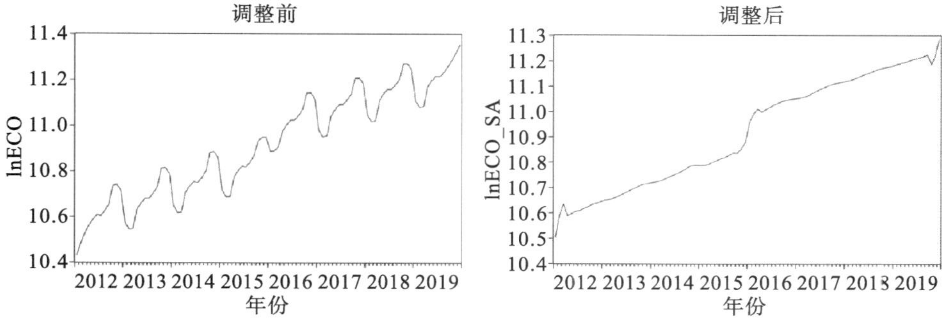


图 5 - 12　lnECO 季节性调整前后的时间序列

建立 VAR 模型所用的时间序列理论上需要平稳或协整，即该时间序列的统计值不会随时间的推移而变化，目的是避免非平稳变量在估计过程中产生伪回归现象。因此在建立模型之前我们需要对变量进行 ADF 时间序列平稳性检验，以保证模型可以达到预期的效果。各变量 ADF 检验结果如表 5 - 3 所示。

**表 5 - 3　ADF 检验结果**

| 变量 | 检验形式 | ADF 值 | 1%临界值 | 5%临界值 | 10%临界值 | 平稳性 |
|---|---|---|---|---|---|---|
| lnY_SA | (*c*,*t*,0) | −3.861157 | −4.057528 | −3.457808 | −3.154859 | 平稳 |
| lnECO_SA | (*c*,*t*,1) | −2.803880 | −4.058619 | −3.458326 | −3.155161 | 不平稳 |
| D(lnECO_SA) | (*c*,*t*,0) | −7.910241 | −4.058619 | −3.458326 | −3.155161 | 平稳 |
| lnEIP_SA | (*c*,*t*,1) | −2.775686 | −4.058619 | −3.458326 | −3.155161 | 不平稳 |
| D(lnEIP_SA) | (*c*,*t*,1) | −11.89641 | −4.059734 | −3.458856 | −3.155470 | 平稳 |
| DIFF_SA | (*c*,*t*,0) | −8.765633 | −4.057528 | −3.457808 | −3.154859 | 平稳 |
| FIN_SA | (0,0,1) | −1.198760 | −2.589795 | −1.944286 | −1.614487 | 不平稳 |
| D(FIN_SA) | (*c*,*t*,0) | −5.933222 | −4.058619 | −3.458326 | −3.155161 | 平稳 |
| EER_SA | (*c*,0,1) | −2.386926 | −3.501445 | −2.892536 | −2.583371 | 不平稳 |
| D(EER_SA) | (*c*,*t*,0) | −6.121310 | −4.058619 | −3.458326 | −3.155161 | 平稳 |
| CAO_SA | (*c*,*t*,1) | −4.446377 | −4.058619 | −3.458326 | −3.155161 | 平稳 |

注：检验形式中，*c* 表示常数项，*t* 表示趋势项，数字表示滞后阶数。

从表 5 - 3 可知，ln*Y*_SA、DIFF_SA、CAO_SA 为平稳的时间序列，满足回归分析的条件，而变量 lnECO_SA、lnEIP_SA、FIN_SA、EER_SA 均为非平稳时间序列，对变量 lnECO_SA、lnEIP_SA、FIN_SA、EER_SA 的一阶差分进行 ADF 检验，由表 5 - 3 可知所

有变量一阶差分的 ADF 值均小于 1%的临界值，则这些变量为一阶单整时间序列。

2）VAR 模型建立

（1）滞后阶数的确定

Eviews 的输出结果如表 5 - 4 所示，综合考虑 LogL 准则、LR 统计量、FPE 最终预测误差、AIC 信息准则、SC 信息准则与 HQ 信息准则，最佳滞后期为 2。本节建立的 VAR 模型为

$$\boldsymbol{X}_t=\boldsymbol{A}_0+\boldsymbol{A}_1\boldsymbol{X}_{t-1}+\boldsymbol{A}_2\boldsymbol{X}_{t-2}+\boldsymbol{U}_t \tag{5-2}$$

式中，$\boldsymbol{X}_t$ 为内生变量向量，$\boldsymbol{A}_1$、$\boldsymbol{A}_2$ 为待估计系数矩阵，$\boldsymbol{A}_0$ 为截距项，$\boldsymbol{U}_t$ 为随机误差列向量。

**表 5 - 4 滞后期检验结果**

| 滞后期 | LogL | LR | FPE | AIC | SC | HQ |
|---|---|---|---|---|---|---|
| 0 | 977.0661 | — | 2.05e−18 | −20.86164 | −20.67101 | −20.78467 |
| 1 | 1683.182 | 1290.749 | 1.50e−24 | −34.99316 | −33.46815 * | −34.37740 * |
| 2 | 1736.682 | 89.74267 * | 1.39e−24 * | −35.08994 * | −32.23055 | −33.93540 |
| 3 | 1772.817 | 55.17312 | 1.91e−24 | −34.81326 | −30.61950 | −33.11994 |

（2）稳定性检验

VAR 模型的稳定性检验即计算模型的 AR 特征多项式，若所有特征方程的根的倒数均位于单位圆内，则说明模型是稳定的。对本节模型进行稳定性检验，其特征方程的根的倒数均位于单位圆内，说明人民币跨境流通、经济实力、贸易发展水平、产品差异化程度、离岸人民币市场发展水平、汇率稳定程度、资本项目开放程度所构成的系统稳定，变量之间存在相互关系，VAR 模型有效。

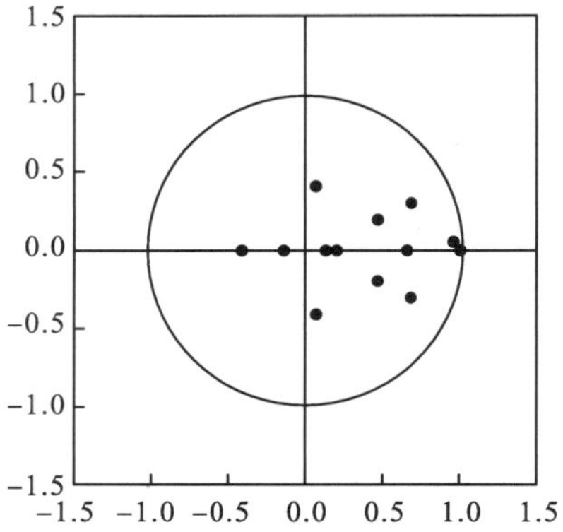


图 5 - 13 模型稳定性检验

（3）VAR 模型估计

根据 AIC 信息准则、SC 信息准则与 LR 统计量综合考虑，确定模型的最优滞后阶数为 2，模型估计结果如表 5 - 5 所示。

表 5 - 5　滞后期为 2 时模型的估计结果

| 变量 | lnY_SA | lnECO_SA | lnEIP_SA | DIFF_SA | FIN_SA | EER_SA | CAO_SA |
|---|---|---|---|---|---|---|---|
| ln*Y*_SA(−1) | 0.430384 | 0.023406 | −0.037529 | 0.004517 | −0.000200 | −0.945857 | −0.001811 |
| ln*Y*_SA(−2) | 0.025575 | 0.012661 | −0.009009 | 0.024326 | 4.95E−05 | 0.843524 | 0.010982 |
| lnECO_SA(−1) | −0.760333 | 1.166035 | −0.513899 | −0.193257 | −0.001873 | −1.163105 | 0.018413 |
| lnECO_SA(−2) | 1.799624 | −0.270333 | 0.982792 | 0.051385 | 0.001550 | 2.610486 | −0.007076 |
| lnEIP_SA(−1) | 0.021534 | 0.041670 | 0.327014 | 0.047497 | 0.000673 | 2.533177 | −0.040826 |
| lnEIP_SA(−2) | 0.058528 | −0.047709 | 0.225721 | −0.031209 | 0.000333 | −1.875677 | −0.027446 |
| DIFF_SA(−1) | 0.530184 | 0.076954 | 1.389037 | −0.094877 | 0.000501 | 2.923107 | −0.086824 |
| DIFF_SA(−2) | 1.634355 | −0.245742 | 0.588180 | −0.017883 | 0.000259 | −2.765727 | 0.122254 |
| FIN_SA(−1) | 305.2051 | 6.223139 | 30.85390 | 13.34283 | 1.247511 | 479.9136 | 12.14777 |
| FIN_SA(−2) | −198.6204 | −15.96276 | −1.220985 | −27.85153 | −0.246507 | −241.5255 | −12.20381 |
| EER_SA(−1) | 0.007814 | 0.000315 | −0.003401 | 0.001506 | 7.92E−07 | 1.346567 | −0.000937 |
| EER_SA(−2) | 0.005135 | −0.000137 | −0.002037 | −0.000717 | 5.50E−06 | −0.398826 | 9.42E−05 |
| CAO_SA(−1) | 0.039844 | −0.099597 | 0.305543 | 0.051010 | 0.002562 | −3.791760 | 1.241376 |
| CAO_SA(−2) | −0.466810 | 0.037142 | −0.308764 | −0.095051 | −0.001795 | 3.969272 | −0.480870 |
| 常数 | −10.02581 | 0.981031 | −0.372452 | 1.459319 | −0.006237 | −16.99231 | 0.580551 |
| $R^2$ | 0.911432 | 0.996850 | 0.818478 | 0.335179 | 0.995779 | 0.974534 | 0.875697 |
| 调整后的 $R^2$ | 0.895737 | 0.996291 | 0.786309 | 0.217363 | 0.995031 | 0.970021 | 0.853668 |
| 残差平方和 | 0.898464 | 0.013274 | 0.181838 | 0.010039 | 1.37E−06 | 61.05080 | 0.007725 |
| 方程的标准误 | 0.106644 | 0.012963 | 0.047977 | 0.011273 | 0.000132 | 0.879088 | 0.009889 |
| $F$ | 58.06962 | 1785.526 | 25.44346 | 2.844930 | 1331.349 | 215.9417 | 39.75304 |
| 对数似然值 | 85.18685 | 283.2854 | 160.2726 | 296.4128 | 714.8017 | −113.0956 | 308.7277 |
| AIC 信息准则 | −1.493337 | −5.708200 | −3.090906 | −5.987506 | −14.88940 | 2.725438 | −6.249526 |
| SC 信息准则 | −1.087492 | −5.302355 | −2.685061 | −5.581661 | −14.48355 | 3.131282 | −5.843681 |
| 均值 | 8.621681 | 10.92495 | 10.01080 | 0.293063 | 0.005303 | 110.0152 | 0.072016 |
| 因变量的标准差 | 0.330272 | 0.212854 | 0.103785 | 0.012743 | 0.001866 | 5.077201 | 0.025851 |

从表 5 - 5 可知，多数方程都有较高的可决系数，分别为：0.911432、0.996850、0.818478、0.335179、0.995779、0.974534、0.875697，仅产品差异化程度拟合程度较低，其他变量拟合程度较高，说明模型的拟合度较好。

3）协整检验

协整检验最常用的两种方法是 E - G 两步法和 Johansen 协整检验法。其中，E - G 两步法多用于检验一元方程，且容易遗漏某些协整关系。Johansen 协整检验法适用于检验多个变量间的协整关系以及多重协整关系，且无须区分内、外生变量，较为便捷。故采取 Johansen 协整检验法对各变量进行协整检验，具体检验结果如表 5－6 所示。

**表 5－6　协整检验结果**

| 假定的协整关系数 | 特征值 | 迹统计量 | 5%临界值 | 概率 |
|---|---|---|---|---|
| 无* | 0.536831 | 175.3674 | 125.6154 | 0.0000 |
| 至多 1 个* | 0.358018 | 103.0190 | 95.75366 | 0.0144 |
| 至多 2 个 | 0.256713 | 61.35875 | 69.81889 | 0.1960 |
| 至多 3 个 | 0.167424 | 33.47151 | 47.85613 | 0.5309 |
| 至多 4 个 | 0.111579 | 16.24783 | 29.79707 | 0.6947 |
| 至多 5 个 | 0.043751 | 5.126783 | 15.49471 | 0.7952 |
| 至多 6 个 | 0.009755 | 0.921511 | 3.841466 | 0.3371 |

根据表 5－6，迹统计量在 5%的显著性水平下拒绝了最多有 1 个协整关系，即本节的 VAR 模型中存在 2 组协整关系。各变量的协整关系为

$$\ln Y\_SA = 2.9831\ln ECO\_SA + 0.2836\ln EIP\_SA + 15.3915DIFF\_SA + 308.62FIN\_SA + 0.0002EER\_SA + 1.4831CAO\_SA \quad (5-3)$$

$$(0.31926) \qquad (0.32853) \qquad (1.94305) \qquad (27.0907) \qquad (0.00609) \qquad (0.72049)$$

长期来看，人民币跨境流通与经济实力、贸易发展水平、产品差异化程度、离岸人民币市场发展水平、汇率稳定程度、资本项目开放程度之间存在稳定关系。

长期来看，经济实力对人民币跨境流通有正向的促进作用。国内生产总值每增加 1%，跨境人民币结算额随之上升 2.98%，这是因为一国的经济实力增强，其国际地位也会相应提升，在国际市场上的话语权增加，国际贸易双方企业更愿意接受经济实力强劲、政治稳定国家的货币作为结算货币。因此，随着国家经济实力的稳步提升，我国跨境人民币结算额将不断提高。

贸易发展水平对人民币跨境流通有正向的促进作用。进出口总额每增加 1%，跨境人民币结算额随之增加 0.28%。近年来，我国对外贸易不断扩大，进出口总额屡创新高，同时逐步放松了对进出口贸易人民币结算的限制，加强了跨境人民币清算体系的建设，进一步提升了跨境人民币结算的便利程度。随着“一带一路”倡议及自贸区建设的不断推进，我国对外贸易规模较大的优势逐渐显现出来，人民币在国际市场上的地位不断提高，国际贸易中人民币的使用量不断提升。

产品差异化程度对人民币跨境流通有积极的促进作用。产品差异化程度每增加 1%，跨境人民币结算额随之增加 15.39%。产品差异化程度的提升将增加出口商在国际贸易中的话语权，选择出口商货币计价的可能性变大。随着我国产业结构的转型升级，高新技术产品出口占比将有所提升，这将有利于我国高新技术产品出口企业议价权的提升，若积极支持这些企业的跨境人民币结算，会对人民币跨境流通有积极的促进作用。

离岸人民币市场发展水平对人民币跨境流通有较大的促进作用，系数达 308.62。完善的离岸人民币市场可以为人民币跨境流通提供高效、可靠、便捷的结算服务，为境内外

人民币提供丰富、优质的投资标的及多样化的金融服务，有利于跨境人民币结算的发展，有利于企业通过投资规避风险，实现资产的保值增值。这将为人民币跨境流通建立起通畅的流通渠道，提高境外居民持有和使用人民币的意愿，会对人民币跨境流道产生较大的促进作用。

汇率稳定程度与人民币跨境流通呈正相关。当人民币名义有效汇率指数增加 1%，跨境人民币结算额将增加 0.0002%。在国际贸易中，企业为了规避汇率风险，一般会选择汇率波动小、币值稳定的货币作为结算货币。因此，币值稳定将有利于人民币跨境流通。

资本项目开放程度对人民币跨境流通有正向的促进作用。资本项目开放程度每提升 1%，跨境人民币结算额提升 1.48%。资本项目开放将拓宽人民币跨境流通的渠道，使境外持有者以较低的成本获得人民币，从而提升人民币的流动性和外部性，推动人民币跨境流通的持续发展。随着“沪港通”“深港通”“沪伦通”“债券通”等的实施，我国资本项目开放已获得了巨大的进展，对人民币跨境流通起到了一定的促进作用。

4)脉冲响应分析

脉冲响应结果如图 5 - 14 至图 5 - 19 所示，图中纵轴表示受到冲击后人民币跨境流通的响应情况，横轴表示滞后阶数，实线代表脉冲响应函数，虚线代表正负两倍标准差偏离带。

(1)经济实力(lnECO_SA)对人民币跨境流通(lnY_SA)的脉冲响应函数分析

从图 5 - 14 可知，本期给国内生产总值一个冲击，人民币跨境流通的反应有所滞后，在第一期的影响为负，且达到最大值－0.008，在第七期影响转正并逐渐增大，此后逐渐趋于正向平稳，稳定在 0.002 左右。给国内生产总值一个冲击，在前期人民币跨境流通对其反应波动程度较大，后期逐渐趋于平稳，其影响会由负转正，短期效应与长期效应并不一致，长期来看，强劲的经济实力会推动人民币跨境流通。

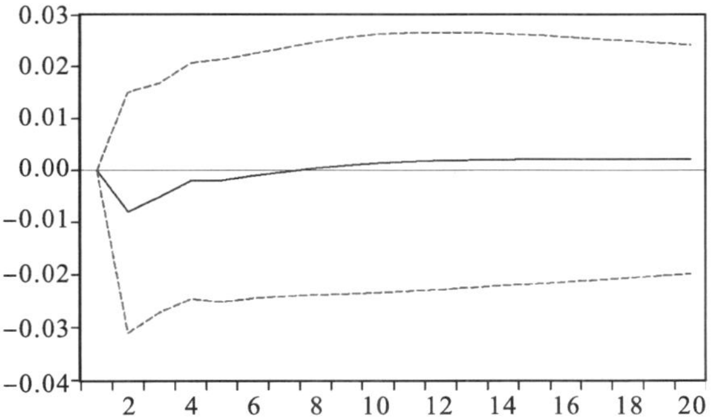


图 5 - 14　经济实力(lnECO_SA)对人民币跨境流通(lnY_SA)的脉冲响应

(2)贸易发展水平(lnEIP_SA)对人民币跨境流通(lnY_SA)的脉冲响应函数分析

根据图 5 - 15，给进出口总额一个冲击，对人民币跨境流通的影响为正。在第一期，影响为－0.003，第二期影响由负转正并持续增加，于第六期达到最大值 0.025，此后逐渐下降，最终稳定在 0.016 左右。说明随着我国对外贸易的不断发展，跨境人民币结算额也不断提升，对外贸易规模的扩大是推动人民币跨境流通的重要因素。

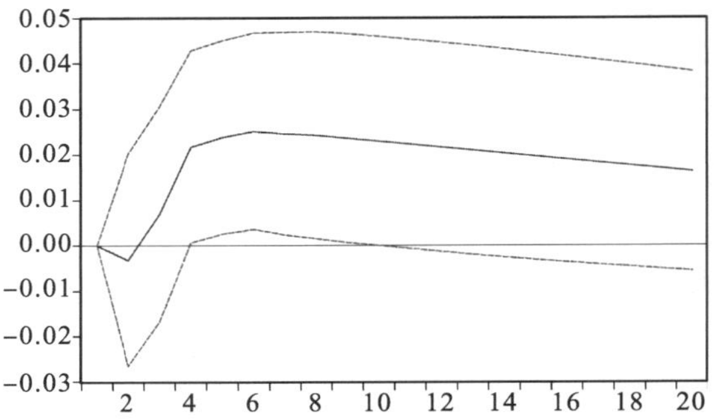


图 5 - 15　贸易发展水平(lnEIP_SA)对人民币跨境流通(ln*Y*_SA)的脉冲响应

(3)产品差异化程度(DIFF_SA)对人民币跨境流通(ln*Y*_SA)的脉冲响应函数分析

根据图 5 - 16，给产品差异化程度一个冲击，对人民币跨境流通的影响十分显著，其影响在第二期达到最大值 0.019，之后快速下降，从第五期开始趋于稳定，其影响长期存在并稳定在 0.011 左右。说明我国应当积极促进产业结构的转型升级，改善出口产品结构，增加高新技术产品出口的比重，将长期促进人民币跨境流通。

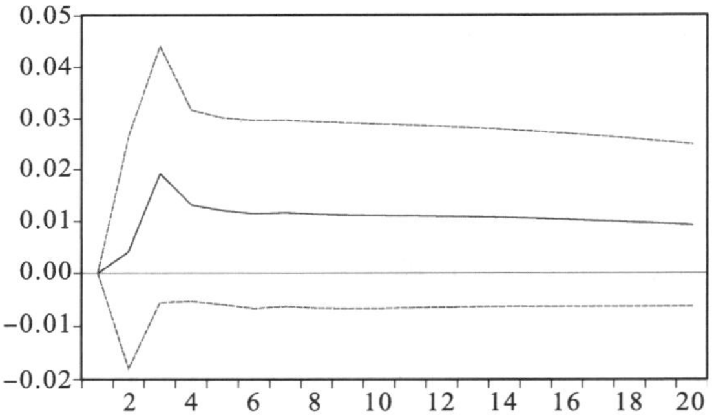


图 5 - 16　产品差异化程度(DIFF_SA)对人民币跨境流通(lnY_SA)的脉冲响应

(4)离岸人民币市场发展水平(FIN_SA)对人民币跨境流通(ln*Y*_SA)的脉冲响应函数分析

由图 5 - 17 可知，给离岸金融市场发展一个冲击，对人民币跨境流通的影响为正向且十分显著，第四期达到最大值 0.040，此后开始持续下降并逐渐趋于平稳。给离岸人民币市场发展水平一个冲击，在前期人民币跨境流通波动程度较大，后期逐渐平稳于 0.028 左右，且始终为正。说明离岸人民币市场发展水平的提升是人民币跨境流通发展的重要推动力。

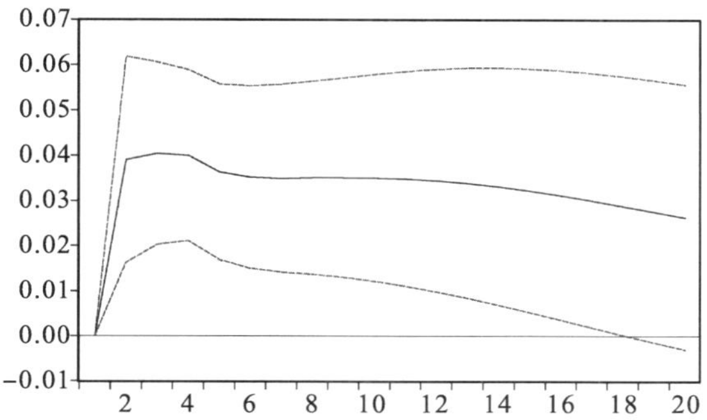


图 5－17　离岸人民币市场发展小平(FIN_SA)对人民币跨境流通(ln$Y$_SA)的脉冲响应函数

(5)汇率稳定程度(EER_SA)对人民币跨境流通(ln$Y$_SA)的脉冲响应函数分析

如图 5－18 所示，给人民币名义有效汇率指数一个冲击，对跨境人民币流通的影响为正，前三期持续增加，于第五期达到最大值 0.027，此后不断下降，第十五期转为负向影响。人民币名义有效汇率指数对跨境人民币流通的影响短期效应与长期效应不一致，短期内人民币名义有效汇率指数上升会促进跨境人民币流通，说明人民币升值将提升境外非居民持有和使用人民币的意愿，增加了人民币的投机需求，促进了人民币跨境流通；长期来看，这种影响转为负向，说明依靠人民币升值来推动人民币跨境流通的持续发展是不可靠的。

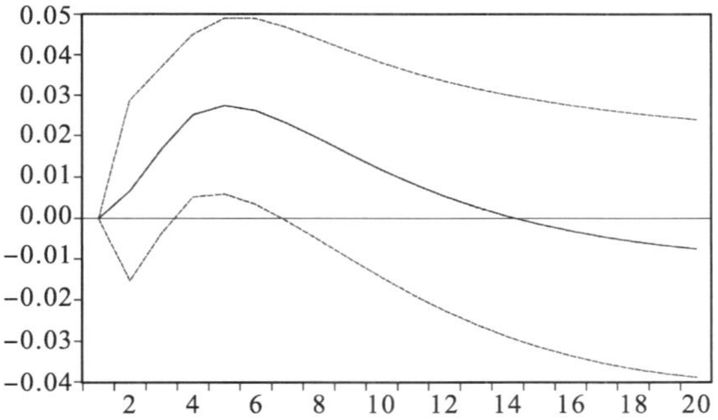


图 5－18　汇率稳定程度(EER_SA)对人民币跨境流通(lnY_SA)的脉冲响应

(6)资本项目开放程度(CAO_SA)对人民币跨境流通(lnY_SA)的脉冲响应函数分析

由图 5－19 可知，给资本项目开放程度一个冲击，对人民币跨境流通的影响为正，前五期波动上升，第五期达到最大值 0.007，此后缓慢下降，并逐渐稳定在 0.005 左右。其对人民币跨境流通的影响始终为正，但数值较小，说明资本项目开放会促进人民币跨境流通，但当前对人民币跨境流通的影响较小。

5)*方差分解*

脉冲响应反映了一个变量受到冲击时对另一个变量的动态影响，而方差分解则能展现每个内生变量的冲击对变量自身以及其他变量影响的贡献度。接下来通过方差分解来分析人民币跨境流通额变动的影响因素，Eviews 实证结果如表 5－7 所示。

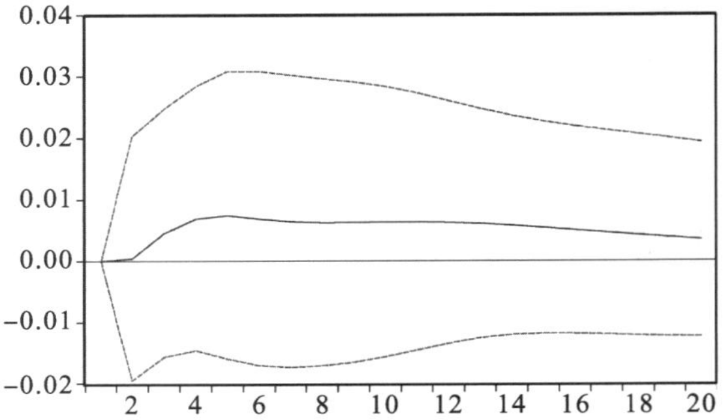


图 5－19 资本项目开放程度(CAO_SA)对人民币跨境流通(lnY_SA)的脉冲响应

**表 5－7 方差分解结果**

| 周期 | 标准误 | lnY_SA | lnECO_SA | lnEIP_SA | DIFF_SA | FIN_SA | EER_SA | CAO_SA |
|---|---|---|---|---|---|---|---|---|
| 1 | 0.106644 | 100.0000 | 0.000000 | 0.000000 | 0.000000 | 0.000000 | 0.000000 | 0.000000 |
| 2 | 0.122801 | 88.95331 | 0.425547 | 0.068871 | 0.119902 | 10.13324 | 0.298127 | 0.001002 |
| 3 | 0.133076 | 77.15864 | 0.512200 | 0.324123 | 2.188147 | 17.87959 | 1.821934 | 0.115368 |
| 4 | 0.143769 | 66.25113 | 0.457741 | 2.559334 | 2.712039 | 23.07828 | 4.615260 | 0.326213 |
| 5 | 0.153374 | 58.24740 | 0.417946 | 4.650570 | 3.005752 | 25.89555 | 7.263892 | 0.518889 |
| 6 | 0.162067 | 52.18558 | 0.378193 | 6.569594 | 3.194781 | 27.91755 | 9.111294 | 0.643010 |
| 7 | 0.169725 | 47.60430 | 0.345076 | 8.087564 | 3.387629 | 29.69849 | 10.14856 | 0.728382 |
| 8 | 0.176566 | 44.02223 | 0.319627 | 9.357453 | 3.545824 | 31.38999 | 10.56739 | 0.797480 |
| 9 | 0.182718 | 41.16092 | 0.301536 | 10.40417 | 3.689103 | 33.00526 | 10.57726 | 0.861762 |
| 10 | 0.188340 | 38.81082 | 0.289528 | 11.27917 | 3.821583 | 34.53236 | 10.34301 | 0.923526 |
| 11 | 0.193528 | 36.84306 | 0.282106 | 12.00974 | 3.946957 | 35.95238 | 9.984080 | 0.981679 |
| 12 | 0.198347 | 35.17229 | 0.277993 | 12.62263 | 4.064411 | 37.24917 | 9.579792 | 1.033714 |
| 13 | 0.202832 | 33.74101 | 0.276111 | 13.13804 | 4.174156 | 38.41306 | 9.180159 | 1.077462 |
| 14 | 0.207008 | 32.50682 | 0.275694 | 13.57381 | 4.276285 | 39.44137 | 8.814217 | 1.111805 |
| 15 | 0.210893 | 31.43751 | 0.276225 | 13.94442 | 4.371070 | 40.33703 | 8.496930 | 1.136816 |
| 16 | 0.214498 | 30.50774 | 0.277393 | 14.26160 | 4.458731 | 41.10701 | 8.234111 | 1.153416 |
| 17 | 0.217837 | 29.69723 | 0.279036 | 14.53439 | 4.539530 | 41.76087 | 8.025980 | 1.162960 |
| 18 | 0.220921 | 28.98947 | 0.281098 | 14.76972 | 4.613716 | 42.30955 | 7.869549 | 1.166892 |
| 19 | 0.223761 | 28.37093 | 0.283585 | 14.97284 | 4.681539 | 42.76440 | 7.760165 | 1.166537 |
| 20 | 0.226368 | 27.83035 | 0.286540 | 15.14788 | 4.743245 | 43.13653 | 7.692441 | 1.163011 |

从表 5－7 可知，人民币跨境流通在前期受自身影响较大，后逐渐降低，最终对自身的影响达 27.83％，说明人民币跨境流通对自身解释力较强，具有一定的惯性。在分析经济实力、贸易发展水平、产品差异化程度、离岸人民币市场发展水平、汇率稳定程度及资本

项目开放程度的贡献程度时，离岸人民币市场发展水平对人民币跨境流通的影响程度最大，达43.14%，且其贡献度呈上升趋势，说明加快离岸人民币市场的建设、丰富金融服务将会大幅推动人民币跨境流通。贸易发展水平对人民币跨境流通有较强的解释力，其贡献程度逐年递增，最终达15.15%，说明对外贸易规模的不断扩大是推动人民币跨境流通的重要动力。汇率稳定程度对人民币跨境流通的贡献程度较大，其贡献程度经历了先上升后下降的过程，最终达到7.69%，在推动人民币跨境流通发展的进程中，应尽量保持人民币币值稳定。产品差异化程度对人民币跨境流通具有一定的解释力，贡献程度达4.74%，说明出口产品的差异化程度越高，越有利于出口方使用人民币进行结算，我国应当积极推动出口结构优化，提高高新技术产品的出口占比。经济实力与资本项目开放程度对人民币跨境流通的贡献程度较低，分别为0.29%、1.16%，改革开放以来，我国经济飞速发展，2010年我国国内生产总值已位居世界第二，近年来，我国步入经济发展的换挡期，经济增速放缓，由高速增长转变为高质量增长，由于我国经济地位较为稳定，且近年来经济增速下滑，可能导致模型中经济实力对人民币跨境流通的解释力较低；我国资本项目开放时间较短，开放程度不高，至今还未对人民币跨境流通产生显著影响。

## 5.5　本章小结

本章基于自贸区金融创新视角，主要从理论及实证两个方面分析了人民币跨境流通的影响因素。通过研究得出以下结论：

经济实力在一定程度上能推动人民币跨境流通。经济发展水平是人民币跨境流通的重要基础，由于近年来经济增速下滑，经济实力对人民币跨境流通的推动作用不明显。

对外贸易规模的扩大促进了人民币跨境流通且该影响长期存在。对外贸易规模扩大降低了人民币的搜寻成本，提升了境外主体的持有意愿。跨境贸易中人民币结算在对外贸易中占比较小，未来具有较大发展潜力。

离岸人民币市场发展对人民币跨境流通有重要意义。香港离岸人民币市场资金融通、资产保值、规避风险的能力不断提升，将持续推动人民币跨境流通。

资本项目开放尚未对人民币跨境流通产生显著推动作用。由于资本项目开放程度不高，资本项目开放程度对人民币跨境流通的影响不显著且解释力较低，资本项目开放尚未能对其展现积极的推动作用。

汇率稳定对人民币跨境流通规模有直接影响，但存在着一定的投机性。由于人民币跨境流通收付比与离岸人民币市场与在岸人民币市场之间的汇价差有高度的正向相关性，即人民币升值促进了人民币跨境流出，境外主体持有人民币存在较强的投机动机。

产品差异化程度制约了人民币跨境流通。我国在国际市场上处于较低的分工地位，产品差异化程度不高，降低了我国企业进行跨境贸易时结算货币的选择权，制约了人民币跨境流通。

# 第6章　自贸区金融创新视角下人民币离岸金融中心建设分析

在人民币国际化进程中，离岸金融中心建是人民币国际化的必要条件之一。离岸金融中心能够提供良好的金融环境，吸引离岸货币，形成规模经济和范围经济，推动人民币国际化。国际上离岸金融中心最早出现于20世纪50年代，发展至今，已经成为金融创新和金融自由化的统合体。从我国离岸金融中心的发展来看，2004年中国政府开始主动建设人民币离岸金融中心，批准香港正式开办人民币业务；2009年启动跨境贸易人民币结算试点，香港成为跨境贸易人民币结算的唯一境外试点地区，人民币香港离岸金融中心开始快速发展。2013年上海自贸区设立以来，境内自贸区开始发挥人民币离岸金融中心的作用。本章基于自贸区金融创新视角研究离岸金融中心建设对人民币国际化的影响。

## 6.1　离岸金融中心影响货币国际化的理论分析

离岸金融中心是指一国为非居民提供金融服务的特殊区域。最早的离岸金融中心指货币流通于发行国之外，以非居民为主要交易主体的境外交易市场。随着离岸金融制度的不断创新，离岸金融市场逐渐脱离了地域限制，其基本特征为金融市场高度自由化和国际化、不受在岸市场法规和税制限制、以非居民为交易主体。主要类型有四种：一是内外融合型，主要存在于金融市场完全开放的国家，在岸金融市场与离岸金融市场高度融合，在岸账户与离岸账户统一，资金流入流出无限制。二是内外分离型，在岸金融市场与离岸金融市场相互分割，分别设立不同账户，资金在两个市场之间不能流通且离岸市场有较高进入门槛。三是内外渗透型，介于上两种之间，在岸账户与离岸账户相互分割，达到一定条件后资金可以在两种账户之间进行转移。四是避税港型，离岸市场基本不受金融管制，税率极低甚至为零。

### 6.1.1　离岸金融中心影响货币国际化的理论基础

1）区域经济增长理论

根据索洛的经济增长模型，经济增长受技术、资本、劳动力三大因素影响，在技术水平不变的条件下，资本投入和劳动力投入是推动经济增长最重要的因素。因此区域中增长快、回报率高的产业和优势区域将会成为区域整体经济增长的重要推动力。而在生产要素集聚的区域，要素的集聚将推动业务模式以及技术创新，进而实现整体经济的发展。

1826年，Thunen提出了“孤立国”模式及其假设，指出同一经济活动在某一区域内进行比在其他区域进行的成本可能更低。早期的区域经济发展理论认为，自由市场中区域经济差距会在市场调节下自发缩小，均衡增长，但这与现实中的发展不符。针对 20 世纪 20 年代英美等国家的结构性经济衰退，Perroux 提出了增长极理论，认为经济增长是从某几个极点向外扩散，通过外部经济和产业关联的乘数扩张作用，对整体经济产生影响。据 Perroux 对增长极的定义，可以明确该优势产业应当具有良好的创新能力、适宜的外部环境以及能够形成规模经济，该优势产业通过高回报率和高增长率吸引资本进入，形成集聚效应，加强区域间产业的关联，提高对外部资源的吸引力及资源利用效率，在推动增长极经济更好发展的同时推动区域经济发展。

缪尔达指出，在经济发展不平衡的区域，发达地区对落后地区同时具有回波效应和扩散效应。一般而言，回波效应大于扩散效应，导致资本、劳动力会在发达地区集聚，区域经济差距扩大，因此发达地区必须在发展到一定程度后刺激落后地区的发展才能推动经济均衡发展。其中内含的一个条件是社会中各项因素之间存在着循环累积的关系，一项因素的变动必然引起其他因素的变动，而后者的变动反过来又促进了前者的发展，形成循环推动的机制。

Hirschman 发展了不平衡增长理论，提出生长极理论，指出区域包含着核心区和边缘区，核心区从边缘区吸收资本、劳动力等生产资料，利用先进的生产资料和人力资源进行创新，然后逐渐扩散至边缘区，最终对整体经济产生影响。同时，在区域经济结构中，一些产业与其他产业的联系更加紧密，对整体经济的影响也就更大，从而可以成为政府优先扶持的产业。在区域经济不平衡增长理论中，总是存在着一个处于优势地位的区域、产业。

2)规制经济学理论

规制经济学认为，经济社会中存在着信息不对称、外部效应、垄断等市场失灵现象，要提高经济资源配置效率，政府必须对经济社会进行管制。该理论是从 20 世纪 70 年代开始发展的。

公共利益规制理论是规制经济学最初发展的动力，该理论认为市场具有脆弱性，政府对市场的规制是对市场失灵的必要补充，只有市场的自发调控与政府的规制相结合，才能实现公共利益的最大化。

规制俘获理论则认为规制是政府对公共需要的反应，其目的是弥补市场失灵，提高资源配置效率，实现社会福利最大化，因此，在最初制定规则时，规则就有利于保护生产者的利益，随着时间推移，产业与产业政策的结合愈发紧密，生产者形成统一的利益集团，对政策制定机构产生压力并最终控制政策制定机构。

1971 年斯蒂格勒首次尝试用经济学的基本范畴和分析方法来分析规则的产生，认为政府具有强制力，规则的制定是生产者和消费者的博弈，且双方都是理性的，由于生产者数量更少、同质化更高，因此更容易形成利益集团，对规则的制定者产生影响，因此规则必然有利于生产者。1976 年佩尔兹曼对该理论进行了完善，指出竞争产业中生产者从规制中获益最大，垄断产业中消费者从规制中获益最大。加里 · 贝克尔则认为规制是用来提高更有实力的集团的福利，利益集团相互博弈的结果形成政治均衡，但并不一定是帕累托最优。

3)制度经济学理论

康芒斯认为"集体对个人交易关系的控制"是制度经济学的核心内容，而制度正是实现集体对个人交易控制的关键，康芒斯认为法律通过明确了财产的所有权，从而对经济制度起到规范作用。

新制度经济学派的核心概念之一是"交易费用"，由科斯在20世纪30年代首次提出，用来解释企业生产及扩张边界的问题。1960年，科斯在《社会成本问题》中运用交易费用将产权制度问题纳入经济分析中，标志着新制度经济学派的正式形成。诺斯将交易费用与产权理论和经济史的研究结合起来，指出经济增长的关键因素就是制度，组织在追求其目的的过程中会推动制度的变迁。阿罗则正式提出"交易费用"一词，并将其定义为市场机制运行的费用，而市场机制天然具有不完善性，因此交易运行的费用就不可避免。

新制度经济学理论认为，资源具有稀缺性，同时信息具有不对称性，资源在市场中的分配、交易等都涉及成本费用，通过建立有效的制度，就能够降低交易中的不确定性，提高资源配置效率。

### 6.1.2 离岸金融中心影响货币国际化的作用机理

离岸金融中心作为主权国家金融自由化、金融开放的特定区域，相较于在岸市场以及海外市场，主权货币的国际使用具有制度优势，因此将会吸引大量国际资本进入并使用主权货币，推动主权货币国际化。

1)区域增长角度

离岸金融中心能够通过其主权货币境外使用的区域优势，作为主权货币国际化的极点，逐渐推动主权货币使用率在世界范围内的提升。离岸金融中心内主权货币的使用优势主要体现在：一是离岸金融中心内离岸货币的流动性更高；二是离岸金融中心内离岸货币国际流通结算程序更加简便；三是离岸金融中心内离岸货币金融产品丰富，离岸货币的投资性和稳定性较高。离岸金融中心将通过其市场参与主体的业务关联，通过外部扩张效应，将离岸货币的使用逐渐拓展至其他区域及其他机构。离岸金融中心作为离岸货币使用的增长极，其传导机制主要体现在以下几方面。

(1)带动离岸货币在其他地区使用率不断提升

离岸金融中心内离岸货币的使用率必然高于国际市场平均水平，金融集聚效应下离岸货币的流动性、稳定性和收益性得到有效提升。国际资本获得货币后必将支出货币，当离岸货币投入另一主权国家的具体项目内，该项目涉及的国际采购、国际借贷等业务必然会使用到该货币，这些货币又将进入该项目业务对手手中继续流通，进而推动离岸货币在全球范围内的流通。随着离岸金融中心的不断发展，离岸货币的回流机制、流动性、稳定性不断上升，全球范围内随着离岸货币获得的时间成本和资金成本不断下降，经济主体对于离岸货币的认可度将不断提高，具体业务中对该离岸货币的使用率也将不断提升。

(2)带动其他产业中离岸货币使用率提升

离岸金融中心提高了货币主权国与其他国家的经济业务关联度，离岸金融中心是国际机构进行项目筹资的最佳地方，国际机构获得资金后必然将资金投入具体项目中。离岸货币将从金融产业流入其他产业，与其他产业的联系不断增强，离岸货币与商品、服务等相挂钩后，其币值的稳定性与可接受性也将不断上升。

(3)与主权国货币国际化互为推动力，共同发展

离岸金融中心内金融资源的集聚、金融自由化的业态，首先推动了离岸货币产品不断丰富，离岸货币产品的多样性又有助于满足经济主体多样化的货币需求，进而不断提高国际资本资产配置中该种货币资产的比重。其次，经济主体持有货币资产，为避免市场风险，必然会购买相应的期权、期货、远期等产品，市场的需求将会推动金融机构发展离岸货币业务，离岸货币风险管理体系不断完善，以该货币作为计价货币的海外产品价格的稳定性也将提升，离岸货币在全球范围内价值尺度的职能将得到增强。

(4)发挥对世界范围内货币国际化的引导作用，充分协调离岸金融中心内货币的流入和流出

一国货币国际化的过程中，需要不断提高其经济开放程度，不断提高生产要素在世界范围内的流动性，即逐渐开放经常项目和资本项目，在这种背景下，该种货币的适用范围将会随着生产要素流动性的提高而扩大。一般在经济欠发达区域，区域经济增长中的扩散效应小于回流效应，导致增长极对外部区域的推动作用难以发挥，因此一国政府在发挥离岸金融中心对货币国际化的推动作用时，必须充分发挥离岸金融中心对离岸货币使用的扩散效应，避免离岸金融中心仅仅成为国际资本结算离岸货币的中心，这些需要政府制定较为完善的制度体系和行政干预手段。

2)规制经济学角度

在竞争市场中，货币需求受到利率、汇率及预期等因素的影响，这些因素与货币主权国对离岸货币的管理制度有着很强的联系。离岸金融中心作为离岸货币管理、监管的区域中心，国际资本垄断、外部性等市场失灵现象层出不穷；同时，随着时间的推移，原有的规则对现有的业务难以形成有效的监管，因此需要政府不断对其进行规范调整，实现对离岸货币的动态监管及动态支持，进而推进货币国际化。

首先，随着时间的推移，国际金融机构对于离岸金融中心市场规则以及规则漏洞的理解程度不断上升，并且已经形成了资本积累，导致离岸金融中心金融行业进入的资本壁垒、技术壁垒等不断提高，市场逐渐呈现垄断特征。为了避免金融服务生产者形成利益集团并利用其信息优势及技术优势对消费者的利益形成侵害，监管机构应当审慎管控创新型的金融服务，保障金融服务消费者的利益，进而不断吸引国际资本参与，提高国际资本对离岸货币金融服务的满意度，最终提高其对离岸货币的需求。

其次，在离岸金融中心发展的过程中，金融创新层出不穷，金融创新的主要原因有以下几方面：一是适应经济主体多元化的需求；二是经济主体规避金融风险的需求；三是国际货币体系的推动；四是金融机构规避管制，追求利润最大化而进行的金融创新；五是新

技术在金融行业的应用引发的金融创新；六是政府监管与金融创新的螺旋发展过程。其中，政府监管与金融创新相互推进的过程就是政府不断针对创新形成新的监管要求，并逐渐形成制度性政策的过程。

最后，离岸金融中心作为国际市场的核心组成要素之一，离岸市场对于国际资本冲击、金融风险的反应极为敏感。因此在遭遇突发事件时，离岸金融中心应当尽快采取措施，抑制国际市场波动对境内市场的影响，进而保证在国际市场波动的背景下实现离岸货币的稳定，进而提高国际资本对离岸货币的认可度，推进货币国际化。

3）制度经济学角度

离岸金融中心通过明确的离岸业务规章制度，保障了离岸货币业务的合法性及稳定性，缩小离岸货币相关业务的寻租空间，降低信息成本，提高国际市场参与者对该种货币的认可度，最终推动该种货币的国际化发展。

首先，离岸账户制度的存在能够同时兼顾一国市场的开放性与安全性，同时为离岸货币在境内外市场的流通提供了明确的制度依据。离岸账户制度是资本项目未开放条件下，货币在境内市场与离岸市场之间流通的有效通道。一方面，离岸账户为离岸货币回流提供了稳定的通道，在资本项目封闭的背景下，离岸货币能够通过该通道进入境内，经济主体手中持有的离岸货币的流动性及稳定性都有了境内市场的支撑。另一方面，离岸账户制度为主权国分隔离岸市场与境内市场提供了合法的依据，同时压制了国际资本的套利空间。离岸账户制度能够对每笔离岸业务进行明确的审查，避免境内机构以关联公司或其他名义形成空转交易，对国际资本形成挤出，保障了离岸市场竞争的公平性，进而推动离岸货币在世界范围内的使用。

其次，离岸金融中心内优惠的财税政策及金融业支持政策，保证了离岸金融中心的制度优越性，从而吸引了大量国际机构、国际资本入驻，推动了国际金融资源的集聚，并形成范围经济、规模经济。

最后，离岸金融中心金融自由化的业态模式，能够提高金融市场资源配置效率，进而推动国际资本对离岸货币的使用。在金融自由化业态下，金融机构的合作效率更高，混业金融产品也将不断更新，金融市场的创新化发展将推动金融资源利用效率提高，在一定金融资源投入的情况下，金融产出不断增加，最终吸引更多的国际资本参与；而金融机构的协作运转，将提高金融资源的配置效率，经济主体从金融中介机构和金融市场中获得金融资源的时间更短，产品与业务的匹配性更高，经济主体对离岸货币产品的需求也将不断上升。

## 6.2 离岸金融中心推动货币国际化的国际经验借鉴

目前全球有40多个离岸金融中心，但政府主导建设的以推动主权货币国际化且具有现实性意义的主要有美国国际银行设施（IBF）及日本离岸金融市场（JOM）。本节选择这两个为代表说明离岸金融中心对货币国际化的影响，并分析其对中国自贸区建立离岸金融中心的借鉴意义。

### 6.2.1　美元离岸金融中心发展与美元国际化

美元离岸金融中心主要有两类，一类是市场力量推动形成的美元离岸金融中心，另一类是政府主导建立的美元离岸金融中心。

最早出现的是市场力量推动形成的美元离岸金融中心——欧洲美元市场。在布雷顿森林体系下，东欧国家在美苏冷战局势下，为避免美国对其外汇储备的制约，将美元存款从美国国内转移至欧洲银行；同时，美国面临特里芬难题，为避免国际收支逆差长期扩大，从准备金、税收、利息等各个方面出台了限制美元外流的措施，再加上英国当局的政策支持等因素，各国投资者纷纷将存储在美国的美元转移至英国伦敦，形成了初步的欧洲美元市场。

欧洲美元市场形成后，美国为避免国际资本冲击，保持国内经济稳定发展，禁止本国银行在国内经营欧洲美元业务，导致美国国内大量国际银行业务转移至欧洲或其他离岸市场。在此背景下，美国为提高本国金融业的竞争力，吸引美元回流，提高对离岸美元的控制力，建立美元离岸金融中心——国际银行设施(IBF)。

IBF 是第一个政府主导建立的在岸"离岸"金融中心，采用内外分离型的监管方式，对以美元作为交易货币的离岸业务与在岸业务严格分隔，离岸账户与在岸账户相互分割，不允许资金在离岸账户、在岸账户中轻易转移。同时，IBF 不受美国国内普通金融法规、监管政策的限制，各州也针对离岸业务推出税收优惠政策。美元离岸金融中心的建立巩固了美元世界货币的地位。

1)欧洲货币市场与 IBF 的建立发展稳定了美元作为国际储备货币的功能

在石油美元背景下，欧洲货币市场的建立为国际石油交易提供了公开、稳定且能够保障交易参与者权益的平台，加深了美元与石油的联系，通过石油的锚定作用，降低了美元转换为其他货币和产品的时间成本与操作成本，提高了美元在境外的流动性以及美元作为国际储备货币的必要性。而美国 IBF 的建立吸引境外美元大量回流，形成了美元全球流通的机制，境外美元得到了境内经济金融的支撑，有效缓解了美国国际收支逆差与币值稳定的矛盾，实现了美元境外大规模流通基础上的币值稳定，进一步增加了各国对美元的储备需求。在 IBF 内实行在岸账户与离岸账户的严格分离，市场参与者严格限定为会员机构与非居民，禁止非居民经营在岸业务，一旦资金从离岸账户转入在岸账户，则即刻适用境内金融制度。

2)美元离岸金融中心的发展增强了美元的国际贸易结算功能

一方面，美元离岸市场的建立稳定了美元的币值和流动性，在网络外部性的作用下，布雷顿森林体系崩溃后美元依旧是最主要的国际贸易结算货币。另一方面，在美元离岸金融中心内，24 小时全方位为市场参与者提供服务，特别是国际金融机构与贸易集团的大量入驻，通过集聚降低了经纪业务参与者的信息收集成本与沟通成本，简化了国际贸易程序，降低了国际贸易成本，提高了美元在国际贸易中的结算比例。但 IBF 分布于美国各州，各州之间的监管、税制均有差异，纽约通过其优势地位集聚了美国 80%左右的离岸资产，各州离岸金融中心发展差异较大，这对其他各州的贸易、金融发展不利。

3)美元离岸金融中心提升了美元的国际金融交易功能

离岸金融中心内，免除存款准备金、利率管制、利息预提税等金融限制，执行金融自由化政策，中心内金融交易更加便捷、频繁，金融业务的创新加强了美元与世界各国货币的联系，在以美元为核心的复杂金融工具发展、保障境内金融市场稳定发展的基础上，满足国际资本避险、套利、投机以及分散风险等多样化的需求，为国际金融交易发挥了不可替代的重要作用。

美国依靠强大的经济实力，通过离岸金融心和在岸金融中心建立起发达完善的美元全球流通、结算、投资、融资机制，使美元的币值稳定性、流动性、投资性都有充分支持，保障了美元的国际储备、国际结算、国际金融交易三大功能。在此基础上，美国依靠发达、广阔的离岸市场，将以美元为核心层出不穷的产品创新、制度创新不断输出到世界各国，牢牢把持着国际金融产业链的上游，建立起以美元为核心的世界金融体系，使得美元成为各国金融制度中核心的一环，不断增强各国对美元资产的依赖性，不断推动美元霸权地位的发展。

### 6.2.2　日元离岸金融中心发展与日元国际化

日本离岸金融市场是在日本国内日元国际化诉求以及欧美国家压力的双重因素下建立的，是内外分离型离岸金融市场。

第二次世界大战之后，日本通过一系列政治经济改革以及美国的扶持，建立起了以出口为导向的经济结构，经济飞速发展，1972 年成为世界第二大经济体。出口主导模式下日本国际收支长期顺差，日元面临巨大升值压力；而欧美国家为维护自身利益，也介入汇率市场，推动日元升值。日本政府为维护国内经济稳定持续发展，必须保障出口企业的利益，不得不采取扩张性的金融政策，维护日元币值稳定。在扩张性金融政策的推动下，大量资金进入证券市场、房地产市场和欧洲货币市场，推动日本的经济结构发生变化。为保障经济稳定发展，日本于 1986 年 12 月正式建立日本离岸金融市场。日本离岸金融市场的发展与日本国内金融自由化政策相互呼应、相互促进，在一段时间内对日本国内经济的繁荣以及日元国际化都起到了推动作用。

1)提高了日元在国际市场上作为国际储备货币的比例

第二次世界大战后，日本出口主导的经济发展模式使得其他各国对日元的需求增加，日本离岸金融市场的建立，保障了日元在境内与境外的顺畅流通，在日本国内经济繁荣发展的基础上，日元在国际市场中的可接受性及转化为其他货币、资产的效率提高，成本降低，各国纷纷增加日元储备。

2)提升了日元的国际贸易结算功能

日本离岸金融市场相较欧洲货币市场与日元的发行主体地理距离、政策影响距离更短，离岸金融市场与在岸市场的联系更加紧密，降低了日本厂商参与国际贸易的进出口成本，提高了日元国际贸易结算比例。

3)提升了日元的国际金融交易功能

日本离岸金融市场专注于离岸日元,将日元与国际发展紧密结合,创造出更多的以日元为核心的金融产品,为离岸日元提供了更加多样的投资方式,海外投资者在日本经济繁荣的背景下对日本进行投资也更加顺畅。日本离岸金融市场针对离岸业务出台了豁免法定存款准备金及利率管制,降低了日元国际创新的成本,日元国际金融产品不断丰富。

但是,日本离岸金融市场是在日本国内金融体制并不完善的背景下建立的,1985 年签订的《广场协议》直接干扰了日本离岸金融市场监管的有效性。虽然离岸市场、在岸市场相互分隔,但《广场协议》在离岸与在岸市场之间形成了新通道,产生了套利空间,导致日本离岸金融市场充斥着纯双向交易,资金在离岸市场和在岸市场之间循环,且主要参与者为日本企业及其境外分支公司,对国际主体形成了挤出,导致日本离岸金融市场的繁荣只是境内投机者的炒作,纯双向交易使得日本投资者可以利用少量起始资金在离岸市场和在岸市场之间循环,炒作大额资产,导致日本国内市场泡沫加大,资金并没有真正投入在岸市场或离岸市场,日元并没有真正参与国内生产和国际生产,日元在国际贸易中作为计价、结算货币的实际比例并不高,其真实国际化水平并不高。在纯双向交易与投机者的炒作下,日元资产持续升值,日本国内市场泡沫不断增大,1990 年日本房地产市场泡沫破裂时,国际投资者直接放弃日元,日本经济从此一蹶不振,日元国际化也就此停滞。

### 6.2.3　几点启示

IBF 和 JOM 是非常具有代表性的政府推动型离岸金融中心,且都是为了货币国际化的目的而建立的,在金融制度方面有着诸多的相似之处。两者的准入限制、业务限制以及优惠制度安排如表 6-1 所示。

**表 6-1　美元和日元离岸金融中心主要金融制度和监管措施**

| 离岸金融中心 | IBF | JOM |
|---|---|---|
| 准入限制 | 非居民和会员机构,且非居民不得从事在岸业务 | 非居民法人 |
| | 一个报告主体只能设立一个 IBFs 账户 | 离岸市场资金只能通过“资金划转账户”进入在岸市场 |
| 业务限制 | 非银行客户存取款额度不得低于 10 万美元,存款期限不得低于 2 天 | 存款规模最低限额、最短期限 |
| | 不得发行 CDs(信用违约互换)吸收存款,且只接受定期存款 | 离岸账户日存贷差低于上月向国外居民贷款平均余额的 5% |
| | 纽约 IBF 规定对单一客户贷款额不得高于其资本的 10% | 离岸账户不能有结算性存款 |
| | IBFs 账户与开户主体其他账户严格分离 | 离岸账户不得独立对外清算 |

续表

| 离岸金融中心 | IBF | JOM |
| --- | --- | --- |
| 优惠制度安排 | 豁免法定存款准备金 | 豁免法定存款准备金 |
| | 豁免利率管制 | 豁免利率管制 |
| | 豁免利息预扣税和地方税 | 免征 20%的利息预扣税 |

通过比较 IBF 和 JOM 离岸金融中心建设可为我国建设自贸区离岸金融中心提供以下启示。

第一，根据美元、日元离岸金融中心推动货币国际化的经验，主权国家货币的国际化应建立在该国经济发展的基础之上，离岸金融中心在货币国际化进程中只能发挥催化作用并且与该国经济的发展息息相关。虽然世界上第一个离岸金融中心是欧洲美元市场，但在美国经济长期居于世界首位、美元成为硬通货的背景下，市场力量自发形成了离岸市场，甚至在美国 IBF 监管较为严格的情况下，依旧吸引了大量资本进入。日元离岸金融市场虽然也是在日本经济繁荣的背景下形成的，但在日元经济泡沫破裂陷入困境后，日元国际化进程陷入了僵局。

第二，美国对世界各国都具有极大的影响力，并且不断通过各种政策、协议扩大其世界影响力，成为世界贸易产业链、金融链的顶端，因此美国在推动货币国际化、维护美元世界货币地位时占据了主导地位。日本作为第二次世界大战的战败国，受到美国的一系列扶持才得以重新发展，因此其政治、军事、经济等各项政策都受到美国制衡，并且战后日本形成的是以加工贸易为主体、以出口为导向的经济结构，对其他各国经济发展有着极强的依赖性，国际资本的冲击极易对其产生影响。

第三，宽松的财税政策和金融业管制是离岸金融中心发展的基本条件。欧洲离岸金融中心、IBF 和 JOM 在发展初期都是通过具有比较优势的税制、法定准备金政策、利率管制政策等吸引国际资本进入的，这些优惠性政策能够降低企业融资和投资成本，在大规模资金交易中能够明显降低企业成本。同时，管制的放松有利于金融机构金融创新产品的发展，在推动本国金融业发展的同时增加本国货币与国际机构及其他货币交流的频率，提高货币的认可度。但过低的税制设计可能会形成“避税中心”，因此我国应当在保障离岸金融中心政策优势的同时加强国际税务合作，避免国际资本逃税漏税。

第四，保障合理的离岸账户监管措施。美元离岸金融中心是在欧美经济金融发展占据优势地位的区域形成的，因此有着全球范围内处于完善地位的金融设计，在对准入资格严格规定的基础上，严格区分离岸账户与在岸账户，严格监控离岸账户资金，在保障离岸金融市场平稳发展的前提下巩固了美元的世界货币地位。JOM 参照美国 IBF 设立，在监管及业务限制方面都比较类似，这都是为了防止离岸资金对境内的渗透，导致离岸风险传导至国内，对国内的经济稳定产生冲击。

## 6.3 离岸金融中心对人民币国际化影响的现状分析

### 6.3.1 人民币离岸金融中心建设现状

1989年我国部分银行开始开展离岸业务,但1997年亚洲爆发金融危机后,中国人民银行为避免金融过度自由化对大陆产生的影响,暂停了离岸银行业务。直至2002年重新批准大陆银行开展离岸金融业务,并在2004年开放香港人民币业务,人民币离岸金融中心开始兴起。国务院在2013年成立上海自贸区,之后不断开放设立新的自贸区,在试点区域开放金融市场,支持资本项目开放,放松外资限制,实施经济金融自由化政策,发挥人民币离岸市场的作用。

人民币离岸市场分布于各离岸金融中心内,目前主要的人民币离岸金融中心包括香港人民币离岸金融中心、新加坡人民币离岸金融中心、伦敦人民币离岸金融中心以及境内人民币离岸金融中心。在中国经济持续稳定发展的背景下,随着境内离岸金融中心发展,人民币境内外流通机制更加完善,人民币离岸业务的规模、种类不断增加,转而推动了人民币离岸金融中心的发展。

1)香港人民币离岸金融中心

2004年,中国人民银行批准香港部分银行开办人民币业务,香港人民币离岸金融中心正式建立发展,这标志着首个人民币离岸金融中心正式成立。

香港人民币离岸金融中心发展初期,人民币跨境结算单笔业务有数额限制,人民币离岸存款业务发展也极为缓慢,2004年2月有8.95亿元人民币,发展到2010年6月,人民币存款达到897.02亿元,之后随着人民币跨境结算试点的正式开展,香港作为跨境贸易人民币结算的唯一境外试点地区,人民币存款业务开始飞速发展,并在2014年12月达到历史最高点10035.57亿元,2015年人民币汇率改革以及股市危机,导致国际市场对人民币需求减少,直至2017年3月,人民币离岸存款的规模重新开始增长,在2018年12月达到6150.17亿元①。作为国际金融中心,香港拥有大量的国际性金融机构,目前人民币资金池已超过8000亿元,为推动人民币国际化提供了重要的支撑。未来跨境人民币业务创新试点将在前海地区先行先试,有助于拓展香港离岸人民币业务的深度和广度,巩固香港作为全球最大离岸人民币市场的地位②。

香港离岸金融中心的人民币债券业务最早起源于中国国家开发银行2007年在香港发行的以人民币计价结算的“点心债”;另一种在香港主要发行的人民币债券为“合成型

①2021年9月9日,国新办举行横琴、前海开发建设情况新闻发布会。中国人民银行副行长、国家外汇局局长在发布会上表示,中国人民银行将按照“一国两制”的方针,按照党中央、国务院的统一部署,深入贯彻落实国家“十四五”规划和《粤港澳大湾区发展规划纲要》,联动前海作为扩大金融业对外开放试验示范窗口和香港国际金融中心的作用,为大湾区乃至全国提供优质的金融服务。

②数据来源:人民网,2021年9月9日。

债券”，以人民币计价，但以美元结算，由于美元的国际认可度高，合成型债券的市场规模更大，同时也吸引了更多的国际资本参与人民币计价债券。近年来，中国人民银行多次在香港发行中央银行票据，丰富了香港人民币债券市场。

在香港离岸人民币股票市场上，2014 年 11 月“沪港通”正式上线，2016 年末“深港通”正式上线，为全球投资者与内地股市建起了通畅的投资渠道，也为大陆资金进入香港金融市场提供了便利的平台。

2)新加坡人民币离岸金融中心

新加坡在 2009 年开始发展人民币离岸业务，主要包括以下几个方面：第一，人民币贸易结算业务。2009 年新加坡银行正式开展人民币跨境贸易结算业务；2013 年中国工商银行新加坡分行正式启动人民币清算业务，作为东盟地区唯一的国际金融中心，新加坡人民币离岸业务的发展对加强人民币在东盟地区的影响力有较强的促进作用。第二，人民币借贷业务。2013 年，首批在新加坡发行的离岸人民币债券正式发行；2014 年，新加坡金管局开始向当地金融机构提供额度为 50 亿元人民币的隔夜资金拆借。第三，人民币衍生品及资产管理业务。2010 年，中新两国签订额度为 3000 亿元的货币互换协议；2013 年续签货币互换协议，保障新加坡人民币离岸市场的流动性，并且通过金融交易市场的发展，推动了离岸人民币资产管理产品的发展。新加坡已经成为除香港之外最大的境外人民币资金池，能够凭借其发达的基础设施，与香港离岸金融中心相互协调，共同扩大人民币在国际上的辐射范围。

3)伦敦人民币离岸金融中心

2011 年，中英经济财经对话达成协议，2012 年伦敦金融城开始推动人民币离岸市场西方中心的建设，伦敦离岸人民币业务开始加速发展。2013 年，中英央行签订 2000 亿元人民币/200 亿英镑的货币互换协议，为伦敦人民币离岸市场发展提供了充足的流动性支持，增加了国际资本对人民币的认可度；2014 年中国建设银行被设立为伦敦地区人民币清算银行，便利人民币在境外的结算支付。在离岸人民币金融产品建设方面，中国工商银行 2013 年首次在伦敦发行 20 亿元的离岸人民币债券，同时发展了以“沪伦通”为基础的人民币离岸股票业务以及其他金融衍生产品。伦敦离岸金融市场作为最大的离岸金融中心，增加了人民币与其他货币的交流频率，提高了人民币在国际市场中的活力，扩大了人民币的影响力。

由于中资银行机构在英国的经营受限，除中国银行外，其他中资银行只能由母行注资设立子行，而不能设立分行，在监管要求下，中资银行流动性较低，风险资产比例低，这极大地影响了人民币业务的开展，伦敦的人民币难以沉淀，这也与人民币的回流机制不完善、人民币投资产品深度和广度低有关，因此必须通过其他离岸金融中心的流动性支撑，不断丰富人民币离岸产品，才能推动伦敦人民币离岸市场的扩大。

4)境内人民币离岸金融中心

中国境内的人民币离岸金融中心是以自由贸易试验区为实施载体建设发展的。2013 年上海自贸区设立，至 2019 年，我国已经有 21 个自贸区，为境内人民币离岸金融中心建设提供了政策基础，以上海自贸区为龙头，开启了资本项目开放、离岸账户建设等一系列金融创新。截至2018年11月，上海自贸区内56家金融机构提供FT账户服务，为3.8万余家境内外企业开立FT账户7.2万个，累计办理本外币跨境结算折合人民币25.9万亿元，涉及161个境外国家和地区。其中，有1131家科创企业开立FT账户1582个，超过50名引进人才开立个人FT账户，9700多家境外企业通过上海FT账户实现了在岸金融服务与海外生产经营的联通。

自贸区为企业跨境融资提供了诸多便利。截至2018年11月，各类企业搭建跨境人民币资金池近800个，累计发生的收支总额折合人民币1.38万亿元，其中跨境融资规模达1.36万亿元人民币。金融产品创新方面，上海FT账户体系创新式地开启了黄金交易"国际板"的对外直参式开放，加快了自贸区大宗商品现货、期货市场的建立，首次同意外资银行参与债券承销且境内外同步发行30亿元的自贸区市政债；上海保险交易所也推动跨境保险业务的开展。上海离岸金融中心的发展，能够与境外人民币离岸金融中心相互支撑，在推动上海国际金融中心地位上升的同时，主动控制人民币国际化的进程，并为国内其他自贸区离岸金融中心的建设提供经验。

### 6.3.2　离岸金融中心对人民币国际化的影响

自2009年中国正式批准跨境贸易人民币结算试点以来，人民币在境内和境外的流通渠道逐渐放开，在境内市场的支撑下，人民币流动性及币值稳定性得到保证，离岸金融中心的人民币业务模式逐渐丰富、业务规模不断扩大，并通过人民币使用的低廉成本及金融合作不断提高国际货币各项功能中人民币的使用比例，提高人民币国际化程度。

1)对人民币国际储备功能的影响

经济主体选择国际储备的依据主要包括标的货币的流动性、货币的稳定性以及与标的货币主权国的经济密切度，离岸金融中心对人民币国际化的影响主要体现在三个方面。

(1)有助于提高人民币的流动性，推动人民币全球流通机制形成

离岸金融中心为非居民提供金融服务，使得人民币的业务范围突破区域限制，为人民币境外流通提供了稳定、公开的平台，并且24小时不间断为资金流通提供服务，提高了人民币的境外流通性。目前境外人民币应用的渠道较少，且与境内的连接不够顺畅，我国在离岸金融中心内同时设置离岸账户、在岸账户，逐步推进资本项目开放，为人民币在境内外的流通建立起了稳定的渠道，人民币回流机制形成能够在国际收支逆差基础上实现人民币币值稳定，保障人民币能够迅速稳定地转化为其他货币和资产，提高人民币认可度。

但离岸金融中心的离岸账户制度不完善可能对我国金融稳定产生冲击。离岸金融中心的离岸账户，参照境外金融市场利率不缴纳存款准备金，且该模块报表直接与总行并表，但在境内金融制度不完善的情况下，如果难以识别离岸账户的开户主体及资金来源，可能会产生类似JOM的纯双向交易——企业通过境外分支机构向国内金融机构的

海外分行借贷，资金在离岸金融中心空转，离岸人民币与在岸人民币相互渗透。第一，境内资本可以通过其子公司或其他关联公司在人民币离岸金融中心借款，然后通过公司之间的投资、借贷等手段规避资本项目管制，形成套利机制，打破了离岸市场与在岸市场的防火墙制度，离岸市场的波动更易传导至境内市场。第二，国际资本在离岸金融中心进行资金借贷成本更低，其进入境内市场进行投资的成本也更低，特别是纯双向交易可以使得国际资本利用基础资产形成多倍杠杆对境内市场进行投资，加剧市场泡沫，国际资本一旦抛出资产，将对境内市场造成极大冲击。第三，离岸金融中心内金融机构豁免存款准备金、利息预扣税等，这些措施扩大了金融机构的货币乘数，对境内金融机构的资产负债率产生影响，加大境内市场的杠杆率，降低了境内市场的金融稳定性。

(2)有助于人民币币值稳定

有效的境外人民币风险管理体系能够通过风险分散和风险管理降低人民币的波动性，增强人民币国际储值功能。人民币想要实现国际化必须实行市场化利率和汇率，但市场化的人民币价格会随着全球供求不断波动，人民币汇率会给市场参与者带来不确定性风险，而离岸金融中心的建立能够通过多样化的金融产品创新满足国际市场参与者不同的业务需求并提供相应的风险防范措施。同时通过金融衍生品市场、货币市场、资本市场等的建设发展满足国际资本风险管理与资本收益的多样化搭配，通过期货、期权市场确定人民币资产的未来价格，降低人民币产品风险，提高人民币在国际市场中的认可度。

人民币币值稳定的基础之一是人民币产品风险管理体系健全，但我国风险管理体系核心环节中的评级机构和其他服务机构业务能力仍需发展，且对被服务企业的依赖性高。风险管理体系的建立以及人民币产品的丰富需要权威、客观、公正的资产评级机构参与，帮助国际资本对标的资产进行风险分析，但我国境内评级机构的评级报告重合较多，且以对评级对象现有状况的描述为主，评级中最核心的实质性风险判断内容缺失，投资参考价值相对有限。并且我国服务中介机构对被服务企业具有依赖性，甚至会协助被服务企业会计造假，降低了国际资本对人民币资产的信任，一旦市场出现不利消息，国际资本可能会大量抛售人民币资产，使人民币资产价格大幅下降。

(3)有效增加我国与其他各国的业务往来

离岸金融中心为境内企业走出去及境外机构走进来提供了交流平台，我国作为全球经济增长的主要动力之一，努力推动全球各国共同发展，在2013年提出“一带一路”倡议后不断加强与沿线国家(地区)的经贸合作，我国与其他国家(地区)在合作初期往往采用第三方交易手段，即采用与人民币和交易对手方的主权货币无关的货币进行计价结算，在我国与交易对手国家(地区)贸易往来更加密切时，为了简化交易程序，将逐渐提高人民币计价结算的比例。人民币离岸金融中心作为不受中国境内金融业务限制的中心，海外金融机构成本低，各国金融机构集聚性强，无疑是第三方交易的最佳平台。同时，离岸金融中心内金融机构的集聚，可以促进国际贸易金融服务标准化、多样化发展，在全球提供以人民币为基础的金融服务，满足各国企业境外信贷担保、风险管理、货币兑换等多方面的需求，增强我国与其他国家的业务往来。

2)对人民币国际贸易结算功能的影响

离岸金融中心对人民币国际贸易结算功能的影响主要通过降低货币使用成本和提供国际贸易服务两方面发挥作用。

(1)降低人民币国际贸易结算的成本

国际贸易中经济主体选择计价货币、结算货币必须要考虑各项成本,包括货币借贷、货币转换以及相应的货币服务成本。一方面,离岸金融中心法定存款准备金率、利率管制均处于豁免状态,直接降低了人民币借贷的基本利率,推动整个市场上人民币产品价格的降低,因此相对于在岸市场,离岸金融中心的人民币资产更具有吸引力。另一方面,宽松的财税制度包括所得税率以及具体某项业务的优惠税率,通过降低税率,经济主体能够在相同税前利润的基础上获得更高的资本回报。对于大额业务,1%的税率差距对最终的利润影响也会产生巨大的影响,因此全球富翁及大型机构都在积极避税,离岸金融中心的税率相较于在岸市场有着显著的降低,能够促进大量国际贸易的开展。在离岸金融中心位于中国管辖区域时,离岸金融中心人民币产品的服务最为便捷、低廉,因而国际贸易中选择人民币计价结算的比例会提高。

但我国境内离岸金融中心内公司所得税率与境内公司所得税率差异不大,难以形成财税优势。2019 年 7 月 27 日,国务院印发《中国(上海)自由贸易试验区临港新片区总体方案》,明确了上海离岸金融中心的公司所得税率,规定对新片区内符合规定的高新产业核心领域的生产企业,自设立之日起 5 年内按 15%的税率征收企业所得税,其余企业按照 25%缴纳公司所得税。目前,中国香港、新加坡、韩国、德国等著名自贸区的企业所得税税率都在 15%～17%。与之相比,我国境内自贸区缺乏税率优势,在我国离岸金融中心发展的初期阶段,对跨国企业的吸引力较弱,难以促进国际贸易规模上升,因此,对人民币贸易结算的推动作用较弱,我国应当对境内离岸金融中心的税制继续调整,形成对周边地区的竞争优势。

(2)推动人民币国际贸易服务的提升

离岸金融中心作为全球资本集聚、运营的平台,可以提供 24 小时不间断服务,每日接触到大量贸易结算业务,已经形成了标准化的业务流程且能够满足不同市场参与者多样化的业务需求。人民币离岸金融中心能够借鉴其他国际货币贸易结算服务的经验,推动人民币贸易结算体系的完善,同时对在岸市场的业务模式产生影响,提高人民币国际贸易服务水平,推动人民币国际贸易结算功能在全球范围的推广。

目前,境内人民币离岸金融中心发展滞后,仍在试验探索阶段,制度、法律监管仍不完善,同时分布分散,各自贸区之间缺乏统一的管理协调机制,导致经济、金融欠发达地区对国际金融机构的吸引力低,人民币跨境贸易服务发展主要依靠自我探索,发展速度较为缓慢,对我国国际贸易的推动作用较弱。贸易结算额在一定程度上可以通过外汇市场交易额反映。根据国际清算银行报告,纽约外汇市场日均交易额为 1.37 万亿美元,东京日均交易额为 3760 亿美元,上海日均交易额为仅为 1360 亿美元,与发达离岸金融中心相比仍有较大差距[①]，上海离岸金融中心贸易结算功能仍需发展。

3)对人民币国际金融交易功能的影响

离岸金融中心对人民币国际金融交易功能的影响主要通过优惠的金融制度及人民币离岸业务的发展两个方面体现。

(1)优惠的金融制度有助于人民币产品创新

市场参与者可以在离岸金融中心开展一些在岸市场禁止的业务，如在我国离岸金融中心进行混业化经营，经济主体通过创新金融产品，降低成本，获得更高利润，这又进一步增强了市场参与者金融创新的积极性，最终形成持续的人民币金融创新，降低离岸人民币使用成本，增加人民币应用的便利性，提高人民币在国际业务中的使用比例。甚至当人民币金融创新暴发形成人民币在某一金融领域的领先时，其他各国在初次进入该领域时，必须与人民币进行交换汇兑，从而推动形成以人民币为核心的金融产品体系，实现人民币作为价格尺度对其他货币进行定价，加强人民币与世界的金融联系，逐渐将人民币风险与其他货币风险相关联，推动人民币在国际金融交易领域的发展。

金融自由化发展中往往伴随着金融机构混业业务的发展，而我国一直坚持分业监管，对于混业业务存在监管缺失、监管重复、监管不足等问题，加剧了市场风险，一旦爆发将对整体金融环境产生影响，最终对人民币国际化产生巨大的负面影响。以抵押贷款证券业务为例，银行业以抵押为基础发放贷款，之后将抵押贷款出售给信托机构或其他专业机构，之后该机构以稳定的现金流为基础发行债券，该业务涉及银行业、信托业等多个行业，而分业监管只能对该资产链条中的某个环节进行监管，难以对行业与行业之间的业务设计进行监管分析，导致产品中的系统性金融风险难以被识别，因此人民币离岸金融中心内必须加快金融监管制度的发展，与金融开放速度相匹配。

(2)离岸金融业务有利于提高人民币的投资性

人民离岸产品主要包括人民币离岸筹资、人民币离岸投资以及人民币离岸避险产品。人民币离岸金融业务的发展能够提高人民币金融产品的多样性，在不同领域满足国际投资者结构化、分散化的投资需求，逐渐提高人民币资产与其他货币资产的交流频率，有助于发展出人民币与其他货币相互联系的金融产品，逐渐增强国际资本对人民币的认可度，提高国际金融资产配置中人民币金融资产的权重。同时，多样化的人民币金融产品能够降低国际资本贸易结算后持有的人民币转换为其他国际货币的比例，提高人民币在国际市场中的存量，推动人民币国际化。

由于人民币离岸业务体系发展不完善，抑制了人民币的境外沉淀。一方面，在国际资本筹集资金最重要的国际债券业务中，人民币国际债券与票据余额少，且期限结构不完善，难以成为国际资本筹资、保值的产品；另一方面，人民币期货、期权以及资产证券化产品体系不完善，规模小，只能作为国际资本分散风险的补充资产，难以满足国际资本对中国市场的需求，离岸业务对人民币全球金融体系发展推动力不足。另外，上海 FT 账户的金融优惠力度不够，自贸区内金融政策与境外离岸金融中心相比处于制度劣势。金融

①数据来源：国际清算银行报告。

优惠力度低导致上海离岸金融中心相同单位资金的融资成本更高，资金借贷价格偏高，这限制了人民币借贷业务的发展；利息预扣税的存在使得同一机构相同税前利润在境内的资本回报率更低，国际资本进入离岸金融中心的动力不足，因而人民币离岸业务创新动力不足；利率管制使得人民币产品的价格难以反映其真实价值，降低了国际资本对该中心内人民币利率、人民币汇率的认可度，导致以利率为核心的人民币金融产品，如货币互换、人民币期货产品、人民币期权产品等发展缓慢。

## 6.4　离岸金融中心对人民币国际化影响的实证分析

### 6.4.1　变量选择与定义说明

将人民币国际化程度作为被解释变量，核心解释变量为人民币离岸金融中心发展水平，同时选择中国经济发展程度、金融发展水平、人民币币值稳定性（对外价值稳定性、对内价值稳定性）作为控制变量，如表6－2所示。

**表 6－2　模型变量选择**

| 变量类型 | 影响因素 | 变量 | 变量说明 |
|---|---|---|---|
| 被解释变量 | 人民币国际化程度 | CII | 人民币国际化指数 |
| 核心解释变量 | 人民币离岸金融中心发展水平 | OFC | 香港离岸金融中心发展水平 |
| 控制变量 | 中国经济实力 | GDP | 我国 GDP 全球占比 |
| | 金融发展水平 | FD | 我国金融业增加值/GDP |
| | 人民币对外价值稳定性 | ER | 人民币有效汇率指数 |
| | 人民币对内价值稳定性 | CPI | 通货膨胀率 |

由于离岸金融中心可能会对国际市场中的人民币国际储备功能、国际贸易结算功能以及国际金融交易功能产生一定影响，所以选取构建人民币国际化指数的 5 个指标作为辅助被解释变量，分别为人民币国际储备占比 IR、人民币国际贸易结算占比 SC、人民币对外信贷全球占比 FC、人民币国际债券与票据余额全球占比 DS、人民币对外直接投资全球占比 FDI，如表 6－3 所示。

**表 6－3　辅助被解释变量**

| 变量 | 变量说明 | 数据来源 |
|---|---|---|
| IR | 人民币国际储备占比 | 国际货币基金组织 |
| SC | 人民币国际贸易结算占比 | 中国人民银行 |
| FC | 人民币对外信贷全球占比 | 万得数据库 |
| DS | 人民币国际债券与票据余额全球占比 | 国际清算银行 |
| FDI | 人民币对外直接投资全球占比 | 万得数据库 |

根据表 6－2,核心解释变量为离岸金融中心发展水平,用指标 OFC 表示,由于境内自贸区离岸金融中心尚处于发展初期,数据收集和影响分析难以进行,而香港离岸金融中心是在我国政府的推动支持下发展的,并且在我国大陆离岸金融中心体系尚未发展完善的背景下,是我国对离岸人民币进行调节的最主要的离岸金融中心,因此本节选用香港离岸金融中心发展水平作为主要解释变量探究人民币离岸金融中心对人民币国际化的影响。香港离岸金融中心的发展水平指标为 $OFC=\frac{IIP}{GDP}$,该指标起源于 2007 年 Zorome提出的离岸金融中心发展衡量指标,即经济体金融服务净出口(CPIS)/国内生产总值(GDP)越大,说明该离岸金融中心发展水平越高。张谊浩对该指标进行了季度化改进,提出用国际投资头寸(IIP)替换金融服务净出口,选用 IIP/GDP 来衡量离岸金中心发展水平。

控制变量的选择中,首先是中国经济实力。经济发展是离岸金融中心发展繁荣的前提,故选用中国 GDP 占世界 GDP 比重,即 GDP＝中国 GDP/全球 GDP 来衡量中国的经济实力,该指标将全球经济视作整体,通过相对数据对中国经济在世界经济中的地位进行了较为客观准确的描述,避免了绝对数值的片面性,更有助于深层次揭示中国经济实力。自 2010 年以来,我国经济总体呈现稳定发展趋势且每年第四季度 GDP 为当年最高,呈现出明显的季节性,采用相对值可以避免季节变化的影响。

其次是中国金融发展水平指标。金融发展与金融制度、金融产品发展息息相关,相互促进。故选用我国金融业增加值(FGDP)占 GDP 的比重表示,即 $FD=\frac{FGDP}{GDP}$衡量中国金融发展水平,该指标能够说明在我国经济快速增长背景下,金融体系由弱到强的发展变化,避免了直接通过金融业 GDP 对金融发展水平进行描述的片面性。

最后是人民币币值稳定性指标。人民币币值稳定是国际资本选择人民币作为储备货币、结算货币、计价货币的基本条件之一。同时,还需要考虑货币的对内价值稳定性与对外价值稳定性。对外价值稳定性采用人民币有效汇率指数,同时考虑人民币相对一篮子外币的变化,能够较为全面地反映人民币在国际上的币值变化。在衡量人民币对内价值稳定性时,以我国 2000 年为基期的通货膨胀率(CPI)进行衡量。

### 6.4.2　变量统计说明

1)描述性统计分析

由于指标数据取值从 2010 年一季度到 2018 年四季度,数据可能具有趋势性,且各变量的数量级不同,为此对所有解释变量均对数化处理。作为人民币国际化指数的辅助指标,由于数据统计不全面,存在缺失,因此直接采用原序列进行计量。由于经济数据存在季节性波动,故对所有变量均使用 Census X-12 法消除季节性影响。

参考中国人民大学国际货币研究所的统计数据,以 2009 年为时间节点,选择 2010—2018 年的季度数据,实证分析人民币离岸金融中心发展水平对人民币国际化的影响。包含 36 个样本,对其进行描述性统计,具体结果如表 6－4、表 6－5 所示。

**表 6－4　变量的描述性统计**

| 变量 | 均值 | 中位数 | 最大值 | 最小值 | 标准差 | 偏度 | 峰度 | Jerque-Beta 统计量 | 概率 |
|---|---|---|---|---|---|---|---|---|---|
| CII | 0.01907 | 0.01848 | 0.06116 | 0.00030 | 0.01537 | 0.82610 | 3.11602 | 4.1148 | 0.1278 |
| lnOFC | 3.2064 | 3.2094 | 3.3442 | 3.0565 | 0.0771 | −0.0236 | 2.0903 | 1.2448 | 0.5367 |
| lnGDP | −2.0592 | −2.0300 | −1.8167 | −2.4212 | 0.1798 | −0.5473 | 2.0357 | 3.1927 | 0.2026 |
| lnFD | −2.6227 | −2.6201 | −2.4736 | −2.7879 | 0.1000 | −0.2063 | 1.5834 | 3.2652 | 0.1954 |
| lnER | 4.7491 | 4.7732 | 4.8696 | 4.5966 | 0.0872 | −0.4429 | 1.9493 | 2.8330 | 0.2426 |
| lnCPI | 0.3488 | 0.3590 | 0.4367 | 0.2257 | 0.0597 | −0.5259 | 2.3879 | 2.2215 | 0.3293 |

**表 6－5　辅助解释变量的描述性统计**

| 变量 | 均值 | 中位数 | 最大值 | 最小值 | 标准差 | 偏度 | 峰度 | Jerque-Beta 统计量 | 概率 |
|---|---|---|---|---|---|---|---|---|---|
| IR | 0.0035 | 0.0000 | 0.0189 | 0.0000 | 0.0063 | 1.4157 | 3.3857 | 12.2492 | 0.0022 |
| SC | 0.0188 | 0.0186 | 0.0399 | 0.0004 | 0.0097 | −0.0212 | 2.4475 | 0.4606 | 0.7943 |
| FC | 0.0014 | 0.0011 | 0.0026 | 0.0001 | 0.0008 | 0.0058 | 1.9255 | 1.7322 | 0.4206 |
| DS | 0.0037 | 0.0044 | 0.0059 | 0.0006 | 0.0017 | −0.6028 | 2.0007 | 3.6783 | 0.1590 |
| FDI | 0.1005 | 0.0707 | 0.4392 | 0.0000 | 0.1104 | 1.3766 | 4.3168 | 13.9715 | 0.0009 |

2）变量的平稳性分析

当对两个及以上不平稳的时间序列建立模型时，可能会因为时间序列的趋势性而产生伪回归，因此，在实证阶段首先对变量数据进行 ADF 检验，检验时间序列是否平稳，即变量是否存在单位根。具体检验结果如表 6－6 所示。

**表 6－6　变量的 ADF 检验**

| 变量 | ADF 检验结果 | 置信度 5% 的 $t$ 检验临界值 | 概率 |
|---|---|---|---|
| CII | 1.995814 | −1.950687 | 0.9873 |
| IR | −0.856100 | −3.544284 | 0.9500 |
| SC | 0.173487 | −1.950687 | 0.7305 |
| FC | −0.845664 | −2.948404 | 0.7933 |
| DS | −2.294082 | −2.948404 | 0.1794 |
| FDI | −0.610708 | −3.544284 | 0.9720 |
| lnOFC | −1.804006 | −2.948404 | 0.3725 |
| lnGDP | −2.864789 | −2.960411 | 0.0611 |
| lnFD | −1.284835 | −1.951000 | 0.1795 |
| lnER | 1.406069 | −1.950687 | 0.9574 |
| lnCPI | 0.056165 | −2.981038 | 0.9557 |

从表 6－6 可以看出，所有变量均在 5％的显著性水平下接受原假设，存在单位根，原序列不平稳，因此对全部变量进行一阶差分，再进行平稳性检验。

一阶差分后的变量 ADF 检验结果如表 6－7 所示。人民币国际化指数 CII、人民币国际储备占比 IR、人民币国际贸易结算占比 SC、人民币对外信贷全球占比 FC、人民币国际债券与票据余额全球占比 DS、人民币对外直接投资全球占比 FDI、离岸金融中心发展水平 lnOFC、中国经济实力 lnGDP、中国金融发展水平 lnFD、人民币对外价值稳定性指数 lnER、人民币对内价值稳定性 lnCPI 均在 5％的显著性水平下通过了检验，拒绝原假设，不存在单位根，所以全部变量均为一阶单整。

**表 6－7　一阶差分后变量的 ADF 检验**

| 变量 | ADF 检验结果 | 置信度 5％的 $t$ 检验临界值 | 概率 |
|---|---|---|---|
| D(CII) | －4.444495 | －1.951000 | 0.0001 |
| D(IR) | －6.359059 | －3.548490 | 0.0000 |
| D(SC) | －4.533068 | －1.951000 | 0.0000 |
| D(FC) | －6.642792 | －2.951125 | 0.0000 |
| D(DS) | －3.538792 | －1.951000 | 0.0009 |
| D(FDI) | －4.251365 | －1.951000 | 0.0001 |
| D(lnOFC) | －5.637234 | －2.951125 | 0.0000 |
| D(lnGDP) | －4.378616 | －3.562882 | 0.0080 |
| D(lnFD) | －3.555911 | －1.951000 | 0.0008 |
| D(lnER) | －4.363583 | －1.951000 | 0.0001 |
| D(lnCPI) | －3.680775 | －2.986225 | 0.0110 |

3）协整分析

由 ADF 检验可知，本节所选变量皆为一阶单整，可以进行协整检验。具体协整检验结果如表 6－8 所示。

**表 6－8　被解释变量与全部解释变量协整检验结果**

| 假定的协整关系数 | 特征值 | 迹统计量 | 5％临界值 | 概率 |
|---|---|---|---|---|
| 无* | 0.734401 | 112.3486 | 95.75366 | 0.0022 |
| 至多 1 个 | 0.569471 | 67.27247 | 69.81889 | 0.0785 |
| 至多 2 个 | 0.398432 | 38.61927 | 47.85613 | 0.2757 |
| 至多 3 个 | 0.324157 | 21.33994 | 29.79707 | 0.3368 |
| 至多 4 个 | 0.207907 | 8.01892 | 15.49471 | 0.4634 |
| 至多 5 个 | 0.00277 | 0.0943 | 3.841466 | 0.7588 |

通过表 6-8 可知，在 5%的显著性水平下存在 1 个协整方程，即模型中所有变量通过协整检验，可以直接用原数据进行线性回归。

### 6.4.3　模型设置及结果分析

通过上文可知，所有变量之间存在长期稳定的线性关系，因此建立模型

$$\mathrm{CII}=\alpha_0+\alpha_1\ln\mathrm{OFC}+\alpha_2\ln\mathrm{GDP}+\alpha_3\ln\mathrm{FD}+\alpha_4\ln\mathrm{ER}+\alpha_5\ln\mathrm{CPI}+\mu \tag{6-1}$$

其中，$\alpha_1$、$\alpha_2$、$\alpha_3$、$\alpha_4$、$\alpha_5$ 表示人民币离岸金融中心发展水平 OFC、中国经济实力 GDP、中国金融发展水平 FD、人民币对外价值稳定性 ER 以及人民币对内价值稳定性 CPI 的影响系数，$\mu$ 为随机干扰项。采用广义最小二乘法进行回归估计，实证结果如表 6-9、表 6-10 所示。

**表 6-9　不存在控制变量的实证结果**

| 变量 | 系数 | $t$ | 概率 |
|---|---|---|---|
| lnOFC | 0.16134 | 0.018743 | 8.608091 |
| 常数 | −0.49837 | 0.060113 | −8.29055 |

**表 6-10　存在控制变量的实证结果**

| 变量 | 系数 | $t$ | 概率 |
|---|---|---|---|
| lnOFC | 0.05471 | 0.012973 | 0.0002 |
| lnGDP | 0.08728 | 0.021303 | 0.0003 |
| lnFD | −0.00630 | 0.00386 | 0.1130 |
| lnER | −0.03844 | 0.013084 | 0.0063 |
| lnCPI | −0.04690 | 0.048305 | 0.3393 |
| 常数 | 0.20490 | 0.135798 | 0.1418 |

通过表 6-9、表 6-10 可知，各变量对人民币国际化的影响系数均小于 1，且都在 0.2 以下，这主要是由于人民币国际化是一个长期的系统性发展过程，各项指标对人民币国际化进程的影响也主要是潜移默化地对国际主体的货币需求产生影响发挥作用，因此各项变量的弹性系数较小。并且人民币国际化处于初步阶段，指数较小，指数的变化幅度较小。

表 6-9、表 6-10 实证结果显示，人民币国际化指数与人民币离岸金融中心发展水平之间存在着长期的正相关关系。根据表 6-9，在不考虑控制变量的情况下，人民币国际化指数与人民币离岸金融中心发展水平之间的弹性系数为 0.16134，即人民币离岸金融中心发展水平增长 1%，人民币国际化指数提高约 0.16134%，且该影响关系在长期内有效。根据表 6-10，在存在控制变量的情况下，人民币国际化指数与人民币离岸金融中心发展水平之间也为正相关，说明人民币离岸金融中心建设对人民币国际化的促进作用在各种环境下都显著。

此外，本节测算人民币国际化程度还选取了 5 个辅助被解释变量指标，包括反映人民币国际储备功能的人民币国际储备全球占比(IR)、反映人民币贸易结算功能的人民币贸易结算占比(SC)、反映人民币国际金融交易功能的人民币对外信贷全球占比(FC)、人民币国际债券和票据余额全球占比(DS)和人民币对外直接投资全球占比(FDI)。以下将分别以这 5 个指标作为被解释变量，与人民币离岸金融中心发展水平进行回归分析，结果如表 6-11、表 6-12 所示。

**表 6-11 人民币离岸金融中心发展水平与人民币国际化各个指标的回归结果 1**

| 变量 | IR | | SC | | FC | |
|---|---|---|---|---|---|---|
| | 系数 | 概率 | 系数 | 概率 | 系数 | 概率 |
| lnOFC | 0.054443 | 0.0000 | 0.080674 | 0.0000 | 0.008473 | 0.0000 |
| 常数 | −0.171099 | 0.0000 | −0.239872 | 0.0001 | −0.025754 | 0.0000 |

**表 6-12 人民币离岸金融中心发展水平与人民币国际化各个指标的回归结果 2**

| 变量 | DS | | FDI | |
|---|---|---|---|---|
| | 系数 | 概率 | 系数 | 概率 |
| lnOFC | 0.017287 | 0.0000 | 1.078452 | 0.0000 |
| 常数 | −0.051775 | 0.0000 | −3.357530 | 0.0000 |

通过表 6-11 和表 6-12 可知，人民币离岸金融中心发展程度对人民币国际储备、人民币国际贸易结算、人民币对外信贷、人民币国际债券以及人民币对外直接投资的影响在 1%的水平下显著，说明离岸金融中心对人民币国际化的影响是全方位的。

表 6-11、表 6-12 实证结果显示，人民币离岸金融中心对人民币国际储备功能、国际贸易结算功能和人民币金融交易功能都有显著的推动作用，在 5 大指标中，离岸金融中心对人民币对外直接投资的影响最大，主要原因在于人民币对外投资的基数较大，且在中国经济积极发展的背景下，中国对外投资、国际资本境内投资的积极性都较高。随着人民币金融基础设施的完善，人民币对外直接投资规模将快速增长，而在国际信贷和国际储备方面，货币的使用惯性较大，且国际贸易结算货币的使用与一国在国际产业链上的位置有关，人民币国际化处于初期，且我国在国际产业链上处于较低位置，因此离岸金融中心对人民币国际贸易结算的影响较弱。此外，人民币离岸金融中心发展尚不健全，难以将我国经济金融发展对人民币国际化的作用全部发挥也是一个重要的原因。

与此同时，由于我国金融市场发展尚不完善，利率、汇率尚未完全市场化，资金配置存在寻租空间；国内中介机构业务能力有限，人民币产品的评级难以真实反映人民币产品的风险；金融业的分业经营、分业监管，导致金融混业产品难以发展，人民币产品的创新性和收益性不足，这些都抑制了国际资本进入的积极性，导致离岸金融中心对人民币国际化的推动作用也受到了抑制。

由此可见,需要主动建设人民币离岸金融中心以推动人民币国际化,同时,保持我国经济稳定发展,使金融秩序不断完善。

## 6.5　本章小结

本章通过理论和实证分析,研究了离岸金融中心对人民币国际化的影响。通过研究得出以下结论。

1)离岸金融中心有利于推动人民币作为国际货币三大功能的发展

首先,在境内资本项目管制的背景下,离岸金融中心能够完善人民币回流机制,建立境外市场与境内市场连接的平台,人民币回流机制的完善,能够增加人民币应用渠道,提高人民币转化为资产的速度及效率,提高人民币的流动性、稳定性和投资性,从而提高其他国家对人民币的需求和认可度,最终推进人民币国际化进程。其次,离岸金融中心的优惠财税政策和金融集聚,能够降低国际贸易参与者的资金成本和中介服务成本,提高人民币的国际贸易结算比例。再次,离岸金融中心通过金融开放政策和金融自由化政策,促进了金融业创新发展,人民币离岸产品不断丰富,增强了人民币的投资功能,从而增强了人民币的国际金融交易功能。

2)人民币离岸金融中心发展较为缓慢,难以满足我国人民币国际化的需要

香港离岸金融中心作为我国控制的最主要的国际离岸金融中心,人民币业务在其中占据主导地位,但离岸资产全球占比仅为 4.16%,难以满足人民币离岸业务发展的需要;而其他典型的人民币离岸金融中心,如新加坡离岸金融中心和伦敦离岸金融中心,离岸资产规模全球占比分别为 4.57%和 17.36%,但人民币存款规模仅为香港的 21.14%和 10.94%,人民币离岸业务发展滞后,这主要是人民币回流通道不健全、人民币投资功能不足和中资金融机构在外国经营受限等原因造成的,因此我国需要加大培育境内人民币离岸金融中心力度,通过主动建设,发挥境内离岸金融中心对境外离岸金融中心的支撑作用,实现离岸金融中心的协调发展。

3)人民币离岸金融中心推动人民币国际化的制度环境仍需建设

第一,离岸金融中心离岸账户监管初步运行,可能对我国境内金融稳定产生冲击;第二,我国评级机构、中介服务机构对被服务企业的依赖性较高,且缺乏风险评估内容,难以真实反映人民币产品的风险,影响国际资本对人民币产品价格的信任;第三,离岸金融中心财税优惠力度低,降低了其竞争优势,对国际资本的吸引力较弱;第四,我国金融监管体系一直为分业监管,与离岸金融中心金融自由化的金融发展有一定差距,限制了我国离岸金融中心的金融开放进程;第五,人民币离岸产品规模小、种类少,导致人民币投资功能较弱,抑制了国际社会对人民币的需求。

# 第7章　自贸区金融创新视角下资本项目扩大开放分析

自贸区金融创新为资本项目扩大开放提供了良好土壤。目前已经设立的自贸区金融创新内容都包含通过资本项目扩大开放促进人民币国际化，即在风险可控的前提下，将自贸区作为综合试点，对人民币资本项目可兑换等先行探索。根据第三章的理论分析，自贸区通过实施一系列有利于推动我国资本项目扩大开放的金融创新政策，更好地满足人民币自由兑换、跨境人民币直接投资等需求，从而推动人民币国际化。为此，本章立足于国内外宏观经济环境新变化，探究自贸区金融创新下的资本项目开放问题，为通过自贸区金融创新进一步推动资本项目开放、推进人民币国际化提供新思路。

## 7.1　自贸区金融创新对资本项目开放的新要求

自贸区金融创新作为自贸区改革的核心部分之一，对资本项目开放提出了如下新要求。

### 7.1.1　推动人民币汇率市场化改革

逐步放开外汇管制，推动汇率市场化。我国出于维持国内汇率稳定、金融安全及国际收支平衡的原因，实行了有管理的浮动汇率制度，对跨境结算仍然存在着诸多管制，这在一定程度上阻碍了资源合理配置，也影响了我国对外开放和人民币国际化进程。基于以上考虑，可以将自贸区作为先行试点，放松对外汇市场的管制，使汇率得以根据市场变化实现浮动，最终达到人民币自由兑换的目标。

根据上海自贸区建设的总体方案，可以在自贸区内建立外汇改革的先行试点，进一步深化外汇管理体制改革，推动利率、汇率市场化。为实现以上目标，一方面，自贸区可以发挥其国际金融中心的优势，使外汇管理体系更好地服务于投融资贸易，将自贸区建设成先进的现代服务业基地；另一方面，自贸区作为金融改革的先行试点，应该利用其试点优势，不仅要巩固现有开放成果，还要进一步扩大金融资源运用空间。唯有此，才能早日实现外汇体制改革，使其更好地服务于实体经济。此外，在各项政策的实施过程中，我国也可以根据市场反应总结经验，对其他自贸区及自贸区以外的地区发挥示范作用。

### 7.1.2　有序放开人民币资本项目

在资本项目没有完全放开的情况下，我国应在自贸区内尝试完全放开资本项目，促进人民币在国际上的资本流动。目前，伴随我国对外开放进程的加快，继续对资本项目实行管制不仅增加了筹资成本，还扭曲了市场信号。

近年来，受人民币汇率波动、美联储加息、中美贸易摩擦等一系列国内外宏观经济的影响，上海自贸区对资本项目开放的态度比较保守，进一步开放的难度较大。从金融业负面清单中可以看出，我国还有四个项目处于完全管制状态，没有实现自由兑换，但是，对于跨境贷款、个人投资而言，已经从之前的部分开放转为基本开放。放开资本项目管制作为自贸区金融改革的重要组成部分，不仅有利于自贸区内实体经济的发展，还可以为人民币实现国际化提供强劲的动力。

在资本项目开放方面，上海自贸区通过积累多种管理创新经验，可以发挥出示范引导的作用，为全国范围内的资本项目开放奠定坚实基础，从而为我国新一轮改革开放创造有利条件，促进国内经济高质量发展。

### 7.1.3　加快建立人民币离岸金融中心

近年来，人民币在跨境贸易中越来越多地被用作结算货币。目前，我国资本项目尚未完全开放，导致大量人民币头寸被存放在海外，不能顺利回流至国内，影响将人民币作为结算货币的便利程度，不利于人民币的国际化进程。在这种情况下，应该加快建设人民币离岸金融中心，不断拓展人民币回流渠道，为人民币在国际市场和国内市场的双向顺利流通提供保证。

上海自贸区建设的其中一个重要任务就是建立人民币离岸金融中心。一方面，建立健全在岸离岸的隔离账户体系，对本外币进行一体化建设，基于有限渗透原则，对账户进行分账管理核算；另一方面，加强金融基础设施建设，保证自贸区内金融运行环境的独立性，丰富人民币金融产品，不断进行产品创新。通过健全人民币全球循环机制，促进人民币双向流通，最终实现人民币自由兑换。

### 7.1.4　多元化推动人民币国际化

自贸区内设立了FT账户，通过分账管理模式，开放了人民币在国际上自由流动的通道。由于该账户内的资金不再履行前置审批手续，可以自由进出及汇兑，从而与境外金融市场完全接轨。另外，允许区内企业通过人民币资金池进行双向支付，对于跨境业务，在额度范围内允许自由使用人民币。未来如果将FT账户拓展至金融交易，就可以实现资本项目开放和资金自由流动兑换。

具体来说，一是逐步减少人民币与外币的汇兑限制，拓展人民币作为计价货币的适用范围，为人民币同时成为计价货币和结算货币提供强动力；二是发挥人民币作为投资货币的功能，一方面对使用人民币进行跨境投资的行为，不论是居民还是非居民，均逐步放松对其的管制，另一方面放宽境外主体在国内资本市场的投资限制；三是对于用人民币计价的投资产品，不论是国内机构发行，还是国外机构发行，均予以支持，鼓励以人民币作为国际储备货币。

当人民币在世界范围内的流通自由度达到某一值时，各个国家将会在对外贸易投资中广泛使用人民币，从而实现人民币在世界范围内的循环、流通、投资。此时，人民币便成为国际上认可的世界货币，不仅有利于我国的对外经贸合作，还能对世界市场的形成起到一定的促进作用。

## 7.2 资本项目开放程度测度

### 7.2.1 资本项目开放现状分析

1)资本项目开放历程

(1)1949—1978 年：资本项目严格管制阶段

1949—1978 年，我国处于计划经济阶段，资本项目严格管制不可兑换，汇率由国家统一指定。这一阶段，我国正面临着储蓄不足、外汇短缺的情况，无法满足使用者的正常需求，因此，在此期间我国对外汇进行统一集中管理，外汇收支由中央银行按“以收定支，以出定进”的计划进行严格管控，对于外汇经营管理业务，由中国银行专门负责，使用者如果想获得外汇，必须先提交申请，然后再经由国家严格审批。除此之外，我国对国际上的借贷也按照“统借统还”的方针政策实行严格管制。在外国来华投资加强监管、我国对外投资受到严格管控的情况下，资本项目项下的交易和转移支付也受到影响。

(2)1978—1994 年：资本项目逐步开放阶段

从 1978 年开始，我国迈入了改革开放的新时期，工作重心转为经济建设，开始放松对资本项目的管制。在外汇管制方面，取消了外汇集中管制制度，开始采取外汇留成办法。经过上级主管部门许可，金融机构可以自主开展外汇业务，逐步放松对境内居民的管制。在外商对华投资方面，1978 年我国第一家外商投资企业成立，为了吸引外资企业对国内进行投资，随后我国又颁布了中外合资、合作经营等一系列法律法规，进一步规范了合资企业、外商独资企业的法人行为，这些文件不仅在法律上认可了我国外商投资企业的存在，而且为我国引进外资提供了官方支持。在对外投资方面，我国开始试行对境内企业到境外开设非贸易性企业行为进行规范化审批和管理，通过简化手续进一步提高了审批效率，降低了企业投资的门槛。在外债管理方面，1989 年国务院发布了关于对国际商业贷款进行强化管理的相关文件，从该文件可以看出，我国在对外发行债券、对外借款规模、担保等方面加强了管制。由此可见，在这一阶段，我国资本项目逐渐开放，在外商来华投资和境内企业对外投资方面放松了管制，但在境内机构对外借款方面，仍然存在着较多管制。

(3)1994—2001 年：积极推进资本项目开放阶段

1994 年，我国开始施行结售汇制度，作为管理外汇的重要办法之一，为了调节外汇供求，我国成立了外汇交易中心和银行间外汇市场，逐步建立了与国际接轨的统一规范的外汇市场。同年进行了汇率制度改革，官方汇率和调剂汇率并轨，稳定了人民币汇率，开始实行有管理的浮动汇率制度。此外，在满足一定条件后，人民币经常项目可以自由兑换。随后不久，我国又颁布了《外汇管理条例》，不再对经常项目下的国际支付和转移进行管制，此外，还取消了其他与跨国交易相关的管控措施，满足了IMF协定的条件，至此，经常项目下的人民币实现了自由兑换。1998年，由于亚洲金融危机，为了保持我国金融环境的稳定，暂时搁置了资本项目开放的进程。在这一阶段，外汇市场管制有所加强，暂时限制了资本流出。金融危机过后，为了迎合世界经济的发展，我国对资本流动重新放松了管制，着手积极推进资本项目开放。

(4)2001年至今：加快推进资本项目开放阶段

2001年我国加入WTO之后，越来越多地参与经济全球化的进程，进一步扩大了对外开放，进出口总额逐年攀升，经济发展势头强劲。在对外贸易方面，由于我国国际收支出现了连年顺差的情况，直接推动我国外汇储备也在逐年增加。在这些因素的作用下，我国也加快了资本项目开放的进程。政府不仅调整了资本管制方式，从直接管制变为间接管制，还出台了多项措施减少行政审批，以求提高行政效率。2003年，国家为了实现资本项目自由兑换，提出要在风险可控的基础上对跨境活动逐步相机放开资本交易。关于合格境内机构投资者(QDII)和合格境外机构投资者(QFII)的一系列相关文件陆续发布，在政府及相关机构的不断支持下，我国将机构投资者作为资本流动的通道，逐步促进国际和国内资本市场的双向流通。

2010年，我国正式出台了"十二五"规划，明确要分步实现资本项目自由兑换。2013年7月出台的上海自贸区《总体方案》指出，自贸区作为试点单位，率先探索实现开放资本项目的路径，此外，还率先进行外商投资改革，进而推动我国资本项目开放。2014年11月，"沪港通"启动，不仅对人民币国际化起到了积极的推进作用，还为促进国际资本市场的双向投资奠定了坚实的基础。2016年10月，人民币加入SDR，以10.92%的权重成为国际货币篮子中继美元、欧元之后的第三大货币，这也是我国资本项目开放和人民币国际化进程中的重要标志性事件。2016年12月，继"沪港通"之后，"深港通"启动，有效融合了深圳和香港两地的金融相关制度，迈出了产业融合的第一步。2019年8月，我国第五批自贸区挂牌成立。2020年9月，北京、湖南、安徽自由贸易试验区成立，浙江自由贸易试验区扩展区域，至此中国已经形成"1+3+7+1+6+3"的自贸区格局，逐步拓展并深化了自贸区金融创新，为我国率先在自贸区内对资本项目开放推进提供了试验经验。整体来看，我国已进入加快推进资本项目开放的阶段。

2)资本项目整体开放情况

接下来基于IMF发布的《汇率安排和外汇管制年度报告》(AREAER)，梳理我国1999—2018年资本项目开放的情况。按照AREAER的分类框架①，我国资本项目开放情况如表7-1所示。

---

①资本项目下的管制可以分为以下13类：资本市场证券、货币市场工具、集体投资证券、衍生工具及其他工具控制、商业信贷、金融信贷、保函及担保和金融支持工具、直接投资控制、直接投资清算控制、房地产交易控制、私人资本交易控制、针对商业银行和其他信贷机构的规定、针对机构投资者的规定。

表 7-1　1999—2018 年我国资本项目开放情况

| 时间 | 资本市场证券 | 货币市场工具 | 集体投资证券 | 衍生工具及其他工具控制 | 商业信贷 | 金融信贷 | 保函及担保和金融支持工具 | 直接投资控制 | 直接投资清算控制 | 房地产交易控制 | 私人资本交易控制 | 针对商业银行和其他信贷机构的规定 | 针对机构投资者的规定 |
|---|---|---|---|---|---|---|---|---|---|---|---|---|---|
| 1999 | √ | √ | √ | √ | √ | √ | √ | √ | — | √ | √ | √ | — |
| 2000 | √ | √ | √ | √ | √ | √ | √ | √ | √ | √ | √ | √ | — |
| 2001 | √ | √ | √ | √ | √ | √ | √ | √ | √ | √ | √ | √ | — |
| 2002 | √ | √ | √ | √ | √ | √ | √ | √ | √ | √ | √ | √ | — |
| 2003 | √ | √ | √ | √ | √ | √ | √ | √ | √ | √ | √ | √ | — |
| 2004 | √ | √ | √ | √ | √ | √ | √ | √ | √ | √ | √ | √ | — |
| 2005 | √ | √ | √ | √ | √ | √ | √ | √ | √ | √ | √ | √ | — |
| 2006 | √ | √ | √ | √ | √ | √ | √ | √ | √ | √ | √ | √ | √ |
| 2007 | √ | √ | √ | √ | √ | √ | √ | √ | √ | √ | √ | √ | √ |
| 2008 | √ | √ | √ | √ | √ | √ | √ | √ | √ | √ | √ | √ | √ |
| 2009 | √ | √ | √ | √ | √ | √ | √ | √ | √ | √ | √ | √ | √ |
| 2010 | √ | √ | √ | √ | √ | √ | √ | √ | √ | √ | √ | √ | √ |
| 2011 | √ | √ | √ | √ | √ | √ | √ | √ | √ | √ | √ | √ | √ |
| 2012 | √ | √ | √ | √ | — | √ | √ | √ | √ | √ | √ | √ | √ |
| 2013 | √ | √ | √ | √ | — | √ | √ | √ | √ | √ | √ | √ | √ |
| 2014 | √ | √ | √ | √ | — | √ | √ | √ | √ | √ | √ | √ | √ |
| 2015 | √ | √ | √ | √ | — | √ | √ | √ | √ | √ | √ | √ | √ |
| 2016 | √ | √ | √ | √ | √ | √ | √ | √ | √ | √ | √ | √ | √ |
| 2017 | √ | √ | √ | √ | √ | √ | √ | √ | √ | √ | √ | √ | √ |
| 2018 | √ | √ | √ | √ | √ | √ | √ | √ | √ | √ | √ | √ | √ |

注:“√”表示账户存在管制,“—”表示不存在管制。

资料来源:国际货币基金组织 AREAER。

从表 7-1 可以看出，除了商业信贷、直接投资清算控制以及针对机构投资者的规定有所变化外，其他子项目在这 20 年间一直存在管制，而商业信贷在 2012 年放松了管制，但在 2016 年又恢复了管制，直接投资清算控制在 2000 年也重新恢复了管制，针对机构投资者的规定则在 2006 年恢复了管制。总体来看，我国对资本项目的管制依旧较为严格。

表 7-2 是根据 IMF 发布的 AREAER 总结的我国 2017 年资本项目开放情况。按兑换程度的不同，可将各子项目分为不可兑换、部分可兑换、基本可兑换以及可兑换四类。在此框架下的 40 个子项目中，除 4 个项目无明确规定外，4 个项目为不可兑换，19 个项目为部分可兑换，9 个项目为基本可兑换，4 个项目为可兑换。

**表 7-2　2017 年我国资本项目开放情况**

| 项目 | | | 子项目 | 兑换程度 |
| --- | --- | --- | --- | --- |
| 资本与货币市场工具 | 资本市场证券 | 股票或有参股性质的其他证券 | 非居民境内买卖 | 部分可兑换 |
| | | | 非居民境内发行 | 部分可兑换 |
| | | | 居民境外买卖 | 部分可兑换 |
| | | | 居民境外发行 | 可兑换 |
| | | 债券和其他债务证券 | 非居民境内买卖 | 基本可兑换 |
| | | | 非居民境内发行 | 部分可兑换 |
| | | | 居民境外买卖 | 部分可兑换 |
| | | | 居民境外发行 | 基本可兑换 |
| | 货币市场工具 | | 非居民境内买卖 | 部分可兑换 |
| | | | 非居民境内发行 | 不可兑换 |
| | | | 居民境外买卖 | 部分可兑换 |
| | | | 居民境外发行 | 可兑换 |
| | 集体投资类证券 | | 非居民境内买卖 | 部分可兑换 |
| | | | 非居民境内发行 | 部分可兑换 |
| | | | 居民境外买卖 | 部分可兑换 |
| | | | 居民境外发行 | 部分可兑换 |
| 衍生工具及其他投资 | | | 非居民境内买卖 | 部分可兑换 |
| | | | 非居民境内发行 | 不可兑换 |
| | | | 居民境外买卖 | 部分可兑换 |
| | | | 居民境外发行 | 部分可兑换 |
| 信贷业务 | 商业信贷 | | 居民提供给非居民 | 基本可兑换 |
| | | | 非居民提供给居民 | 无明确规定 |
| | 金融信贷 | | 居民提供给非居民 | 基本可兑换 |
| | | | 非居民提供给居民 | 部分可兑换 |
| | 担保、保证与备用融资便利 | | 居民提供给非居民 | 基本可兑换 |
| | | | 非居民提供给居民 | 基本可兑换 |

**续表**

<table>
<tr><th colspan="2">项目</th><th>子项目</th><th>兑换程度</th></tr>
<tr><td colspan="2" rowspan="2">直接投资</td><td>居民对外直接投资</td><td>基本可兑换</td></tr>
<tr><td>非居民对内直接投资</td><td>基本可兑换</td></tr>
<tr><td colspan="2">直接投资清盘</td><td>直接投资清盘</td><td>可兑换</td></tr>
<tr><td colspan="2" rowspan="3">不动产交易</td><td>居民在境外购买</td><td>基本可兑换</td></tr>
<tr><td>非居民在境内购买</td><td>部分可兑换</td></tr>
<tr><td>非居民在境内出售</td><td>可兑换</td></tr>
<tr><td rowspan="8">个人资本流动</td><td rowspan="2">贷款</td><td>居民提供给非居民</td><td>不可兑换</td></tr>
<tr><td>非居民提供给居民</td><td>不可兑换</td></tr>
<tr><td rowspan="2">礼品、捐赠、遗赠、遗产</td><td>居民提供给非居民</td><td>部分可兑换</td></tr>
<tr><td>非居民提供给居民</td><td>部分可兑换</td></tr>
<tr><td colspan="2">外国移民在境外的债务结算</td><td>无明确规定</td></tr>
<tr><td rowspan="2">资产转移</td><td>转移至国外</td><td>部分可兑换</td></tr>
<tr><td>转移至国内</td><td>无明确规定</td></tr>
<tr><td colspan="2">博彩和中奖收入转移</td><td>无明确规定</td></tr>
</table>

资料来源：国际货币基金组织 AREAER(2017)。

从表 7－2 可以看出，在资本管制方式方面，我国多采用直接管理办法，例如数量管控、行政审批等，与价格型管理工具（如准备金、交易税等）相比，这种直接管理方式有较多前置审批流程，在增加了管理成本的同时还降低了管制效率。此外，我国资本管制还存在着明显的不对称性，主要表现在市场层次、市场交易主体、资本期限和资本流向等方面。在市场层次方面，证券类项目的一级发行市场管制依然较为严格，但二级交易市场已经达到了较高的开放程度。在市场交易主体方面，个人从事跨境资本投资的渠道没有畅通，仍然受到较多限制，但对于机构的跨境交易来说，渠道已经基本畅通，达到了较高的开放程度。在资本期限方面，对短期资本的流动管制较为严格，但是长期资本流动相对自由。在资本流向方面，对资本流出的管制较为严格，但是资本流入相对自由。

在资本项目管理立法方面，我国也没有施行国际上通用的负面清单制，而是采用了正面清单制，即除了明确规定允许做的项目外，其他项目均不可以做，这种制度无形中扩大了资本项目的管制范围，也不利于我国资本项目开放。上海自贸区率先进行金融改革，第一次采用了负面清单制度，即除了法律明确规定不允许做的项目外，其他项目均可以做，从自贸区金融创新视角推进资本项目开放方面完成了与国际的接轨。

### 7.2.2 人民币资本项目开放程度测算

1）测算方法及数据来源

接下来将测算指标分为用来衡量一国法律法规对资本项目管制水平的法定指标和

基于一国实际资本流动间接衡量资本项目开放程度的事实指标。根据前文所述，法定指标主要基于一国颁布的关于资本项目开放的相关法律法规及政策等文件，脱离了国际资本市场的实际情况。再者，相关文件颁布后，市场主体对于政策的执行还具有一定的时滞性，使得法定层面的资本项目开放程度进一步偏离了事实层面的资本项目开放程度。对于发展中国家而言，由于与发达国家存在政治、制度等方面的差距，即使存在管制资本项目的相关政策，实际上仍可能有大量的资本流动。考虑到这些因素，采用事实指标更适合测算我国资本项目的开放程度，也能更好地反映我国资本项目的真实开放水平。结合数据的可得性以及我国的实际情况，接下来拟采用事实指标法中的总量法对我国资本项目开放程度进行测度，即利用国际收支平衡表中资本和金融账户下各子项目资本的实际流入和流出总规模占国内生产总值的比重来衡量一国资本项目开放的程度。模型表述为

$$\text{资本项目开放程度}=(\text{跨国直接投资}+\text{证券投资}+\text{其他投资})/\text{GDP} \quad (7-1)$$

该指标不仅具有数据的可得性，同时计算也比较简单，能够完整地反映我国资本项目在较长时期内的开放程度。

但需要注意的是，由于从 2015 年起我国开始有金融衍生工具项下的资本流动，因此应该将这一子项目下的资本流动纳入测算范畴中。模型表述为

$$\text{资本项目开放程度}=(\text{跨国直接投资}+\text{证券投资}+\text{金融衍生工具}+\text{其他投资})/\text{GDP} \quad (7-2)$$

由于我国从 1982 年开始向外界公布国际收支平衡表，为了全面测度我国的资本项目开放程度，在数据选取上，时间区间为 1982—2018 年。数据来源为国家外汇管理局和国家统计局官方网站。

2)测算结果分析

根据式(7-1)和式(7-2)，测算结果如图 7-1 所示。

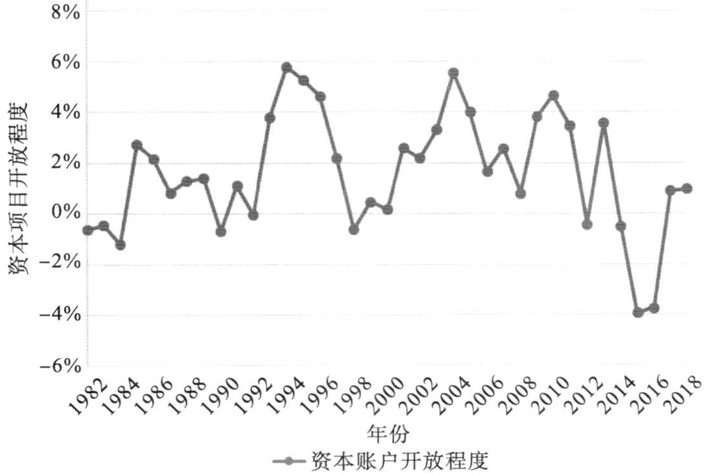


图 7-1　1982—2018 年我国资本项目开放程度

从图 7 - 1 可以看出 1982—2018 年我国资本项目开放程度总体呈现出一定程度的上升趋势，说明开放程度不断增强。

具体来看，改革开放以来，我国逐渐放开了资本流入，意味着我国开始启动资本项目开放进程。在 20 世纪 80 年代中后期，我国接连发布了一系列法律文件，为我国对外投资、引进外资等提供了官方支持。1985 年，测算出的资本项目开放程度达到 2.7%。1994 年，我国停止实行汇率双轨制，将市场汇率和官方汇率进行并轨，开始积极推进资本项目的开放。1996 年，人民币经常项目在符合一定条件后可以自由兑换。这一阶段我国资本项目开放程度迅速提升，1994 年我国资本项目开放程度达到了峰值 5.8%。随后 1997 年亚洲金融危机爆发，为了保证国内经济不受影响，我国在这一阶段加强了对资本项目的管制，这对我国资本项目开放进程产生了强烈的影响。1998 年我国资本项目开放程度下降到－0.2%。

进入 21 世纪后，世界经济逐渐好转。2001 年我国加入了 WTO，加强了与世界各国的经济联系。2002 年我国实行了 QFII 制度，允许合格境外机构投资者对境内以人民币计价的工具进行投资。2003 年我国采取利用外资对国有企业进行改组的办法，为进一步吸引和规范利用外资创造了条件。同时出台了多项措施减少对资本项目的行政审批，以求提高行政效率。这一阶段我国资本项目开放程度持续上升，2004 年达到了一个峰值 5.5%。2008 年，由于美国次贷危机引发了全球范围的金融危机，我国采取了临时性的资本管制措施，我国金融市场信贷紧缩，跨境资本流动大幅下降，2008 年开放度下降到 0.8%。2009 年起，随着全球经济复苏，跨境资本流动开始回暖，2010 年我国资本项目开放程度达到了 4.6%。2012 年由于世界经济增速下滑，而且国际金融环境动荡，在之后的几年里我国资本项目整体上呈现出剧烈的波动，跨境资本流动明显萎缩。2015 年，由于人民币汇率波动，资本流出压力增大，我国加强了对资本项目的控制，资本项目开放程度跌入谷底。从 2017 年开始，我国资本项目开放程度又开始逐步上升。

总体来说，受国内经济战略的调整和国际资本市场环境的变化影响，我国资本项目开放的范围和程度也随之不断调整，逐渐形成了一个渐进式的资本项目开放模式。但是，与自贸区金融创新对资本项目开放提出的新要求相比，当前我国利率和汇率市场化改革还有较长的一段路要走，资本项目开放力度还不够，离岸金融市场发展不健全，也影响了人民币国际化进程。

目前自贸区金融创新速度不断加快，而资本项目开放尚不能满足自贸区金融创新的需要，因此还需要进一步扩大开放。随着我国新一轮的改革开放，资金跨境使用、外汇汇兑和管理的需求也将不断提升，也需要我国进一步开放资本项目，逐步放松资本项目管制，为我国与世界其他国家的贸易投资提供便利。从国际环境来看，“一带一路”建设也对资金跨境使用提出了更高要求，人民币自由兑换将提高其使用的便利性。此外，人民币加入 SDR 使得国际货币体系进行了重新调整，为人民币成为世界货币、实现人民币国际化提供了良好契机，有利于我国加强在贸易与投资体系规则制定中的话语权，同时，也对我国自贸区金融创新形成倒逼效应，进一步推动我国资本项目开放及金融改革深化。

## 7.3 扩大资本项目开放的影响因素分析

### 7.3.1 指标选取与数据来源

选取经济因素、财政金融因素及制度因素等变量构建影响资本项目开放程度的多元线性回归模型,并对G20(二十国集团)成员的面板数据进行混合回归和稳定性检验,得到国际经验参数,然后模拟出我国资本项目应该达到的理论开放程度,将其与实际开放程度进行对比,以此评估我国资本项目开放程度与国际经验相比是否具备进一步开放的条件。

1)被解释变量说明

选取资本项目开放程度作为被解释变量。根据上文所述,测度资本项目开放程度的指标具体包含法定指标和事实指标,加拿大弗雷泽研究所(Fraser Institute)通过综合法定指标和事实指标构建了一套综合指数来测度世界各国(地区)的资本项目开放程度,综合考虑资本项目开放程度指标的客观性和数据的可获得性,本节将该研究所测算的"世界经济自由度指数"中的"资本项目自由度指数"(open)作为被解释变量。

2)解释变量说明

(1)经济发展水平(pergdp)

当一国经济发展水平较高时,相关经济政策将持续保持稳定,国际资本市场主体将会增加投资收益的预期,从而带来更多的投资和盈利机会,这也为资本项目开放提供了有利的条件。再者,由于经济发展水平较高的国家教育、医疗、基础设施等均较为完善,将吸引经济发展水平较差的国家进行国外直接投资,有利于国际资本的流入。同时,一国经济发展水平提高有助于该国规范法律法规,有效监管资本项目开放,从而降低资本项目开放的风险。为此,选用实际人均GDP衡量经济发展水平。

(2)经济规模变动(ggdp)

经济规模变动是指一国在一定时期内国内生产总值的年均变动率。当一国国内生产总值平稳增长,没有较大波动时,可以降低该国失业率,提高国民生活水平。反之,当一国国内生产总值大幅波动时,政府及相关部门将会对国内所有经济行为施加更多的控制,包括资本项目在内,从而对资本项目开放程度造成不利影响。为此,选用GDP增长率来衡量经济规模变动。

(3)通货膨胀水平(inf)

如果一国采取扩张性的宏观调控政策,就会造成通货膨胀;反之,如果实行紧缩性的宏观调控政策,就会造成通货紧缩。通货膨胀水平高,会使得一国货币贬值,不仅会造成国际资本流入减少,还会使国内资本加速外逃,从而对经济发展造成不利影响,促使政府加强对资本项目的管制。通货膨胀率稳定则代表一国在某一时期内通货膨胀率波动较小,并开始趋近于一个均衡值。这种情况下的通货膨胀不会引起民众不满,也不会对经济造成较大影响。通货膨胀率低仅仅是指一国通货膨胀维持在一个较低水平，通常在1%～3%，但这不代表该国已经达到了通货紧缩的程度。从整体上来看，对于通货膨胀率，一国希望达到的目标是该值较低且稳定。本节选用通货膨胀率来衡量通货膨胀水平。

(4)贸易开放程度(trade)

本节选用商品和服务进出口总额占GDP比重来代表一国的贸易开放程度。邓敏和蓝发钦[108]、王曦等[109]发现如果一国过度放开贸易而不施加任何约束管制，不仅不利于资本项目开放，还会给市场造成不利影响。资本项目流出和流入开放程度和国际贸易开放程度这两者之间存在倒U形关系。因此，我们在此引入贸易开放程度的平方项$trade^2$，以期验证这一可能的倒U形关系。

(5)国际储备状况(rep)

如果一国想实现资本项目开放，实现本币与外币之间的自由兑换，就必须要有相对充足的外汇储备作为基础。随着一国与世界各国经济往来的日益密切，该国范围内的资本也将频繁流动，一旦国外经济形势发生变化，将会对国内经济造成巨大影响。如果一国持有的国际储备越多，那么，该国应对国际交易和资本冲击的能力也将越强，有利于维护和平衡国内的经济金融环境，所以，充足的国际储备是一国开放资本项目的重要保障。但是，如果一国对资本流动进行严格约束和控制，非本国货币资产就没有了流出境外的通道，沉积在国内，使得机会成本大幅提高。在这种情况下，国际储备就不会对资本项目开放产生正面积极的影响。综合考虑以上两种情况可以看出，一国的国际储备究竟是有利于资本项目开放还是不利于资本项目开放应该视程度而定。因此，选用储备资产占外债总额比重来衡量一国的国际储备状况。

(6)财政能力

考虑到一国政府债务总额越高，政府为了保持财政稳定，越有可能限制资本流出国内，因此，将政府债务总量占GDP比重(govd)作为一个解释变量，该指标数值越大，越不利于一国的资本项目开放。根据Aizenman和Pasricha[110]等的研究，如果一国的财政收支余额越多，政府利用该资金能施展的政策空间就会越大，就会为一国资本项目开放创造有利的条件，越有利于一国资本项目的开放。因此将政府收支余额占GDP比重(fisb)作为一个解释变量，该指标数值越小，越不利于一国的资本项目开放。

(7)政治民主程度(polity)

政治民主程度是影响资本项目开放的重要因素，但也不能确定对资本项目开放是有正向影响还是负向影响。尽管有研究指出一国的民主程度越高，越可能推动资本项目开放。但是，也有研究指出政治民主程度较高的国家可能会受到该国利益集团的影响，由于不同国家之间经济发展水平程度不同，利益集团出于自身利益的考虑会产生不同的诉求。如果一国经济发展较为落后，利益集团会倾向于加强资本项目管制；反之，如果一国经济比较发达，利益集团会倾向于推动资本项目开放。故选用政体民主程度来衡量一国政治民主程度，该数值越大，表明一国的政治民主程度越高①。

### 7.3.2　稳健性检验变量说明

将金融发展水平和政府治理水平作为实际人均 GDP 的替代变量，进行稳健性检验。

1）金融发展水平（fd）

一国金融发展水平越高，该国应对国际投机资本冲击的能力就越强，越容易避免出现系统性金融风险和发生金融危机。因此，金融发展水平是影响资本项目开放的重要因素，一国金融发展水平的提高能够正面促进该国资本项目的开放。故采用大多数学者的做法，选用广义货币量 M2 占 GDP 比重来衡量一国的金融发展水平。

2）政府治理水平（gvg）

根据以往多数学者的做法，选用世界银行 World Governance Indicator（WGI）数据库中 6 项子指标取算术平均得到的综合指标来衡量一国政府治理水平，该值数值越大，表明政府治理越完善。

被解释变量、解释变量、稳健性检验变量及数据来源如表 7-3 所示。

**表 7-3　变量及数据来源**

| 变量类型 | 影响因素 | 变量 | 变量说明 | 数据来源 |
|---|---|---|---|---|
| 被解释变量 | 资本项目开放程度 | open | 资本项目自由度指数 | Fraser Institute |
| 解释变量 | 经济发展水平 | pergdp | 实际人均 GDP | WDI |
| | 经济规模变动 | ggdp | GDP 增长率 | WDI |
| | 通货膨胀水平 | inf | 通货膨胀率 | WDI |
| | 贸易开放程度 | trade | 商品和服务进出口总额占 GDP 比重 | WDI |
| | | $trade^2$ | 商品和服务进出口总额占 GDP 比重的平方 | WDI |
| | 国际储备状况 | rep | 储备资产占外债总额比重 | WDI |
| | 财政能力 | govd | 政府债务总量占 GDP 比重 | WEO |
| | | fisb | 政府收支余额占 GDP 比重 | WEO |
| | 政治民主程度 | polity | 政体民主程度 | Polity Ⅳ Project |
| 稳健性检验变量 | 金融发展水平 | fd | M2 占 GDP 比重 | WDI |
| | 政府治理水平 | gvg | WGI 六项子指标取算术平均 | WGI |

①以上前 6 个数据来源于世界银行 World Development Indicators（WDI）数据库；第 7 个数据来源于 Polity IV Project 数据库。

### 7.3.3 样本选取与模型构建

1)样本选取

实证分析样本选取的是二十国集团的相关数据,样本期间为 1990—2018 年。由于本节要利用二十国集团的国际经验数据模拟出中国依照其经验得到的资本项目开放程度的理论值,所以,对中国进行剔除,因此,最终选择除中国和欧盟外的 18 个成员方作为研究样本,各变量的描述性统计结果如表 7-4 所示。

**表 7-4 变量的描述性统计**

| 变量 | 样本数 | 均值 | 标准差 | 最小值 | 最大值 |
|---|---|---|---|---|---|
| open | 360 | 5.242 | 2.163 | 0 | 10 |
| pergdp | 521 | 26119 | 13750 | 1887 | 55719 |
| ggdp | 522 | 0.0282 | 0.0355 | −0.145 | 0.152 |
| inf | 522 | 0.336 | 2.179 | −0.169 | 27.00 |
| trade | 522 | 0.485 | 0.188 | 0.138 | 1.106 |
| rep | 225 | 0.376 | 0.274 | 0.0460 | 1.355 |
| govd | 453 | 0.634 | 0.418 | 0.0156 | 2.371 |
| fisb | 464 | −0.0282 | 0.0432 | −0.172 | 0.298 |
| polity | 515 | 7.227 | 5.054 | −10 | 10 |
| fd | 412 | 0.740 | 0.502 | 0.106 | 2.521 |
| gvg | 360 | 0.512 | 0.811 | −0.943 | 1.676 |

2)模型构建

构建以下影响资本项目开放程度的多元线性回归模型

$$open_{it}=\alpha_i+\beta_1 lnpergdp+\beta_2 ggdp+\beta_3 inf+\beta_4 trade+\beta_5 trade^2+\beta_6 rep+\beta_7 govd+\beta_8 fisb+\beta_9 polity+\varepsilon_{it} \quad (7-3)$$

其中,$i$ 代表国家,$t$ 代表年份;$open_{it}$代表资本项目自由度指数,作为被解释变量衡量资本项目开放程度;$\alpha_i$ 代表资本项目开放程度影响因素模型的常数项;$\beta_1$、$\beta_2$、$\beta_3$、$\beta_4$、$\beta_5$、$\beta_6$、$\beta_7$、$\beta_8$、$\beta_9$ 代表模型中各解释变量的影响系数;$\varepsilon_{it}$ 代表误差项;人均 GDP(pergdp)取对数处理。

### 7.3.4 实证过程及结果分析

1)解释变量之间的相关性检验

如果线性回归模型中各解释变量之间具有高度的相关关系,即存在多重共线性,则会使模型估计失真而难以准确估计,故通过检验选取的解释变量之间的相关性来判断是否存在多重共线性,检验结果如表 7-5 所示。

**表 7-5 解释变量之间的相关性检验**

| 变量 | (1) | (2) | (3) | (4) | (5) | (6) | (7) | (8) |
|---|---|---|---|---|---|---|---|---|
| (1) pergdp | 1.000 | — | — | — | — | — | — | — |
| (2) ggdp | −0.234 | 1.000 | — | — | — | — | — | — |
| (3) inf | 0.162 | −0.052 | 1.000 | — | — | — | — | — |
| (4) trade | 0.169 | 0.067 | 0.082 | 1.000 | — | — | — | — |
| (5) rep | −0.018 | 0.124 | −0.240 | 0.050 | 1.000 | — | — | — |
| (6) govd | −0.505 | −0.061 | 0.192 | −0.271 | −0.123 | 1.000 | — | — |
| (7) fisb | 0.480 | 0.219 | 0.013 | 0.350 | −0.086 | −0.478 | 1.000 | — |
| (8) polity | −0.556 | 0.041 | −0.196 | −0.170 | 0.028 | 0.287 | −0.256 | 1.000 |

从表 7-5 可以看出,该模型各解释变量之间相关性较小,不存在多重共线性,因此可以进行回归分析。

2)确定模型

使用面板数据进行回归时,由于随机效应把个体效应设定为随机扰动项的一部分,所以解释变量与个体效应不相关。在这种情况下,应该选择随机效应模型;反之,如果解释变量与随机扰动项出现同期相关性,就应该选择固定效应模型。因此,可以通过 Hausman 检验来确定选择固定效应模型还是随机效应模型(见表 7-6)。

**表 7-6 Hausman 检验结果(固定或随机)**

| 检验:原假设:系数差异不是系统性的 |
|---|
| chi2(7) = (b−B)′[(V_b−V_B)^(−1)](b−B)=46.89<br>$p$>chi2=0.0000 |

根据 Hausman 检验结果可知,$p$ 值小于 0.05,所以拒绝原假设,应该选择固定效应模型。

3)考虑内生性

运用面板数据进行回归分析时,如果遗漏了重要变量,并且该变量与模型中已经存在的自变量相关,就会产生内生性问题,导致 OLS(普通最小二乘法)估计量不一致。此外,如果解释变量和被解释变量之间存在反向因果关系,也会产生内生性问题。例如一国经济发展水平是影响资本项目开放程度的因素,但反之也可能成立。工具变量法是实证中解决内生性问题的常见方法之一,本节将被解释变量资本项目自由度指数的一期滞后项作为工具变量,实际人均 GDP 作为内生变量,在此基础上控制内生性并进行回归分析,然后将结果与基本模型回归做一个对比,通过 Hausman 检验是否存在内生性,如表 7-7 所示。

表 7－7 Hausman 检验结果(考虑内生性)

| 检验:原假设:系数差异不是系统性的 |
|---|
| chi2(9) = $(b-B)'[(V\_b-V\_B)^{(-1)}](b-B)=5.81$<br>$p>$chi2=0.7592 |

根据表 7－7 的 Hausman 检验结果可知,$p$ 值大于 0.05,所以接受原假设,模型不存在内生性。

4)实证结果分析

在上述检验结果的基础上进行固定效应回归,资本项目开放程度的回归结果如表 7－8 所示。在实证过程中,逐步加入国际储备状况、财政能力和政治民主程度等因素。其中,模型一考察了经济因素对资本项目开放程度的影响,模型二加入了储备资产占外债总额比重这一变量,模型三加入了政府债务总量占 GDP 比重和政府收支余额占 GDP 比重,模型四加入了政体民主程度。

表 7－8 基本模型回归结果

| 变量 | 模型一 | 模型二 | 模型三 | 模型四 |
|---|---|---|---|---|
| lnpergdp | 0.493 | 1.374*** | 0.502 | 0.552 |
| | (0.411) | (0.465) | (0.481) | (0.487) |
| ggdp | −1.868 | −7.676*** | −3.767* | −3.972* |
| | (2.154) | (2.194) | (2.153) | (2.176) |
| inf | −0.239*** | −0.228*** | −3.506*** | −3.565*** |
| | (0.036) | (0.031) | (0.867) | (0.873) |
| trade | −8.303*** | −5.216 | −16.487*** | −16.563*** |
| | (2.591) | (4.246) | (4.246) | (4.255) |
| $trade^2$ | 6.369*** | 5.590 | 15.089*** | 15.216*** |
| | (1.988) | (4.304) | (3.959) | (3.970) |
| rep | — | −0.236 | 0.055 | 0.044 |
| | — | (0.468) | (0.381) | (0.382) |
| govd | — | — | 0.915* | 0.918* |
| | — | — | (0.552) | (0.553) |
| fisb | — | — | −0.933 | −0.777 |
| | — | — | (3.223) | (3.237) |
| polity | — | — | — | 0.030 |
| | — | — | — | (0.043) |
| 常数 | 2.764 | −7.009* | 3.834 | 3.163 |
| | (3.989) | (4.169) | (4.284) | (4.396) |
| $N$ | 360 | 158 | 146 | 146 |

注:*、**、***分别表示 10%、5%、1%水平下显著,括号内为对应系数的标准误。

表7-8的回归结果表明，实际人均GDP在模型二中系数符号为正，而且在1%的水平下显著，说明一国经济发展水平越高，越可能放松对资本项目的管制。GDP增长率系数符号为负，这是因为如果一国的经济发展速度较快，相应地就会加强对资本项目的法律监管，由于法律体制的滞后性，资本项目开放就可能面临更大风险，从而抑制一国对资本项目的开放。通货膨胀率系数在模型一到模型四中均显著为负，说明通货膨胀率越高，一国越可能实施资本项目管制。贸易开放程度一次项系数显著为负，二次项系数显著为正，与前文分析的结论相反，说明资本项目开放程度与贸易开放程度之间存在U形关系，即随着一国贸易开放程度的提高，资本项目开放程度提高。财政能力的显著性水平不高，其中政府债务总量占GDP比重以10%的水平通过显著性检验，符号为正；政府收支余额占GDP比重并不显著，与王曦等[109]的结论一致，即财政能力对资本项目开放作用较小。储备资产占外债总额比重和政体民主程度在回归模型中均不显著，表明该指标对资本项目开放程度的影响较小。总体来说，由于资本项目开放需要考虑的因素较多，而且受到世界政治经济环境影响，设定的计量模型不能涵盖所有影响资本项目开放的因素，限制了该模型的解释能力。

5)稳健性检验

参考现有文献的做法，接下来分别用金融发展水平变量和政府治理水平变量替换实际人均GDP进行稳健性检验，得到模型五，如表7-9所示。

**表7-9　稳健性检验**

| 变量 | 模型四 | 模型五 | 模型六 |
|---|---|---|---|
| lnpergdp | 0.552 | — | 19.420** |
| | (0.487) | — | (7.984) |
| ggdp | −3.972* | −1.477 | −82.447** |
| | (2.176) | (1.952) | (31.600) |
| inf | −3.565*** | −2.076** | −86.389*** |
| | (0.873) | (0.944) | (13.290) |
| trade | −16.563*** | −11.104*** | −21.600 |
| | (4.255) | (3.936) | (56.039) |
| $trade^2$ | 15.216*** | 10.197*** | 98.116* |
| | (3.970) | (3.735) | (50.649) |
| rep | 0.044 | −0.703* | −35.682*** |
| | (0.382) | (0.405) | (6.445) |
| govd | 0.918* | 1.154*** | 166.199*** |
| | (0.553) | (0.413) | (8.411) |
| fisb | −0.777 | −0.492 | −15.011 |
| | (3.237) | (2.925) | (54.643) |

续表

| 变量 | 模型四 | 模型五 | 模型六 |
| --- | --- | --- | --- |
| polity | 0.030 | −0.021 | −3.133*** |
| | (0.043) | (0.044) | (0.568) |
| fd | — | 2.694*** | |
| | — | (0.970) | — |
| gvg | — | 1.933*** | |
| | — | (0.598) | — |
| 常数项 | 3.163 | 6.443*** | −152.604** |
| | (4.396) | (1.112) | (68.902) |
| *N* | 146 | 135 | 149 |

注：*、**、***分别表示10%、5%、1%水平下显著，括号内为对应系数的标准误。

从表7-9可知，替换相关变量后，模型的基本性质没有发生变化。金融发展水平和政府治理水平的系数在1%水平下均显著为正，表明一国金融发展水平和政府治理水平越高，越有利于该国的资本项目开放。

根据Kraay[96]的研究，选取事实指标中的占比法，即外国资产与外国负债之和占GDP的比重重新测度资本项目开放程度，替换资本项目自由度指数作为被解释变量，进行稳健性检验，结果见表7-9中的模型六，其中人均GDP在5%水平下正向显著，说明一国经济发展水平越高，越可能放松对资本项目的管制。GDP增长率在5%水平下负向显著，这是因为如果一国经济发展速度较快，相应地就会加强对资本项目的法律监管，由于法律体制的滞后性，就可能会发生法律风险和金融风险，不利于该国资本项目开放。通货膨胀率的系数显著为负，说明通货膨胀率越高，本币越被高估，增大了经济风险，越不可能放开资本项目。贸易开放程度的一次项和二次项回归系数均不显著，可能是因为遗漏变量导致了模型的内生性。储备资产占外债总额比重在1%水平下负向显著，这是因为储备资产占外债总额比重高，外币资产就没有了流出境外的通道，沉积在国内，造成机会成本提高，在这种情况下，国际储备就不会对资本项目开放产生正面积极影响。财政能力方面，政府收支余额占GDP比重的回归系数不显著；政府债务总量占GDP比重以1%水平正向显著，表明政府债务总量占GDP比重越小，越不会开放资本项目。政体民主程度在5%的水平下负向显著。

6)我国资本项目开放模拟分析

通过上述实证分析结果，得到了国际经验数据。接下来将中国的相关数据代入回归方程，计算中国依照国际经验做法得出的资本项目开放程度理论值，将理论值与实际值进行对比，评价我国资本项目开放进程，评估我国与国际经验相比是否具备进一步开放的条件。

考虑到法定指标主要基于一国颁布的关于资本项目开放的相关法律法规及政策等

文件，脱离了国际资本市场的实际情况。再者，相关文件颁布后，市场主体对于政策的执行还具有一定的时滞性，使得法定层面的资本项目开放程度进一步偏离了事实层面的资本项目开放程度。故在计算资本项目开放程度的理论值时，选用稳健性检验中的模型六，被解释变量选取事实指标中的占比法，即外国资产与外国负债之和占 GDP 比重测度资本项目开放程度，如图 7-2 所示。

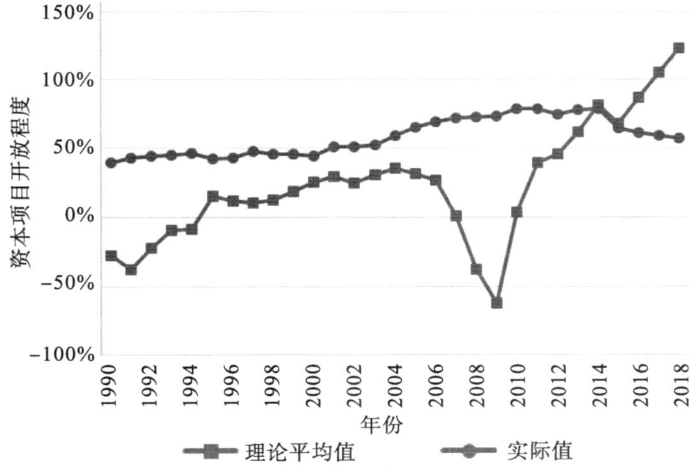


图 7-2　我国资本项目开放程度的理论平均值与实际值对比

由于本章使用的面板数据存在显著的固定效应，所以计算得到的资本项目开放程度仅是一个区间。从图 7-2 可以清晰地对比出我国资本项目开放程度的理论平均值与实际值之间的差异。在 2014 年以前，我国资本项目开放程度的实际值始终大于理论平均值，但是 2014 年之后，实际值开始小于理论平均值，说明在 2014 年之前，我国事实测度下的资本项目开放程度基本高于按照国际经验测算出的水平，在国内经济金融条件、政治环境不够稳定的情况下，我国资本项目开放的程度偏高，节奏过快，全面开放资本项目的时机还不够成熟。2014 年之后，我国事实测度下的资本项目开放程度基本低于按照国际经验测算出的水平，尚未达到在国际经验规律下应该达到的程度，表明近年来我国对资本项目的管制有所加强。随着改革开放深度和广度的不断增加，我国应该提升综合国力，提高经济发展质量，深化金融体系改革，巩固现有改革成果，进一步推动利率和汇率市场化，同时制定有效应对风险的措施，完善相关法律法规，在各方面条件基本成熟后，稳步推进我国资本项目的进一步开放。

## 7.4　本章小结

本章基于自贸区金融创新分析了资本项目开放，通过研究得出以下结论。

1) 自贸区金融创新对人民币资本项目开放提出了新要求

自贸区金融创新为我国资本项目扩大开放以及利率市场化、外汇管理改革提供了一块良好的试验田。自贸区金融创新有助于实现资本项目开放、构建资本跨境双向流动的渠道。自贸区金融创新的核心是资本项目自由化，我国可以通过在自贸区内进行资本项目自由化改革，有步骤、分阶段地进行资本项目开放，放松资本项目交易管制，协同推进利率、汇率市场化等各项金融创新，为实现人民币国际化创造有利条件。

2）我国经济发展水平不断提高，有利于放松对资本项目的管制

如果一国的经济发展速度较快，相应地就会加强对资本项目的法律监管，由于法律体制的滞后性，就可能会发生法律风险和金融风险，不利于该国资本项目的开放。通货膨胀率越高，本币越被高估，增大了经济风险，越不可能开放资本项目。财政能力对资本项目开放作用较小。储备资产占外债总额比重越高，资本项目开放程度越低，这是因为储备资产占外债总额比重高，外币资产就没有了流出境外的通道，沉积在国内，造成机会成本提高，在这种情况下，国际储备就不会对资本项目开放产生正面积极的影响。一国金融发展水平和政府治理水平越高，越有利于该国的资本项目开放。

3）我国金融风险抵御能力较强，满足资本项目扩大开放的条件

从定量角度来说，在 2014 年以前，根据事实指标法，我国资本项目开放程度的实际值始终大于理论平均值，但是 2014 年之后，实际值开始小于理论平均值，说明在 2014 年之前，我国事实测度下的资本项目开放程度基本高于按照国际经验测算出的水平，在国内政治环境、经济金融条件不够稳定的情况下，资本项目开放的程度偏高，节奏过快，全面开放资本项目的时机还不够成熟。2014 年之后，我国事实测度下的资本项目开放程度基本低于按照国际经验测算出的水平，尚未达到在国际经验规律下应该达到的程度，表明近年来我国对资本项目的管制有所加强，已经满足进一步开放的条件。

# 第8章　自贸区金融创新视角下人民币汇率制度改革分析

自贸区金融创新的一个核心内容是人民币汇率制度改革。汇率制度改革作为推动人民币国际化的重要内容，自2005年汇率制度改革以来，我国逐渐放开汇率管制。在2005—2015年10年间人民币持续升值，并且汇率波动幅度较小，在此期间人民币国际化进程大幅提高。为了满足国际市场对人民币日益增长的需求，并适应国际货币环境，2015年8月11日央行进行了新一轮汇率制度改革，进一步完善汇率机制，之后人民币汇率开始双向波动，并且汇率波动幅度大幅提高。然而，在"8·11汇改"之后，人民币国际化进程却出现了停滞甚至倒退。从2017年至今，虽然国家持续出台了一系列举措推进人民币跨境流通与使用，但是，人民币国际化进程缓慢，跨境贸易人民币结算规模和国际资本流动增长缓慢甚至缩水。随着自贸区金融创新不断进行和汇率制度改革的不断完善，汇率波动与人民币国际化进程之间的联系越来越紧密。本章拟从自贸区金融创新视角分析人民币汇率制度改革及其对人民币国际化的影响。

## 8.1　汇率波动理论基础

### 8.1.1　汇率决定理论

开放经济条件下，任何商品交换比率或者商品价格的形成都按照价值规律的要求，遵循等价交换和市场供求法则。在汇率形成过程中，把货币作为一种特殊商品，在国际货币兑换过程中，两国货币以各自的价值量为基础，通过外汇供需来确定汇率。主要的汇率决定理论有以下几种。

1)黄金平价理论

纸币出现后，金本位制逐渐消失，该理论指出，一国货币的含金量由国家法定，各国汇率就是其法定含金量的比值。布雷顿森林体系之后，美元和黄金挂钩，并开始主导国际货币体系。但是纸币本身并没有价值，由国家法定的含金量并不稳定或者被广泛认可，当一国货币超发时，其货币就会贬值，如果此时该国不愿意降低其货币价值，其他国家与该国进行货币兑换的意愿就会降低，进而不利于国际货币体系的平稳。美元和黄金脱钩后，该理论逐渐消失。

2)购买力平价理论

金本位制失效之后，货币失去了统一衡量标准，各国开始自行确定各自货币的价值，导致世界范围内物价体系崩溃，各国汇率逐渐失去意义，直到1922年Cassel提出购买力平价理论。该理论认为不同货币的价值由其所代表的购买力衡量,而不同货币之间的汇率也由各自所具有的购买力比值来表示,当货币购买力出现变化时,与此对应的两国之间的汇率也同时出现变化。因此在该理论下各国通货膨胀水平将决定与其他国家货币的汇率。该理论虽然基于客观事实,但是也有很多缺陷。首先,该理论仅从贸易角度出发,以贸易商品之间的价值交换来衡量,没有考虑可贸易商品的局限性,并且,在贸易过程中还存在很多影响因素。其次,当前全球资本流动规模逐渐加大,对汇率的影响也不可忽视。

3)利率平价理论

该理论最早由凯恩斯于 1923 提出,通过研究不同国家利率和汇率的内在联系,认为在开放经济系统中,境外投资者套利行为的出现将会在一定程度上影响各国的汇率。在资本自由流动时,资本会流向利率水平更高的国家。为了获得更高的增值收益,此时大量货币会流向高利率国家,同时该国会出现即期汇率的升值。低利率国家的投资者为了规避风险会在远期市场上卖掉即期,相应地该国货币出现贬值。之后,恩齐格对该理论进行了补充,认为汇率和利率之间存在动态关系,利率不仅会通过国际套利者的交易影响汇率,也会通过境内外的资金供需状况发挥作用。

4)资本市场理论

该理论强调了资本对于汇率的决定作用,认为全球资本流动越来越频繁,汇率应当被表示为各国资本的价格,可以分别从货币分析与资产组合两个角度探讨资本与汇率之间的关系。货币分析法假设不同国家的货币能够完全替代,认为两国间的经济水平、利率及货币供需等通过影响各国的价格变化进而影响汇率变化。资产组合法与此相反,假设各国货币资产是不完全替代物,通过分析本币资产、外币资产、国际债券三种资产之间的关系,认为只有当国内外货币与债券市场都达到平衡时,这个国家的资产市场才达到平衡。本国的利率和汇率在短期内由该国资产市场决定,而在长期还需要经常项目达到平衡。

随着货币理论的不断完善,对汇率的研究也不断增多,但是各种理论都有其各自的假定条件和适用范围。当前对于汇率决定的研究主要是在以前研究的基础上,重点研究不同汇率制度下汇率变化及其影响,并引入博弈论、有效市场学说等进行分析。

### 8.1.2 汇率波动理论

一国经济发展水平总会出现扩张或者收缩的波动变化,并且受多种因素的影响,其中汇率波动就是对经济波动的一种影响,同时经济波动也会影响汇率波动。

1)汇率波动方式

按照汇率变化方式的不同,不同因素将会引起汇率的长期波动、中期波动或者短期波动。

汇率的长期波动主要由国内外宏观经济形势变化引起,受到以下两个因素的影响:一是经济总量波动,长期实际汇率会接近其平均值,而名义汇率会在其附近小幅变动。

此时外汇供需主要与国家经济总体发展有关，长期来看，汇率会随着本国经济发展水平的变化出现相应波动。二是经济结构波动，当一国受到国外的激烈竞争时，该国的产业结构和企业发展就会受到影响并相应调整，这种产业结构变动会通过劳动力市场对一国汇率波动产生很大的限制作用，从而引起汇率的长期波动。

汇率的中期波动由不同政策措施对经济发展的调控而引起，主要来自以下几个方面。实际震荡冲击，主要来自有效需求与有效供给震荡所造成的影响，货币供给与需求震荡，供给变化决定于相关政策的有效性和价格效应的比较，货币政策的有效性会引起实际汇率波动，价格效应则会对名义汇率产生作用。货币需求大小取决于实际经济中收入和财富的交易需求，通过实际经济扰动产生对汇率的影响。通货膨胀传导，当国家出现通胀，国外商品会大规模进入其国内，而货币则大规模从国内流出。当一国采用固定汇率制度时，就容易发生大量本币置换外币的现象；而在浮动汇率制度时，汇率提高可以缓冲通胀输入，而贬值又会扩大净出口。在不同货币的替换过程中，由于长期通胀会引起汇率产生放大效应并使得货币升贬值变化幅度超过国家的调节能力，从而导致一国货币政策调控效力下降。

汇率的短期波动主要由货币的即时供需变化引起，同时受到国际收支、资本流动等因素的影响。当国际收支出现顺差或者逆差时，就会引起汇率短期波动。资本在流动过程中，根据趋利性会不断向高收益地区流动，短期内大量资本的跨境流动也会引起汇率的波动。

2)汇率波动的经典理论

(1)马歇尔-勒纳条件

从贸易收支角度出发，通过分析一国国际贸易逆差和汇率波动的关系，认为当一国处于贸易逆差时，即 $H_x < H_m$，或者 $H_x/H_m < 1$ 时（$H_x$ 表示总出口额，$H_m$ 表示总进口额），会引起本币贬值。同时指出进出口需求价格弹性之和大于 1 能够改善贸易收支，即 $D_x + D_m > 1$（$D_x$ 和 $D_m$ 分别表示出口额和进口额的需求价格弹性）。另外，该条件只是汇率波动影响贸易收支变化的必要条件，不是充分条件，但是可以为分析汇率波动与我国贸易收支关系提供参考。

(2)弹性分析法

最早由马歇尔提出，之后不同学者又对其进行了补充，该分析法从商品市场出发，研究了汇率波动通过引起商品价格变化而间接影响一国的国际收支，分别从进口和出口角度进行分析，认为一国货币价值对贸易收支的影响，与该国的需求价格弹性和贸易价格紧密相关。当供给价格弹性等于 0 时，进口价格不变，出口价格上升，此时能够促进一国贸易的发展，当供给价格弹性接近无穷大时，如果进口价格不变则需要出口价格上涨，反之亦然。总之，进出口商品的需求价格弹性之和大于 1 是改善贸易收支的关键条件。

(3)J 曲线

指当本币贬值时，经常项目收支情况反而会比原先恶化。在汇率刚开始波动时，会受到消费与生产中“黏性作用”的影响，进出口贸易并不能迅速改变，经过一段时间之后，由于受到本币贬值的影响，进口贸易会逐渐收缩，而出口贸易相应扩大，贸易收支情况开始逐渐转好，因此，学界也将国际收支不能对汇率变化迅速响应的特点总结为“时滞效应”。

## 8.2 汇率波动对人民币国际化影响的理论分析

### 8.2.1 汇率波动对人民币国际化的影响效应

1)基于资产价格角度的分析

随着经济全球化趋势推进，各国贸易往来日益频繁。在国际市场上，汇率作为一国货币对外价值的体现，具有调节国际收支和促进经济内外均衡的双重作用。随着我国国民收入水平不断提高以及对外开放程度逐渐加深，国内会有越来越多的企业与个人参与国际资产配置，资本项目主导国际收支可能会成为现实。在这种背景下，人民币汇率的资产价格属性将进一步增强。首先，我国跨境资本流动规模不断上升，在国际收支中的比重逐渐提高，根据资本市场理论，汇率应该表现为相应的资产价格。其次，随着国际投资者对我国资本项目参与程度的提高，不同投资主体对人民币资产预期的差异更加容易引起汇率波动。最后，短期国际资本的大幅流动使人民币汇率出现多重均衡。当人民币汇率短暂偏离基本面而出现剧烈震荡时，人民币的对外价值就会出现较大波动，相应地，持有人民币计价资产的成本和收益就会发生变化，进而影响境外机构或者个人对人民币及其资产的偏好，从而影响人民币在国际市场上的需求和流通程度。因此，从资产价格角度来看，维持汇率相对稳定，提高境外投资者对人民币的认可度与偏好对人民币国际化具有重要意义。

2)基于汇率风险角度的分析

货币国际化本质上是不同货币在全球货币市场上的竞争过程，而这种竞争依然具有优胜劣汰的特点。根据格雷欣法则，当不同货币的优劣性难以区分时，会出现良币被劣币驱逐的现象。但是在现实中，随着金融全球化的推进以及全球竞争格局的演变，目前全球的竞争力虽然逐渐由美国的单边霸权主义演变为多边主义，但是全球具有竞争力的国家仍然有限，在全球货币竞争中，排名前十的货币占据全球货币使用规模的90%以上，存在明显的货币集中现象，而且从当前的货币竞争格局来看，良币和劣币的区分仍然比较明显，在现实中良币仍然占优，而劣币被淘汰的现象更加明显。

良币和劣币的区分除了货币价值外，币值稳定性也会产生较大影响，相对而言，劣币的稳定性更差，风险更高。当劣币在短期内存在升贬值趋势时，交易双方对于货币的选择会产生差异。当劣币存在升值趋势时，付款方会将其持有并等待增值，因而选择其他货币进行交易。反之，当有贬值倾向时，收款方为了减少亏损，也不愿意用其进行结算。从而当使用劣币时，在支付过程中交易双方存在较大分歧，并由此产生较高的支付成本或者违约成本。长久以来，在市场中就会逐渐使用良币而减少劣币的使用。同理，除了在交易过程中，在货币职能发挥的其他领域，包括价值尺度及投资储备中，都会出现良币驱逐劣币的现象。因此，对于人民币，保持相对稳定的货币价值可以提高其在全球的使用程度以及在国际货币市场上的竞争力。

3)基于国际货币职能角度的分析

首先，对于交易结算职能而言，目前我国人民币流向世界各国的主要方式就是国际贸易，通过在国际贸易中发挥交易媒介职能，可以使其在全球更广的范围内使用，在贸易往来过程中，由于不同交易方使用货币的差异，在交易结算过程中往往需要大量时间与精力去统一交易货币或者规避汇率波动风险，给国际贸易带来一定阻碍。同时，不同货币的汇率都在不断变化，使得采用不同货币衡量的资产价值存在差异，在交易过程中也会产生交易成本。为此，如果使用统一国际货币进行交易，则可以较大程度减少货币兑换成本并促进贸易实现。而交易币种的选择，一方面需要考虑国家的交易量，交易量越大，在国际市场上越容易拥有主动权，并更容易使用本币进行结算，当两个国家贸易实力相当时，一般会选择通用的国际货币，比如美元；另一方面，货币的汇率波动也会影响交易货币的选择，为了避免在交易过程中由于汇率波动带来的货币价值差异，以及产生的交易成本，通常会以综合国力更强国家的币值稳定的货币作为交易货币。

其次，对于计价单位职能而言，主要考虑币值的稳定性和货币的认可度。当一国货币能够被更多国家认可并使用时，该国货币才具有了作为国际计价货币的基础。另外，货币计价是为了将所交易的资产进行准确度量，确定出一个可信的相对稳定的价值。因此，币值的稳定性也会被重点考虑。目前在国际货币计价中，比较常用的币种是美元和欧元，欧元主要集中于欧元区，而美元作为世界上最重要的国际货币，被大多数国家采纳使用，但是美元币值也会因为其国家经济状况和国际形势变化而产生价值偏差，造成以美元标价的资产价格变动。当人民币及其资产在国际市场上进行交易时，如果始终用美元表示其价值，会给我国在国际市场上进行交易或者资产价值衡量带来不便，使得人民币不断向美元看齐。以人民币进行标价的资产价格会随着人民币真实价值的变动呈现出不同价格，能够更加及时准确地反映内在价值，而不是随着美元汇率的变动不断进行价格兑换，失去价格的准确性。在发挥计价货币职能时，汇率波动会对其产生直接影响。当汇率升高时，与人民币相关的资产价值会提高，当汇率降低时，价值随之下降，并且当汇率波动率较高时，会使得资产价值难以准确表示。因此，为了减少这种不确定性带来的风险与损失，在国际市场上通常会选择币值比较稳定的货币作为计价货币。

最后，对于价值贮藏职能而言，最主要的就是被用于官方外汇储备，在这方面，不仅可以满足国内需求，而且可以用于调节国际收支，维持国内经济平稳发展。汇率波动会改变国际外汇储备中所持有的人民币价值，甚至造成大量外汇价值的损失。汇率波动不利于其他国家将人民币添加为储备货币，各国通常会选择全球使用程度更高、币值更稳定的货币。当人民币具有较好的投资价值时，人民币在境外被机构或者个人投资贮藏时，汇率波动会影响相关资产的价值，当人民币升值或者存在升值预期时，国外投资者或者投机者更容易投资人民币，使得人民币被境外流通使用程度加大。反之，当人民币贬值或者有贬值预期时，市场上的投资者认为继续持有人民币及其资产会遭受损失。根据资产组合理论，为了增加持有资产的收益，市场上的参与者往往会通过对各种资产进行合理配置以获得更高收益。同时，风险和收益并存，对于高风险投资者或者投机者，人民币汇率的波动也可能带来更高的收益，不同投资者或者投机者会在汇率波动的不同阶段调整对人民币资产的配置。汇率波动对人民币国际化进程的影响机制如图 8－1 所示。

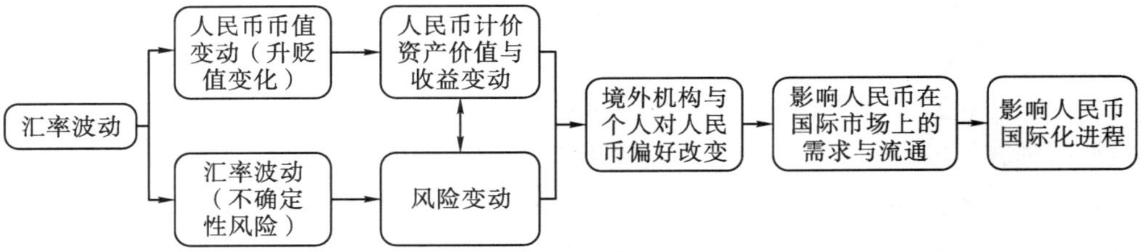

图 8－1　汇率波动对人民币国际化进程的影响机制

综上所述，汇率波动会影响人民币货币职能发挥及其资产价值与收益的变化，进而影响境外机构对人民币的偏好与需求，最终影响人民币国际化进程。

### 8.2.2　汇率波动影响人民币国际化进程的路径

跨境贸易结算和国际资本流动是人民币在境外流通并在国际市场上发挥国际货币职能的重要途径，故从这两个方面分析汇率波动对人民币国际化进程的影响。

1）在跨境贸易结算中汇率波动对人民币国际化的影响

跨境贸易是人民币在境外流通的重要方式，我国通过大规模跨境贸易，一方面能够促进国内经济发展，增强我国在全球的贸易实力，另一方面可以提高人民币在国际贸易中的结算比例。在跨境贸易中，汇率波动通过两个方面对贸易结算产生影响，分别为汇率水平波动的价格渠道和汇率波动率的风险渠道，汇率水平波动引起的价格变动将会影响我国企业的进出口倾向及进出口贸易额，而汇率波动率变化导致的人民币价值不稳定将会影响在贸易结算过程中的结算货币选择。

(1)考虑汇率水平波动对跨境贸易的影响

人民币升值或贬值时跨境贸易中的交易标的价格会发生变化，进而影响进出口额。根据传统经济学理论，一国货币升值会导致进口产品的国内价格下降，根据收入效应和替代效应，进口产品的需求将会增加，因此人民币升值会促进进口；而贬值则会导致出口产品的国外价格下降，从而使境外需求相对上升，因此人民币贬值有利于出口。

在国际贸易中，一般都按照“收硬付软”的原则来选择结算货币。当人民币存在升值预期时，我国出口企业偏向于用人民币进行结算，而进口企业则偏向于使用外币，此时结算货币的最终决定取决于两国贸易竞争力的大小，包括贸易中产品的差异性、货币的价值稳定性、贸易规模等。当中国贸易竞争力较强时，在出口贸易中，人民币被用作结算货币的比例会上升。在进口中，当人民币升值时，我国进口企业一般不会偏向于选择人民币，而出口方则更加愿意选择相对稳定并且处于升值状态或者预期升值的货币作为结算货币，因此汇率波动对贸易结算中人民币的使用具有较大影响。

汇率水平波动对跨境贸易人民币结算的影响如图8-2所示。

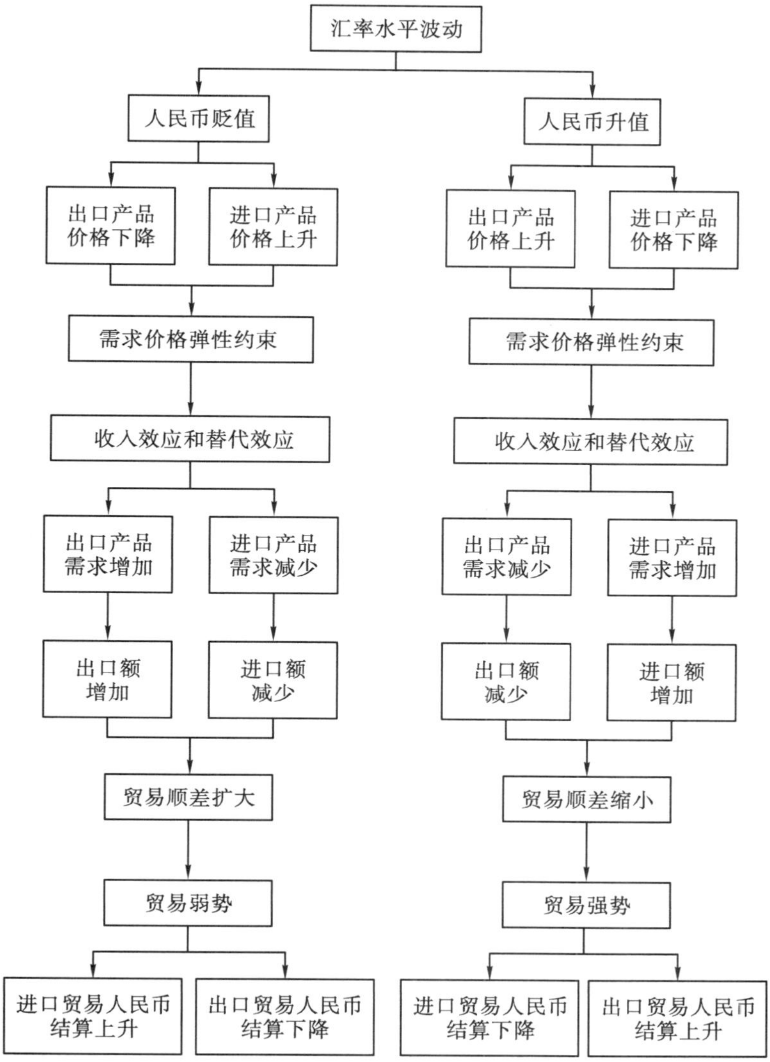


图8-2　汇率水平波动对跨境贸易人民币结算的影响

当人民币贬值时有助于我国国际贸易顺差的扩大，升值则不利于贸易顺差扩大，而贸易顺差变动会影响跨境贸易中人民币的使用偏好。在升值或者贬值的不同状态下，人民币在具体结算中的使用程度还取决于我国的贸易竞争力。当我国处于贸易强势且处于升值状态时，人民币在出口贸易中的结算比例上升，而进口贸易中的结算比例则下降，反之亦然。

(2)考虑汇率波动率变化对跨境贸易的影响

在国际贸易中，当一国货币的汇率波动幅度较大时，以该国货币标价的交易物的价值就会出现波动，带来商品价值的不稳定，给交易双方带来阻碍，在交易过程中汇率差异会给双方带来交易成本的增加，并且较大的汇率波动也会改变各国的贸易倾向。

在国际贸易中，当汇率波动率较高时，跨境贸易的风险会相对提高，不同厂商根据自己的风险偏好水平而采取不同的措施。对于风险偏好型厂商，在跨境贸易中会积极平衡其收益和风险，并且会倾向于在承担高风险的过程中寻找更高的收益，此时适度的汇率波动会促使风险偏好型厂商进行跨境贸易与投资。对于风险厌恶型厂商，在面临风险时，会迅速调整贸易方向，将自己的投资转向更加安全的标的上，尤其是会减少国际贸易，更多地进行国内贸易，此时汇率波动不利于其开展跨境贸易。而对于风险中立型厂商，在一定的风险承受范围内，不会因为汇率风险变动而调整投资方向，此时汇率波动不会影响风险中立型厂商的贸易倾向。

在实际贸易过程中，大多数厂商追求成本最小化、收益最大化。为了提高收益并减少贸易损失，当汇率波动率较高时，厂商会倾向于把贸易转移到国内。而且在国际贸易中大部分参与者都是风险厌恶者，汇率波动风险的提升不利于进出口贸易的发展。一个国家内部由众多厂商共同构成，当一国汇率风险变化时，这些厂商通过不同的贸易措施会影响一国整体的进出口贸易情况，所以，汇率波动会对一国跨境贸易发展产生较大的影响。汇率波动率变化在跨境贸易过程中对人民币作为结算货币的影响如图 8－3 所示。

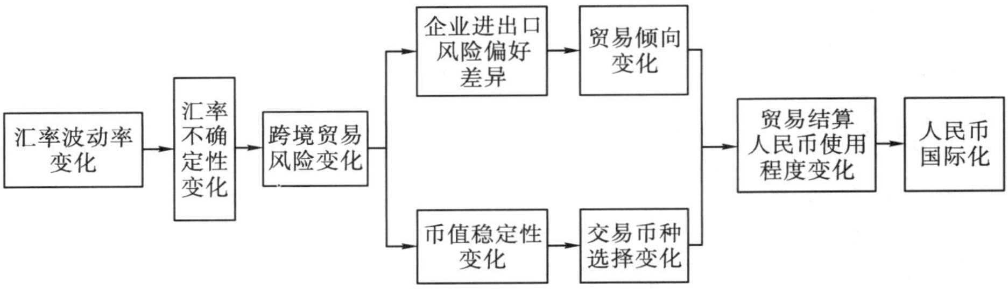


图 8－3　汇率波动率变化对跨境贸易人民币结算的影响

汇率波动率变化会影响企业的贸易倾向以及国家整体的进出口发展，进出口额的增加能够提升交易结算规模，但在具体的贸易结算中结算货币的选择也是一个重要方面。在结算货币选择的相关分析中，部分学者认为跨境贸易结算货币是可以使交易成本最小的货币；而大部分学者则认为在国际贸易结算币种选择时存在货币惯性和规模效应，即一国货币的使用范围越广，越容易在之后的贸易中被使用。

在现实中，跨境贸易结算货币的选择一般遵从以下规律。

首先，国际贸易中一国的贸易规模越大，提供产品的差异化程度越高，在国际贸易中的话语权就越大，而本国交易者往往会采用本国货币作为交易货币，所以，此时本国货币的结算比例就会上升。当两个国家经济实力相当时，出口商具有相对优势，会优先选用其货币来结算。而当一国货币汇率波动率较高时，会采用币值较为稳定的货币作为结算货币，以何种货币进行结算将会影响其在各国的流通程度。人民币结算比例的提高表明国际市场上对人民币的认可度逐渐增加，人民币也更容易通过国际贸易在全球市场上流通。

其次，汇率波动带来的金融风险会在金融市场上传导。一是在外汇市场上，由于汇率波动导致外汇产品风险变化并影响外汇市场上的交易量。如果汇率波动率加大，则外汇交易带来的风险和收益的不对称变化会对外汇市场产生不利影响，一方面，与该货币相关的外汇产品的交易量会大量减少，投资者会选择其他金融产品，另一方面，较高的汇率波动风险也不利于外汇市场发展。二是在股票市场上，我国股票市场是发展规模较大、参与程度较高的金融市场之一，其交易量和交易频率远高于其他市场。而汇率波动也会引起股票市场波动及交易状况。三是在货币市场上，汇率波动也会影响货币流通及与其他国家的货币互换业务。四是在信贷市场上，由于利率和汇率之间的内在联系，存贷款利率定价难度加大，商业银行规避利率风险的不确定性加大。由此可见，在金融市场中，汇率波动会给金融交易和金融市场发展带来系统性影响。

由此可见，跨境贸易结算通过贸易和金融两个途径影响人民币国际化，如图 8 - 4 所示。

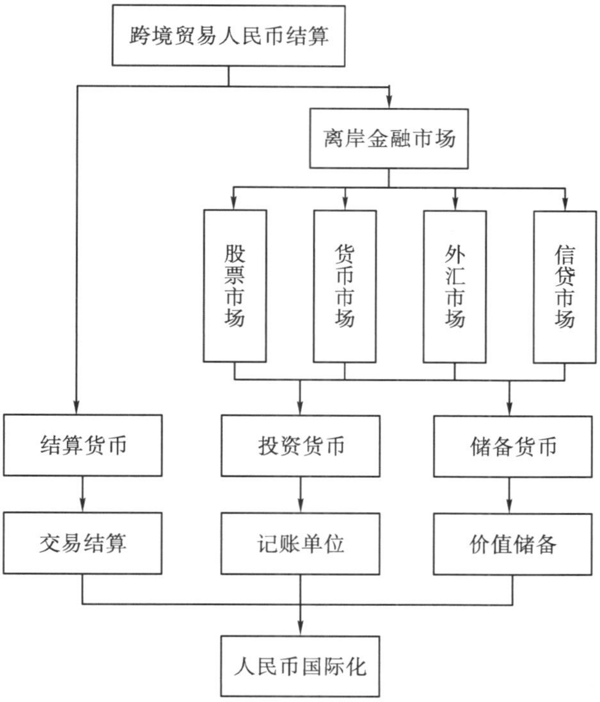


图 8 - 4　跨境贸易结算汇率波动对人民币国际化的影响

汇率水平波动和波动率变化会通过影响跨境贸易人民币结算而影响人民币国际化进程。

2)在国际资本流动中汇率波动对人民币国际化的影响

改革开放以来，我国对国际资本流动有比较严格的监管约束，同时我国的资本项目还未完全开放，导致我国跨境资本流动的规模较小。目前我国国际资本流动主要呈现两个特点，一是在资本流入方面，以外商直接投资为主；二是在资本流出方面，以对外直接投资为主并形成了长期国际资本和金融账户"双顺差"现象。

在国家多方位的支持下，人民币离岸市场建设、自贸区金融创新等一系列措施加快了跨境资本流动的趋势，主要表现为两个方面。一是相对于以往投机性跨境资本而言，主动性跨境资本在我国资本流动中的占比不断增加。同时，通过不断推进和国际社会的交流合作，国内金融对外开放程度逐渐提高。随着经济实力增长，我国开始逐渐参与全球资本项目，促进了国内资金的对外输出，提升了我国在国际资本市场的影响力。此外，近年来优质资本项目也吸引了大量外资进入，体现出我国资本市场向好发展的趋势，提高了对国际资本的吸引力。二是在细分行业中，我国证券市场不断发展，近几年以人民币计价发行的金融产品在全球的比重逐渐上升。以国际债券为例，以人民币计价发行的国际债券在全球债券发行市场中的占比不断提高。虽然与发达国家货币存在较大差距，但我国跨境资本流动的规模在持续扩大。另外，人民币逐渐被其他国家纳入外汇储备中，表明人民币计价资产在国际市场上得到了广泛的认可。

汇率波动对人民币跨境流通的影响如图 8-5 所示。

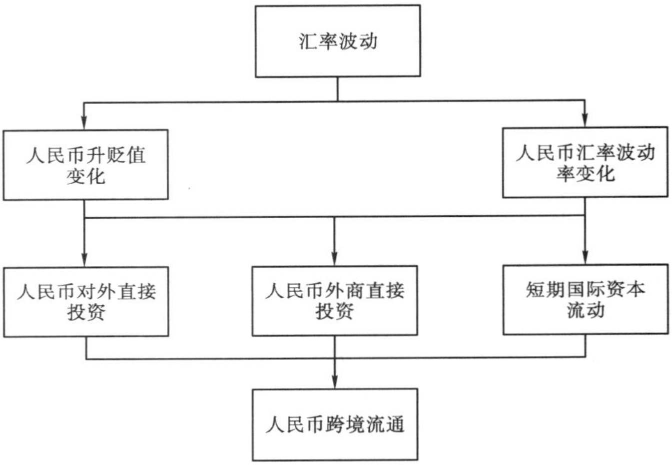


图 8-5　汇率波动对人民币跨境流通的影响

当人民币贬值时，会降低国内机构与个人对外投资的意愿，同时也会削弱境外投资者对人民币的偏好，从而不利于人民币跨境直接投资。当人民币升值时，可以增强国内投资者的信心，提高以人民币进行跨境投资的意向。当汇率波动率上升时，使用人民币进行投资的风险相对提高，会削弱投资者对人民币的投资倾向，从而不利于国际资本流动。

在国际资本流动中，对外直接投资与人民币国际化关系密切，而人民币对外直接投资与人民币外商直接投资具有相同的影响效果。人民币对外直接投资对人民币国际化的直接影响如图 8-6 所示。

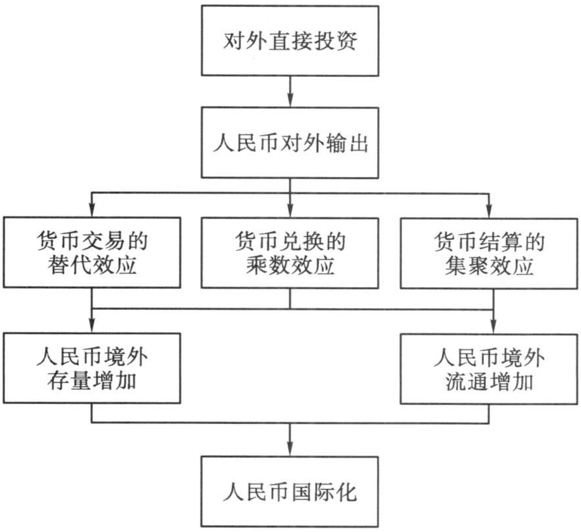

图 8－6　对外直接投资对人民币国际化的直接影响

人民币对外直接投资对人民币国际化的直接影响途径有三条。一是对外直接投资促进了不同货币在交易过程中的替代效应。在跨境投资过程中，相较于被投资方，我国作为投资方具有相对优势，有助于投资过程中选择人民币作为交易货币，并且跨境直接投资可以省去不少交易成本，提高投资效率。二是随着对外投资的不断进行，其他国家(地区)人民币的存量与流量不断增加，甚至替代东道国的主权货币，对外直接投资促进了货币兑换的乘数效应。一个完整的投资过程包括资金的投放与回笼，资金在循环流动时，需要不断进行货币交换，而人民币通过与外币之间的多次兑换，可以有效提高境外人民币流量。三是对外直接投资促进了货币结算的集聚效应。作为投资方，我国企业会优先选择人民币作为结算货币。而随着对外投资的不断进行，会带动进出口贸易等方面的发展，提高区域内人民币的流通与使用倾向，并且产生一定的货币惯性，进而促进人民币在境外被用作结算货币。

人民币对外直接投资对人民币国际化的间接影响如图 8－7 所示。

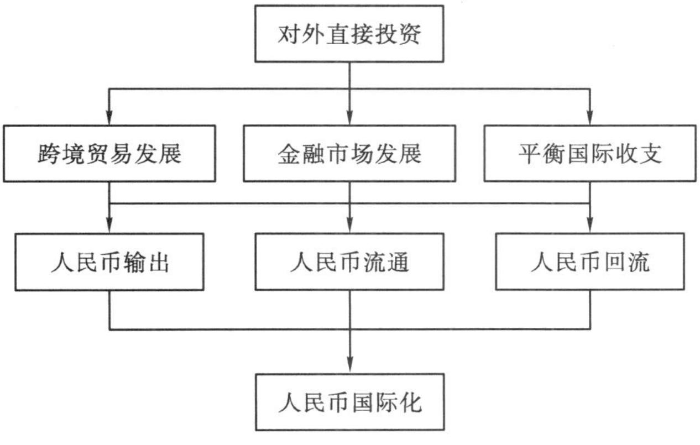

图 8－7　对外直接投资对人民币国际化的间接影响

在间接影响路径中，人民币对外直接投资对人民币国际化的间接影响途径也有三条。一是对外直接投资可以促进跨境贸易发展，在跨境投资时，我国企业将资金输出到国外的过程中，也将国内的多种资源输出到国外，其中包括生产资料、设备技术、人力资源等。在资本回流过程中，除了获得的利润之外，生产的产品等也部分回流到国内，因此，对外投资促进了跨境贸易发展并提高了人民币流通。二是推动我国金融市场发展。在对外投资时除了企业自有的资金外，企业首先需要在金融市场上融资。在融资过程中，不管是国内融资还是国际融资，股权融资还是债权融资，都需要完善的制度保障和发达的金融体系支持。因此，对外直接投资能够推动我国金融市场的发展与对外开放。三是通过平衡国际收支促进人民币国际化。我国曾长期实行出口导向型战略，近几年更是出现了"双顺差"现象，这会加剧我国对外贸易的依赖性，经济独立性相对下降，在国际贸易摩擦中也可能受到更大的冲击。对外直接投资有助于国内资本输出，通过经常项目顺差和资本项目逆差的合理搭配助推人民币的输出和回流，保持平稳流动，进而加快人民币国际化进程。

关于汇率波动、短期国际资本流动和人民币国际化的关系，可以分为两个方面。

首先，汇率波动会对短期国际资本流动和人民币国际化产生影响。当人民币存在升值预期时，相应的资产价值就会发生变动，境外的投资者会通过投机套利等行为参与人民币资产配置。表现为在外汇市场上将其他货币兑换为人民币，以及在全球市场上购买人民币计价资产，增加对金融账户的投资。当人民币升值之后，国际资本会获得投资收益。另外，当人民币存在升值或者升值预期时，会提高境外对人民币的信心，调整国际市场参与者的投资偏好，从而增加人民币资产的投资份额，此时人民币在跨境贸易结算、国际外汇储备中的比重就会增加。反之，当存在贬值预期时，会降低国外对人民币计价资产的信心，并选择抛售人民币资产，转而配置其他资产。另外，对于国际储备而言，人民币贬值意味着一国(地区)所拥有的人民币外汇储备的价值会减小，造成官方储备的损失。可见，人民币贬值也不利于人民币作为国际外汇储备。此外，当汇率波动幅度不断加大时，风险也会相应上升，影响国际资本流动。对于一部分投机者而言，会选择在市场中投机获利，但是对于大部分人民币资产持有者来说，将会给其带来更大的资产价值波动风险。同时，汇率波动幅度提高增大了汇率的弹性区间，进而扩大了对人民币的投资套利区间。

其次，短期国际资本流动会对汇率波动及人民币国际化产生影响。由于具有高频率、高风险等特点，为了在国际市场上不断获利，短期国际资本不断向收益率更高的地方流动，而这种资本的流动会影响人民币在境内外的供求关系，进而引起人民币汇率波动。此时境外投资者会根据风险承受能力改变对人民币资产的配置。当短期国际资本流入时，就会在离岸市场上增加对人民币资产的配置，并表现出对人民币较强的需求，通过这种即时供求关系的变化，人民币汇率会产生短期波动，并且产生升值倾向，增强境外对人民币的信心，进而有利于人民币国际化进程。反之，当短期国际资本大量流出时，表现为外商直接投资的减少和对外直接投资的增加，国际市场投资者选择将人民币资产兑换为其他货币资产，寻找更加稳定的高收益，而人民币在国际市场上就表现为被大量抛售，出现人民币过剩，使人民币开始贬值，而贬值又会降低境外对人民币的偏好和信心，进而减少持有量和交易量，不利于人民币国际化。

综合上述分析，在国际资本流动中汇率波动会影响人民币跨境直接投资与短期国际资本流动，而人民币跨境直接投资与短期国际资本流动又会通过不同途径影响人民币国际化。

## 8.3　人民币汇率波动测度

目前对汇率波动率的测度方法主要有两类，一类是将汇率的对数差分之后取标准差，但这种方法存在低估汇率波动率的可能；另一类比较准确的方法是用 ARCH 族模型进行测度，经过学者的大量研究，发现其中的 GARCH(1,1)模型的测度结果最好。

为此，选取 2005 年第一季度至 2019 年第三季度人民币对美元汇率中间价的季度数据作为研究对象。采用 GARCH(1,1)测度汇率波动率的原理就是建立人民币汇率的自回归模型，然后用模型的条件标准差来衡量汇率波动率，基本形式为

$$\mathrm{EX}_t=\alpha+\beta\,\mathrm{EX}_{t-1}+\varepsilon_t \tag{8-1}$$

$$\sigma_t^2=\gamma_0+\gamma_1\varepsilon_{t-1}^2+\gamma_2\sigma_{t-1}^2 \tag{8-2}$$

通过估计，得出 GARCH(1,1)模型的结果，如表 8－1 所示。

**表 8－1　GARCH(1,1)模型估计结果**

| 模型 | 变量 | 系数 | 标准差 | $Z$ 统计量 | $p$ |
|---|---|---|---|---|---|
| 均值方程 | 常数 | 0.092272 | 0.032258 | 2.860443 | 0.0042 |
| | ER(－1) | 0.985056 | 0.004553 | 216.3363 | 0.0000 |
| 方差方程 | 常数 | 0.000172 | 0.00005 | 3.184506 | 0.0015 |
| | RESID(－1)$^2$ | 0.222457 | 0.081245 | 2.738102 | 0.0062 |
| | GARCH(－1)$^2$ | 0.726088 | 0.076944 | 9.436570 | 0.0000 |

从表 8－1 中方差项的系数可以看出，两者均为正，并且系数和小于 1，满足该模型的基本要求，因此可以用其条件标准差衡量汇率的波动率，测度结果如图 8－8 所示。

从图 8－8 可以看出，以 2015 年“8・11 汇改”作为分水岭，可以将汇率波动分为两部分。“8・11 汇改”之前，人民币保持升值趋势，汇率波动率较小。“8・11 汇改”之后，人民币不再单向升值，汇率开始双向波动，而汇率波动率也大幅提高。

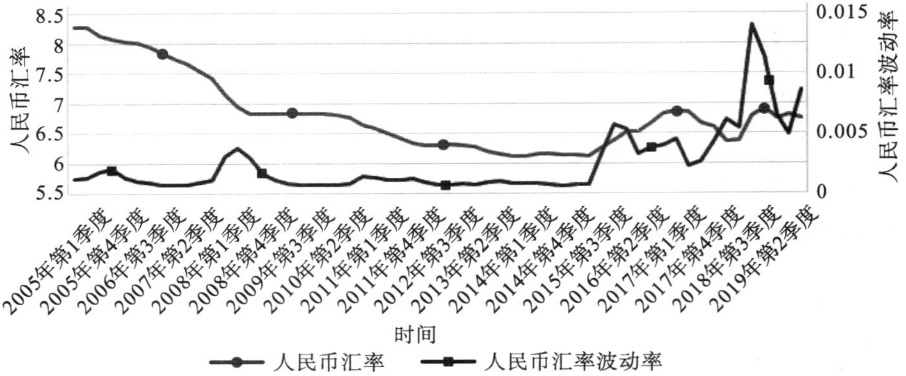


图 8－8　人民币汇率(1 美元兑人民币，下同)波动情况

## 8.3.1　钉住汇率制时期

1994 年，我国取消了汇率双轨制度，推行“以市场供求为基础的、单一的、有管理的浮动汇率制度”。主要内容包括，人民币不再实行复汇率制，而是结合市场供求来进行调节，并且汇率不再由国家统一确定，而是由相关银行自主确定。这次改革逐渐放松了对汇率的管制，开始参考市场供需情况。1996 年我国允许部分人民币项目可以进行有条件兑换。1997 年 7 月亚洲金融危机之后，要求对人民币实施贬值，在国内外多方面的压力下，我国仍然采取相对稳健的措施，将汇率逐渐稳定在 8.27 左右。

图 8－9 显示了 1994—2004 年我国汇率波动情况。

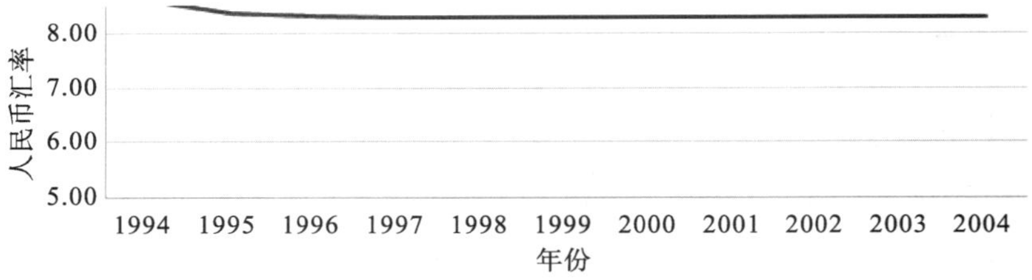


图 8－9　1994—2004 年人民币汇率波动

从图 8－9 可以看出，1994—1997 年汇率持续下降，人民币经历了一段升值期。从 1997 年开始汇率逐渐稳定在 8.27 的水平。在此期间汇率还没有实现自由浮动，由国家统一指定，只能在官方规定的汇率弹性内小幅波动。

## 8.3.2　有管理的浮动汇率制时期

2005 年“7 · 21 汇改”标志着有管理的浮动汇率制度的开始。主要有三个方面：第一，取消固定汇率制，实施有管理的浮动汇率制，并且结合市场供求参考一篮子货币进行调节。第二，将人民币初始汇率调整到 8.11，用于确定下一日银行间市场汇率的中间价。第三，采用做市商制度，人民银行以做市商报价为基础，指定第二天的中间价，并且将波动范围限制在3%以内。

在之后的几年，我国跨境贸易发展趋势较好，产生了大量的经常项目和外汇储备，人民币被迫升值。这在一定程度上促进了我国经济发展，我国GDP以年均14.5%的增速从2005年的18.73万亿元上升到2014年的64.13万亿元，跨境贸易额以年均9.5%的增速从11.69万亿元上升到26.43万亿元。

在此期间，人民币汇率从2005年的8.11持续下降到2014年的6.12，而汇率波动率除了在2008年全球金融危机时期产生小幅变化外，整体较低，具体结果如图8-10所示。可以看出，2005年"7·21汇改"开启了人民币的浮动汇率制度，虽然还没有实现自由浮动，但是在一定程度上提高了汇率的市场化程度。

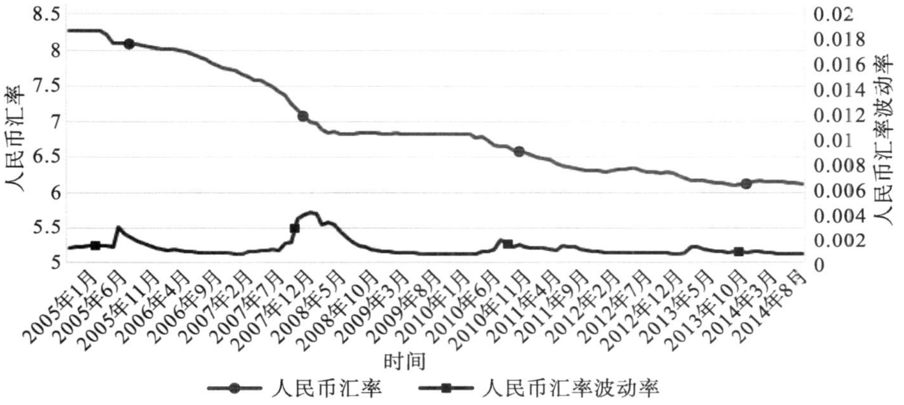


图8-10　2005—2014年人民币对美元汇率波动

### 8.3.3　汇率弹性不断加大时期

近年来，人民币在国际贸易与投资中的使用比例逐渐增加，与其他国家的货币往来也越来越频繁，而我国的汇率干预造成了较大的影响，需要更加灵活的汇率制度来满足人民币在境外的流通与职能发挥，以适应更加复杂的国际货币环境。

2015年"8·11汇改"重新规定了人民币汇率中间价的确定方法，在此之后，人民币汇率开始双向波动，而汇率波动率也大幅提高，具体变化如图8-11所示。

"8·11汇改"重新确定了人民币汇率中间价的确定方法。规定做市商需要参考银行间市场前一日的汇率收盘价，并结合市场交易情况以及外汇供求，参考货币篮子来确定下一日的汇率中间价。这次汇率制度改革标志着汇率中间价的确定正式由央行转向市场，极大地提高了汇率的市场化程度。

总的来讲，汇率制度改革过程中汇率波动具有以下特点：第一，汇率的确定方式越来越灵活，而汇率波动也趋于明显。汇率开始双向波动，且波动率大幅提高。第二，汇率的市场化程度不断提高，国家干预逐渐减少，逐渐由市场来确定汇率。第三，随着我国经贸投资的不断发展，人民币在国际市场上的参与程度越来越高，但仍需不断完善汇率制度改革。

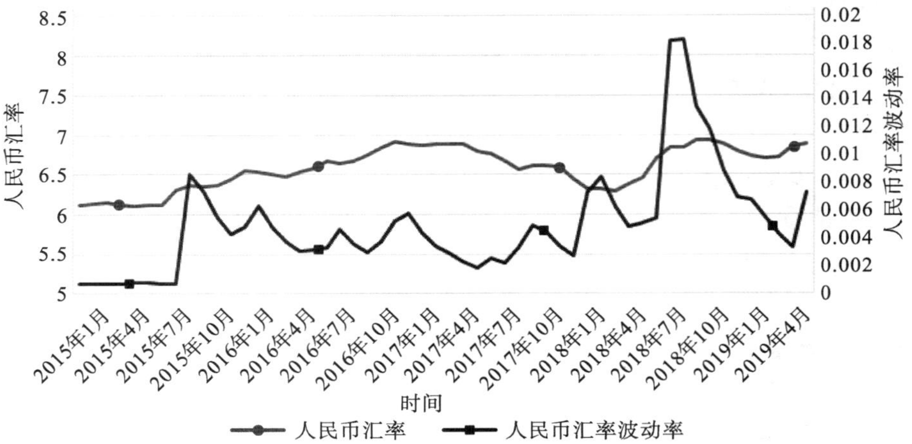


图 8－11　2015—2019 年人民币对美元汇率波动

## 8.4 汇率波动与人民币国际化进程的变化关系分析

### 8.4.1 直接关系分析

人民币国际化与汇率波动存在相反的变化趋势(见图 8－12)。在“8·11 汇改”之前,汇率不断降低,而人民币国际化程度不断提高。在汇率制度改革之后,人民币国际化程度整体上提高缓慢,而汇率则开始双向波动。两者具有相反的变化趋势,表明升值有利于人民币国际化进程,贬值则具有阻碍作用。

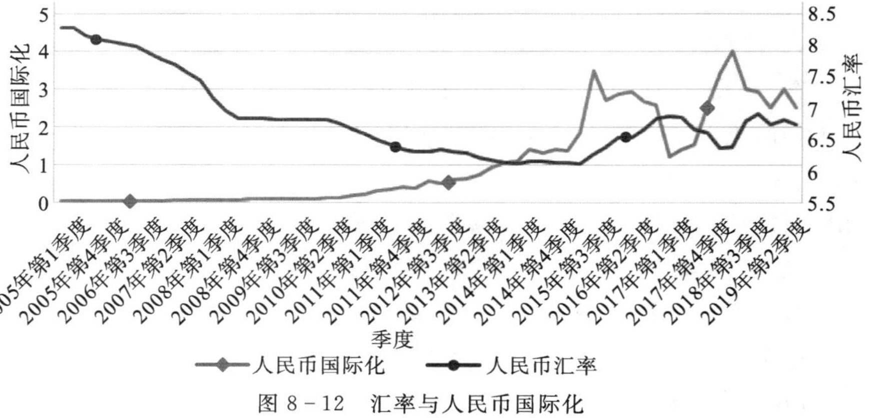


图 8－12　汇率与人民币国际化

在“8·11 汇改”之前,汇率波动率较小,而人民币国际化程度不断提升。在此之后,汇率波动率整体上大幅度提高,而人民币国际化进程在出现大幅降低之后开始缓慢提高。两者之间存在相反的变化趋势,说明汇率波动率的提高不利于人民币国际化进程(见图 8－13)。

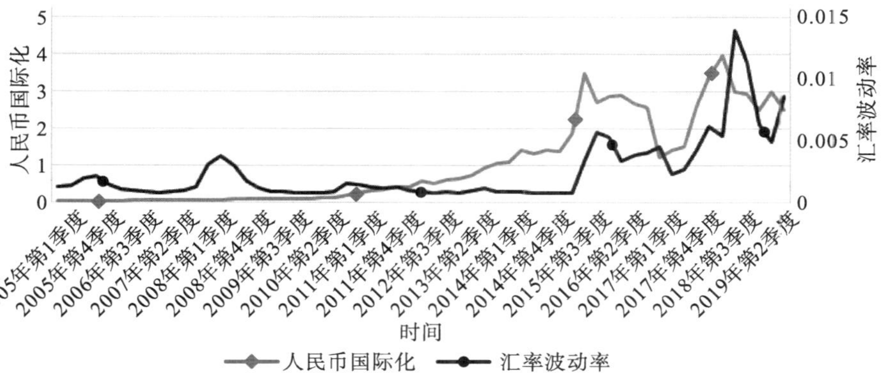


图 8－13　汇率波动率与人民币国际化

### 8.4.2　间接关系分析

人民币国际化进程与跨境贸易人民币结算存在相同的变化趋势(见图 8－14)。在"8·11汇改"之前人民币国际化程度与跨境贸易人民币结算均呈现相同的增长趋势。在汇率制度改革之后,人民币国际化程度与跨境贸易人民币结算金额均降低,之后保持稳定。可以看出,跨境贸易人民币结算与人民币国际化进程存在正向关系,与预期的跨境贸易人民币结算能够促进人民币国际化进程一致。

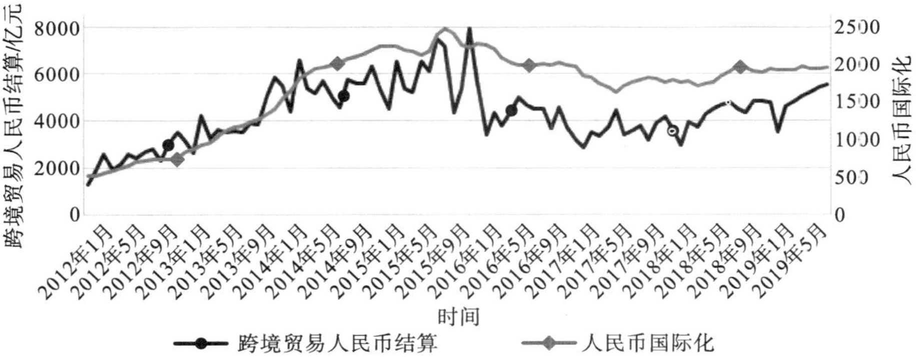


图 8－14　跨境贸易人民币结算与人民币国际化

人民币国际化与人民币全球支付份额存在相同的变化趋势(见图 8－15),表明人民币全球支付份额的提升有助于促进人民币国际化进程。

跨境贸易人民币结算与人民币汇率波动趋势相反(见图 8－16)。"8·11 汇改"之前跨境贸易人民币结算额不断增加,而人民币汇率逐渐降低,即人民币不断升值。汇率制度改革之后跨境贸易人民币结算额在大幅下降之后维持稳定,而汇率出现双向波动。从整体来看,汇率从 6.2 逐渐浮动到"破 7",从变化趋势来看两者存在反向变化关系,也表明升值有助于跨境贸易人民币结算额的增加,而贬值则具有抑制作用。

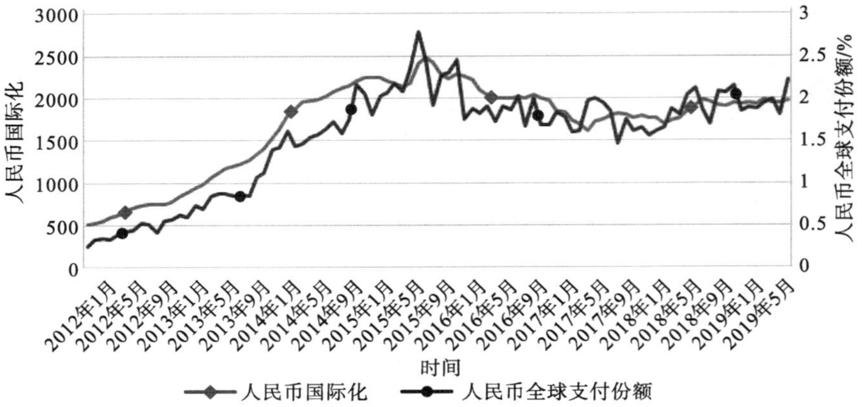


图 8－15　人民币全球支付份额与人民币国际化

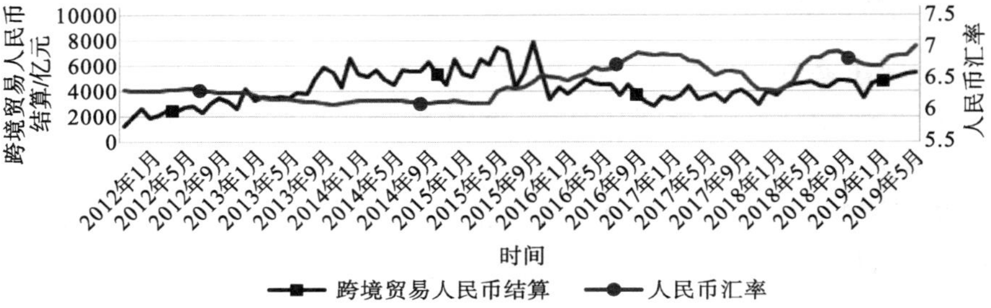


图 8－16　汇率与跨境贸易人民币结算

跨境贸易人民币结算与汇率波动率也呈现相反的变化趋势(见图 8－17)。在“8・11汇改”之前跨境贸易人民币结算额不断上升,而汇率波动率很小基本不变。在汇率制度改革之后,跨境贸易人民币结算额在大幅下降之后基本保持不变,而汇率波动率整体上大幅提高。从变化趋势来看,两者具有相反的变化关系,表明汇率波动率的提高不利于跨境贸易人民币结算的发展。

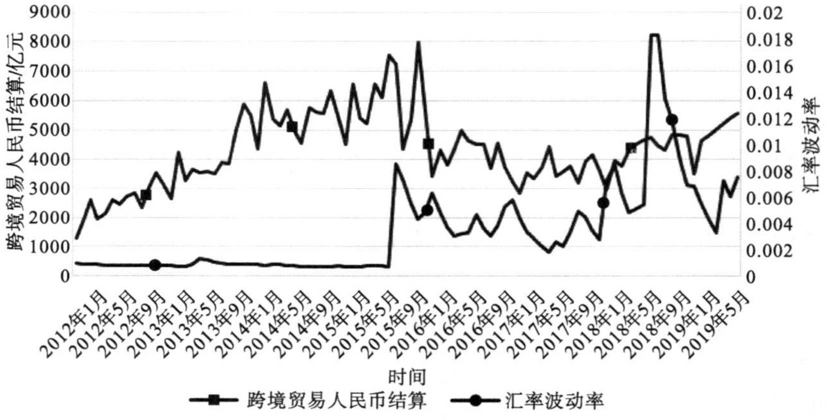


图 8－17　汇率波动率与跨境贸易人民币结算

人民币全球支付份额与汇率也呈现相反的变化趋势(见图 8－18)。在“8·11 汇改”之前,人民币全球支付份额不断上升,而汇率不断下降,人民币持续升值。“8·11 汇改”之后,人民币全球支付份额在大幅下降后基本维持不变,而人民币汇率开始双向波动,汇率整体上不断升高,即人民币出现贬值。从变化趋势来看汇率变动与人民币全球支付份额呈现负向变化关系,表明贬值不利于人民币全球支付份额的提高。

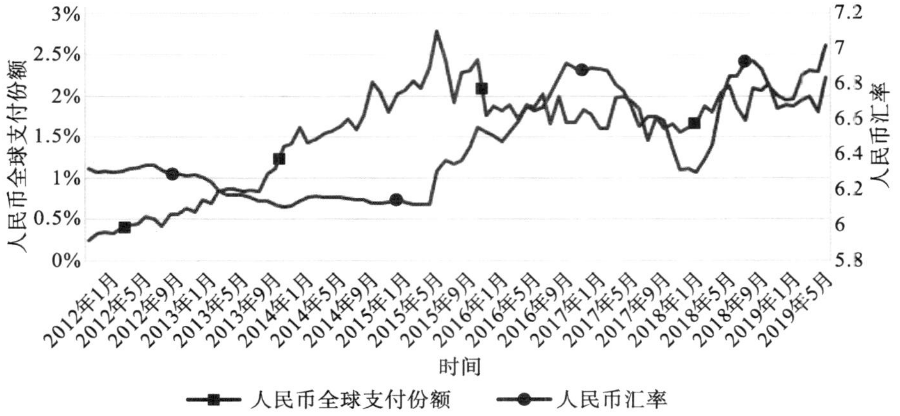


图 8－18　汇率与人民币全球支付份额

人民币全球支付份额与汇率波动率也呈现相反的变化趋势(见图 8－19)。在“8·11 汇改”之前,人民币全球支付份额不断提高,而汇率波动率较小并保持不变。汇率制度改革之后,人民币全球支付份额在下降后基本维持不变,而汇率波动率整体上大幅提高,汇率波动率与人民币全球支付份额存在负向变化关系,表明汇率波动率的提高不利于人民币全球支付份额的提升。

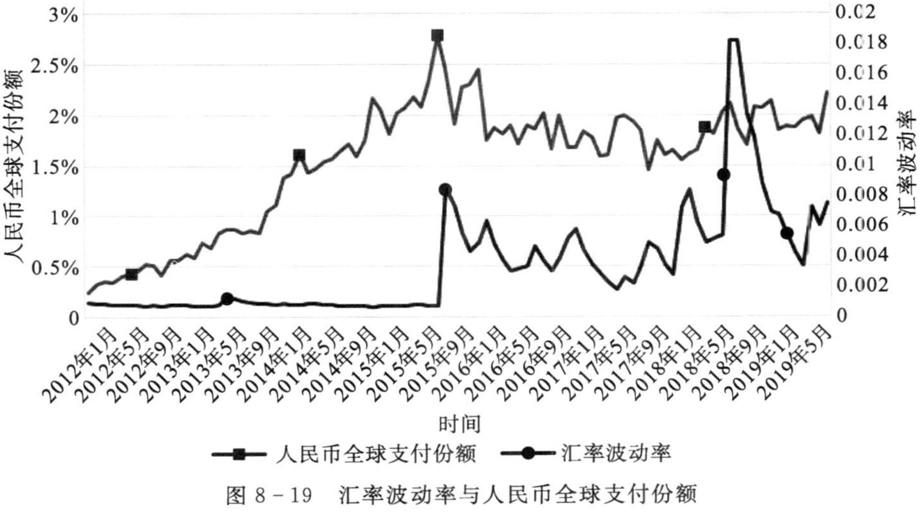


图 8－19　汇率波动率与人民币全球支付份额

图 8－20 表示人民币跨境直接投资与人民币国际化进程之间的关系,可以看出,人民币跨境直接投资与人民币国际化进程存在相同的变化趋势。“8·11 汇改”之前,人民币

国际化程度不断上升，跨境直接投资整体上也呈现上升趋势。汇率制度改革之后，人民币国际化进程出现下降，之后缓慢提高，人民币跨境直接投资在汇率制度改革之后也出现下降，之后人民币外商直接投资逐渐增加，而人民币对外直接投资基本保持不变。

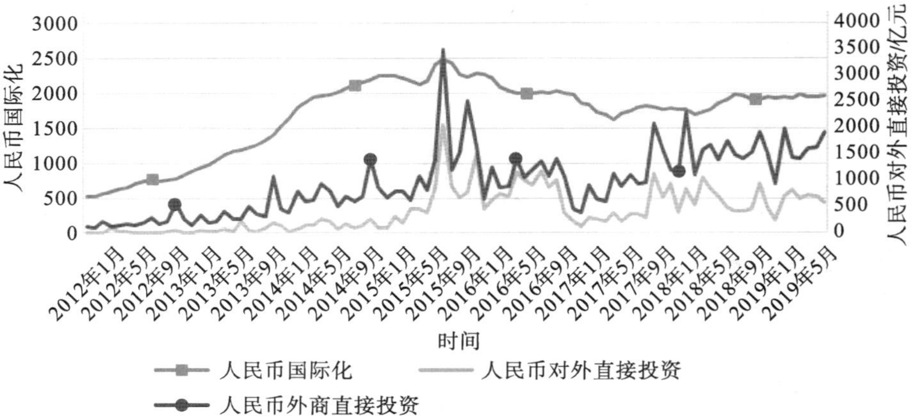


图 8－20　人民币跨境直接投资与人民币国际化

图 8－21 表示汇率与人民币跨境直接投资的关系，从图中可以看出，汇率与人民币跨境直接投资存在相反的变化趋势。在“8·11 汇改”之前，人民币汇率不断降低，而人民币跨境直接投资不断增加。在汇率制度改革之后，人民币跨境直接投资额出现降低，而人民币汇率整体上大幅提高，表明汇率与人民币跨境直接投资之间存在负向关系，即贬值不利于人民币跨境直接投资，而升值则有促进作用。

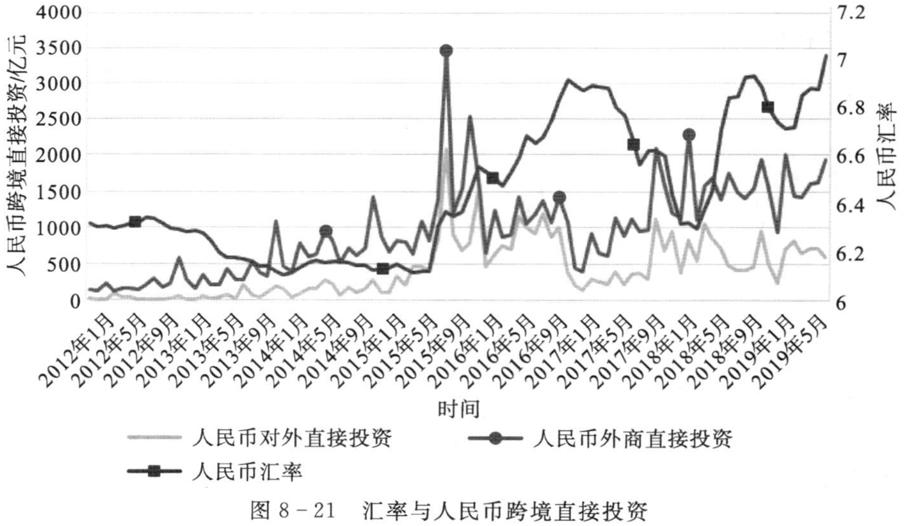


图 8－21　汇率与人民币跨境直接投资

图 8－22 表示汇率波动率与人民币跨境直接投资之间的关系。可以看出，在“8·11 汇改”之前，汇率波动率较小，人民币跨境直接投资额不断增加。在汇率制度改革之后，汇率波动率整体上大幅提高，而人民币跨境直接投资整体出现了下降。从变化趋势看出

两者之间具有负向的关系,表明汇率波动率的提高不利于人民币跨境直接投资。

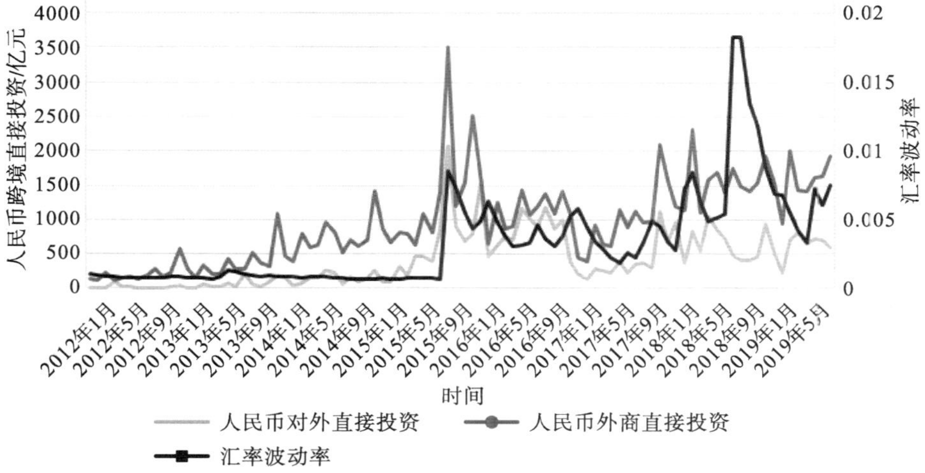


图 8-22　汇率波动率与人民币跨境直接投资

图 8-23 表明从 2005 年"7·21 汇改"之后到 2015 年之前,汇率不断下降,即人民币在持续升值,此时短期资本流动额较小,并且表现为流入。到 2015 年之后人民币开始双向波动,不再单一升值,从整体上看汇率在逐渐上升,即存在贬值趋势,而短期国际资本则从国内急剧流出,与此同时,我国人民币国际化进程也逐渐减慢。从以上初步分析来看,短期国际资本流动与汇率之间存在着负向关系,表明汇率的提高不利于人民币跨境直接投资。

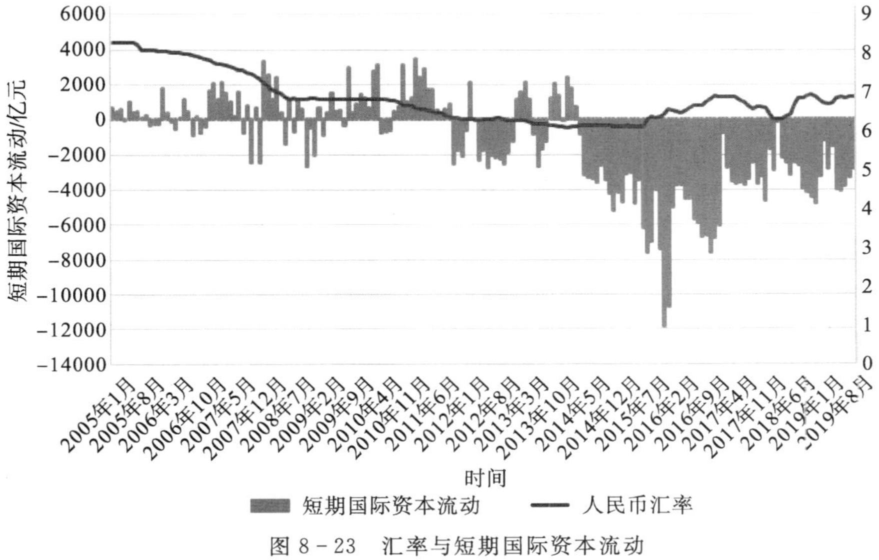


图 8-23　汇率与短期国际资本流动

## 8.5 汇率波动对人民币国际化进程影响的实证分析

### 8.5.1 变量选取与说明

1)数据来源

选取各代表性变量2005年第一季度至2019年第二季度的季度数据进行研究。该区间包括了人民币国际化进程中比较重要的几个时间节点:2005年汇率改革、2009年人民币跨境结算试点建设、2015年“8·11汇改”、2016年正式加入SDR、2018年中美贸易摩擦等,可以全面分析汇率波动对人民币国际化进程的影响效应。各变量选取与数据来源如表8-2所示。

表8-2 变量选取说明

| 影响因素 | 变量 | 变量说明 | 数据来源 |
|---|---|---|---|
| 人民币国际化 | SHA | 人民币国际化指数 | 上述主成分分析法测得 |
| 人民币汇率 | ER | 人民币对美元汇率中间价 | 外汇管理局、IMF |
| 汇率波动率 | VOL | 上述GARCH(1,1)模型测得 | 外汇管理局、IMF |
| 经济实力 | GDPS | 我国GDP与全球GDP的比值 | 国家统计局、IMF |
| 贸易实力 | MYY | 我国国际贸易总额与GDP的比重 | 海关总署 |
| 金融市场发展水平 | FIN | 我国股票交易额与GDP的比值 | 上交所、国家统计局 |
| 国内外利差 | ZMLC | 我国与美国一年期国债收益率之差 | IMF |
| 货币稳定性 | CPI | 我国季度CPI指标 | 国家统计局 |
| 短期国际资本流动 | ZBB | 间接法:短期国际资本流动=外汇储备额增量-贸易顺差-外商直接投资额 | 外汇管理局、商务部、万得数据库 |
| 人民币供应量 | M2 | 我国国内市场上流通的人民币 | 中经网数据库 |
| 加入SDR的影响 | SDR | 2016年第三季度之前取0,之后取1 | 虚拟变量 |
| 货币惯性 | SHA(-1) | 用人民币国际化一阶滞后项表示 | — |

2)被解释变量

选用人民币国际化指数(SHA)反映人民币国际化进程,该指数从三大国际货币职能出发,能够较好地反映人民币在境外的职能发挥以及认可度,进而准确衡量人民币国际化进程。

3)解释变量

核心解释变量为汇率波动。随着汇率制度改革的进行,人民币的汇率及汇率波动率都在变化。其中,人民币汇率(ER)用人民币价值的升贬值变化,即汇率的水平波动来表示;汇率波动率(VOL)用汇率波动性特征,即汇率的垂直波动来表示。

与此同时,一国的经济实力、贸易实力、金融市场发展水平、国内外利差、货币稳定性、货币惯性等也会对人民币国际化产生影响。

国家经济实力(GDPS)用我国GDP与全球GDP的比值来表示。一国主权货币的国际化发展与其国家实力息息相关，随着货币在全球的参与度和认可度的不断提高，被其他国家接纳并使用。因此，货币国际化离不开一国综合国力的保障。经济实力是综合国力的重要体现之一，可以用该国与全球GDP的比值表示，比值越大，表明这个国家的经济越发达。在数据收集时，由于没有世界GDP数据，而代表世界经济发展水平的G20的GDP占据了全球GDP的80%以上，所以在研究中选择G20的GDP总量来代表，用我国在其中的比重代表我国经济实力。

贸易实力指标(MYY)用我国国际贸易总额与我国GDP的比值来反映。一国的国际贸易不仅作为国家经济运行的一部分，也是其综合实力的代表。通过国际贸易，国家可以有效释放国内生产力，满足国内需求，也可以加强国际合作与往来，提升国家的综合影响力。在国际贸易的交易结算过程中，交易双方对于交易货币的选择会影响一国货币在国际市场上的流通与使用程度。作为世界第一贸易大国，在国际贸易中人民币的结算比例将会影响其国际化进程。

金融市场发展水平(FIN)用我国股票交易额与我国GDP的比值来反映。通常一个国家的金融市场发展水平越高，则国内股票交易规模也越大。随着国家经济实力的不断提高，越来越多的人选择通过证券市场来进行投资交易，一个国家的股票交易量越大，表明其国内金融业越发达。因此，股票交易额能够很好地反映一国金融市场的活跃程度。对我国而言，金融业越发达，人民币越容易实现境内外的流动，外资参与人民币交易的程度也越高，人民币在全球的流通规模也将越大。同时也能为人民币在境外发挥货币职能提供条件，使人民币可以通过多种方式与渠道更加充分地参与国际业务。

国内外利差(ZMLC)用我国与美国一年期国债收益率之差来反映。随着各国经贸往来的不断深入，国际资本流动程度逐渐加深，而资本往往都是趋利的，会不断从收益低的地方流向收益高的地方。因此，当一国货币的收益率更高时，国际资本会逐渐流向该国并投资于该国货币。因此，国内外利差能够体现对国外投资者的吸引力，并且也是影响货币国际化的重要因素。

货币稳定性指标(CPI)用通货膨胀率来反映。一国货币被国际市场所认可，除了国家实力之外，货币的币值稳定性也是国际市场参与者的重要考虑因素。当一国货币价格频繁波动时，持有该国货币及计价资产将面临比较大的风险，虽然部分投机者会参与进来，但货币的不稳定性会较大程度地影响境外对该国货币的信心，减少其使用量。如在进出口贸易中，交易双方更倾向于使用价值稳定的货币进行结算；在国际外汇储备中，币值的稳定性也是各国外汇储备选择的重要参考。因此，货币的币值稳定性也会影响货币的国际化，选取季度CPI来反映人民币币值的稳定性。

4)控制变量

(1)短期国际资本流动(ZBB)

采用间接法测量，即短期国际资本流动＝外汇储备额增量－贸易顺差－外商直接投资额，单位为万亿元。若该值大于0，则表示流入我国。当一国经济不断向好发展，其货币存在升值倾向时，国际资金就会流入，这将有助于国家经济发展，也为货币国际化提供了流通渠道。在国际资本流动中，短期国际资本具有规模大、流动频繁的特点，能够较好地反映货币对国际资本的吸引力。

(2)人民币供应量(M2)

单位为十亿元。货币国际化的基础就是适应货币在国际市场上的供求关系，人民币在国际市场上的流通和使用与我国货币当局制定的货币政策有一定的关系，当国内金融市场比较活跃，政府采取宽松的货币政策时，人民币在市场上的流通程度逐渐提高，进而可以更好地满足人民币在国际市场上的需求。

(3)人民币加入SDR的影响(SDR)

随着人民币加入SDR，其在全球的认可度逐渐增加，同时，在更加激烈的货币竞争与复杂的国际环境中，汇率波动也将更加明显。因此，通过加入虚拟变量SDR，分析人民币加入SDR是否会改变汇率波动对人民币国际化进程的影响，2016年第三季度之前取0，之后取1。

### 8.5.2 模型设定与变量分析

1)模型设定

采用GMM模型研究汇率波动对人国际化进程的影响效应。在模型中加入国家经济实力、贸易实力、金融市场发展水平、国内外利差、货币稳定性以及人民币加入SDR的影响和货币惯性，另外还包括短期国际资本流动与人民币供应量。

首先，研究各基本因素的影响，设置人民币国际化进程的基准模型

$$\ln SHA=\alpha+\beta_1\ln SHA(-1)+\beta_2 GDPS+\beta_3\ln MYY+\beta_4\ln CPI+\beta_5\ln FIN+\beta_6 ZMLC+\varepsilon \tag{8-3}$$

其次，研究汇率变动即升贬值变化对人民币国际化进程的影响，在模型(8-3)中加入人民币汇率项

$$\ln SHA=\alpha+\beta_1\ln SHA(-1)+\beta_2 GDPS+\beta_3\ln MYY+\beta_4\ln CPI+\beta_5\ln FIN+\beta_6 ZMLC+\beta_7\ln ER+\varepsilon \tag{8-4}$$

再次，研究汇率波动程度变化对人民币国际化进程的影响，在模型(8-4)的基础上加入汇率波动率项

$$\ln SHA=\alpha+\beta_1\ln SHA(-1)+\beta_2 GDPS+\beta_3\ln MYY+\beta_4\ln CPI+\beta_5\ln FIN+\beta_6 ZMLC+\beta_7\ln ER+\beta_8\ln VOL+\varepsilon \tag{8-5}$$

另外，研究其他控制因素对人民币国际化进程的影响，在模型(8-5)的基础上加入短期国际资本流动项

$$\ln SHA=\alpha+\beta_1\ln SHA(-1)+\beta_2 GDPS+\beta_3\ln MYY+\beta_4\ln CPI+\beta_5\ln FIN+\beta_6 ZMLC+\beta_7\ln ER+\beta_8\ln VOL+\beta_9 ZBB+\varepsilon \tag{8-6}$$

在模型(8-6)的基础上再加入人民币供应量指标，来研究其对人民币国际化进程的

影响

$$\ln SHA = \alpha + \beta_1 \ln SHA(-1) + \beta_2 GDPS + \beta_3 \ln MYY + \beta_4 \ln CPI + \beta_5 \ln FIN + \beta_6 ZMLC + \beta_7 \ln ER + \beta_8 \ln VOL + \beta_9 ZBB + \beta_{10} \ln M2 + \varepsilon \tag{8-7}$$

最后，在模型(8－7)中加入 SDR 项，来研究人民币加入 SDR 后汇率波动对人民币国际化进程的影响是否产生变化

$$\ln SHA = \alpha + \beta_1 \ln SHA(-1) + \beta_2 GDPS + \beta_3 \ln MYY + \beta_4 \ln CPI + \beta_5 \ln FIN + \beta_6 ZMLC + \beta_7 \ln ER + \beta_8 \ln VOL + \beta_9 ZBB + \beta_{10} \ln M2 + \beta_{11} SDR \times \ln VOL + \varepsilon \tag{8-8}$$

2)变量的统计分析

(1)变量的描述性统计

选取各变量 2005 年第一季度至 2019 年第二季度的数据，为了减少季节效应和线性相关，对变量做了 Census X-12 季节调整与对数变换，各变量的描述性统计如表 8－3 所示。

**表 8－3　变量的描述性统计**

| 变量 | 样本量 | 均值 | 最大值 | 最小值 | 标准差 |
|---|---|---|---|---|---|
| lnSHA | 59 | －1.0014 | 1.3821 | －4.0189 | 1.7249 |
| GDPS | 59 | 0.1352 | 0.2040 | 0.0556 | 0.0472 |
| lnMYY | 59 | －0.8047 | 0.3779 | －1.2231 | 0.2302 |
| lnCPI | 59 | 4.6570 | 4.8270 | 4.4565 | 0.1122 |
| lnFIN | 59 | －0.6598 | 1.3850 | －3.3504 | 0.7369 |
| ZMLC | 59 | 0.6170 | 1.9560 | －2.0760 | 1.0140 |
| lnER | 59 | 1.9164 | 2.1134 | 1.8090 | 0.0877 |
| lnVOL | 59 | －6.4422 | －4.2701 | －7.2914 | 0.8193 |
| ZBB | 59 | －0.4806 | 2.0352 | －3.8761 | 0.1459 |
| lnM2 | 59 | 12.3867 | 13.2529 | 11.2546 | 0.6189 |

(2)变量的相关性分析

变量之间的相关性如表 8－4 所示，可以看出，经济实力与人民币国际化进程的相关性最强，并且呈正相关，初步表明经济实力是人民币国际化的最主要影响因素。贸易实力也与人民币国际化进程呈现较强的正相关性，表明贸易实力的提升能够对人民币国际化起到促进作用。通货膨胀率与人民币国际化呈现正相关关系，与理论不符。中美利差与人民币国际化也呈现较强的正相关关系，表明人民币收益率的提高有助于促进人民币国际化进程。金融市场发展水平与人民币国际化呈现正相关关系，说明金融市场发展有利于人民币国际化。汇率与人民币国际化呈现负相关关系，表明贬值不利于人民币国际化进程。汇率波动率与人民币国际化呈现正相关，与预期不符，这一点将在下文继续研

究。而短期国际资本流动、人民币供应量均与人民币国际化进程表现出较强的正相关，与预期一致。

**表 8-4　变量相关性分析**

| 变量 | lnSHA | GDPS | lnMYY | lnCPI | ZMLC | lnFIN | lnER | lnVOL | ZBB | lnM2 |
|---|---|---|---|---|---|---|---|---|---|---|
| lnSHA | 1.00 | — | — | — | — | — | — | — | — | — |
| GDPS | 0.92 | 1.00 | — | — | — | — | — | — | — | — |
| lnMYY | 0.81 | −0.94 | 1.00 | — | — | — | — | — | — | — |
| lnCPI | 0.90 | 0.99 | −0.92 | 1.00 | — | — | — | — | — | — |
| ZMLC | 0.85 | 0.73 | −0.65 | 0.76 | 1.00 | — | — | — | — | — |
| lnFIN | 0.25 | 0.32 | −0.36 | 0.31 | 0.19 | 1.00 | — | — | — | — |
| lnER | −0.89 | −0.76 | 0.68 | −0.78 | −0.86 | −0.38 | 1.00 | — | — | — |
| lnVOL | 0.25 | 0.46 | −0.47 | 0.48 | 0.06 | −0.03 | 0.02 | 1.00 | — | — |
| ZBB | −0.54 | −0.62 | 0.64 | −0.60 | −0.40 | −0.17 | 0.38 | −0.36 | 1.00 | — |
| lnM2 | 0.92 | 0.99 | −0.94 | 0.99 | 0.73 | 0.33 | −0.76 | 0.45 | −0.60 | 1.00 |

(3)变量的平稳性检验

为了避免伪回归现象的出现，对各序列进行平稳性检验。检验结果如表 8-5 所示，各序列均满足一阶单整过程，再利用 E-G 两步法对变量进行 OLS 回归后，对其残差进行单位根检验，结果表明残差是平稳的，即这些序列的线性组合满足协整关系，不需要将非平稳序列处理为平稳序列，可以直接对这些变量进行回归，保证结果的可靠性。

**表 8-5　变量的 ADF 检验结果**

| 变量 | $t$ 统计量 | 变量 | $t$ 统计量 | 变量 | $t$ 统计量 | 变量 | $t$ 统计量 |
|---|---|---|---|---|---|---|---|
| lnSHA | −1.79 | dlnSHA | −5.18*** | GDPS | −1.84 | dGDPS | −2.89** |
| lnMYY | −0.78 | dlnMYY | −13.59*** | lnCPI | −0.69 | dlnCPI | −11.28*** |
| ZMLC | −1.67 | dZMLC | −12.93*** | lnFIN | −1.57 | dlnFIN | −16.36*** |
| lnER | −2.32 | dlnER | −7.35*** | lnVOL | −2.01 | dlnVOL | −12.64*** |
| ZBB | −1.24 | dZBB | −22.85*** | lnM2 | −2.06 | dlnM2 | −11.38*** |

注：*、**和***分别表示在 10%、5%和 1%的水平下显著。

### 8.5.3　实证结果及分析

1)实证结果

通过基准回归模型可以看出，国家经济实力与人民币国际化进程呈现显著的正向关系，表明经济实力是人民币国际化的根本因素。贸易实力对人民币国际化呈现显著的正相关关系，表明提升贸易实力有助于促进人民币国际化进程。尽管通货膨胀率与人民币国际化正相关，但近年来通货膨胀率逐渐降低，有利于推进人民币国际化。中美利率差的回归结果为正，表明国家的利率或者相关金融资产的收益率更高时，资本将流向收益率更高的地方，有助于提高境外对人民币的偏好。金融市场发展水平的影响结果为正，表明其有助于人民币国际化。而人民币货币惯性呈现很显著的正相关关系，表明人民币在跨境流通与使用过程中存在比较明显的货币依赖性，即以往用过的货币会在之后继续使用，以下对这几项进行详细分析。

第一，经济实力。经济发展水平是一国对外开放，与世界各国交流往来，并参与国际事务的基础。在一系列政策支持与国家调控下，我国坚持对外开放，加强国际交流与合作。近几年随着中国在国际舞台上不断亮相，中国的国际影响力迅速上升，人民币在全球的认可度也逐渐增强。因此，我国综合国力是保证人民币国际化进程的根本因素，只有保持较强的综合国力，人民币国际化进程才能取得持续突破。

第二，贸易实力。我国作为世界第一贸易大国，进出口贸易是我国重要的经济发展方式，也是我国人民币流向世界的重要方式。一个国家的贸易实力越强大，在进出口贸易中的份额越高，那么，该国在贸易中的话语权也就越大，在贸易过程中，该国货币的结算比例和规模也将越大，这将有助于人民币国际化进程。

第三，金融市场发展水平。货币国际化离不开一国金融市场的支持，目前我国金融业比较分散，发展水平整体较低。其中股票市场的发展最为活跃，所以，股市能够较好地反映我国金融市场的发展程度。当金融市场迅速发展，市场活力逐渐增强时，股市的参与者和成交规模会大幅增加。金融市场发展水平是影响人民币国际化的重要因素，但是我国的金融市场发展还处于初期，发展水平及规模相较于发达国家还有较大差距，因此，促进我国金融市场发展也是推动人民币国际化进程的重要方式。

第四，通货膨胀率。通货膨胀率是反映一国货币对内价值稳定性的指标，如果出现较高的通货膨胀，就会破坏国家物价水平，影响国内的消费水平和经济活力。在国际市场上，当国家出现通货膨胀时，表明该国货币不稳定，国际市场参与者就会减少对该国货币及相应资产的认购。同时，人民币价值不稳定时，也会影响国际货币职能的发挥。因此，维持人民币币值的相对稳定是推进其国际化发展的重要基础。

第五，中美利差。中美利差代表了我国与国外货币或者资产的收益率差距，国际资本往往具有趋利性，会不断流向能够获得更高收益的国家，当我国货币收益率更高时，国际资本更愿意参与人民币的交易或者增持相关的资产。本书用我国和美国一年期国债收益率之差来表示中美利差，计算结果表明，我国国债的收益率要高于美国，这将有利于境外投资者投资我国债券产品，使得人民币计价资产能够更加广泛地流向世界金融市场，提高人民币的份额。

模型(8－4)是在基本模型(8－3)中加入人民币汇率变量，从回归结果来看，符号为负，表明人民币升值有助于人民币国际化。汇率是衡量不同货币之间价值的指标，当人民币升值时，持有人民币将会带来升值收益，相应地，资产表现为增值，此时，人民币在国际市场上将有更大的吸引力，国外机构或者个人对人民币的需求也会增加。因此人民币的升值可以提高境外对人民币的需求，推动人民币的流通。

模型(8-5)是在模型(8-4)的基础上加入汇率波动率，汇率在波动过程中，不仅有货币价值的升贬值变化，还有汇率的波动特性，它代表了货币对外价值的稳定程度。当汇率波动率大幅提高时，货币的对外价值就难以准确衡量，会影响人民币及其资产的价值，并增加相应的风险，影响境外对人民币的偏好与使用。回归结果为负，说明汇率波动率的提高不利于人民币国际化进程。

模型(8-6)是在模型(8-5)的基础上加入短期国际资本流动项，符号为正，表明短期国际资本流动有助于推动人民币国际化进程。由于其带有投资和投机两种动机，通常，大规模短期国际资本流动会给国家的金融市场造成冲击，破坏国家经济稳定，但是长久来看，短期国际资本的持久流入，表明国际市场对人民币以及我国的资本项目比较看好，可以增强境外对人民币的认可度。此外，短期国际资本的持续流入也能够推动我国的经济发展，以及人民币在全球范围内的流通。

模型(8-7)是在模型(8-6)的基础上加入人民币供应量项，符号为正，表明宽松的货币政策能够一定程度上促进人民币国际化进程。货币在跨境流通过程中，离不开一国货币政策的调控。当境外对人民币的需求较高，而国内货币供给充裕时，有助于促进人民币在境内外的流通。因此，我国的货币政策对于人民币国际化也有较大的影响。

模型(8-8)是在模型(8-7)的基础上加入 SDR 虚拟变量，探究人民币在加入 SDR 前后，汇率波动对人民币国际化的影响是否发生变化。实证结果为正，表明加入 SDR 后，汇率波动对人民币国际化的影响效应进一步提高。回归结果如表 8-6 所示。

**表 8-6　回归分析结果**

| 解释变量 | 模型(8-3) | 模型(8-4) | 模型(8-5) | 模型(8-6) | 模型(8-7) | 模型(8-8) |
|---|---|---|---|---|---|---|
| 常数 | 4.58 | 5.54 | 11.94** | 14.54*** | 16.60*** | 15.88*** |
| | (0.83) | (1.06) | (2.03) | (2.61) | (2.92) | (3.03) |
| GDPS | 4.89** | 5.08** | 7.50*** | 8.74*** | 6.40*** | 6.28*** |
| | (2.36) | (2.48) | (2.63) | (2.72) | (2.77) | (2.71) |
| lnMYY | 0.42*** | 0.46*** | 0.56*** | 0.49*** | 0.65*** | 0.64*** |
| | (3.03) | (3.10) | (3.16) | (3.39) | (3.02) | (3.48) |
| lnCPI | −0.86 | −0.91 | −2.16** | −2.97*** | −4.25*** | −4.10*** |
| | (−0.62) | (−0.68) | (−2.16) | (−2.66) | (−2.97) | (−3.12) |
| lnFIN | 0.01 | 0.01 | 0.01 | 0.03* | 0.03** | 0.03* |
| | (1.08) | (0.45) | (0.65) | (1.87) | (2.23) | (1.95) |
| ZMLC | 0.07** | 0.06*** | 0.07*** | 0.08*** | 0.09*** | 0.09*** |
| | (2.32) | (2.63) | (2.77) | (3.02) | (3.49) | (4.20) |
| lnSHA(−1) | 0.93*** | 0.91*** | 0.91*** | 0.95*** | 0.95*** | 0.94*** |
| | (36.79) | (29.02) | (29.14) | (34.22) | (34.92) | (34.92) |

续表

| 解释变量 | 模型(8-3) | 模型(8-4) | 模型(8-5) | 模型(8-6) | 模型(8-7) | 模型(8-8) |
|---|---|---|---|---|---|---|
| lnER | — | −0.27 | −0.59** | −0.28* | −0.41** | −0.36*** |
| | — | (−1.51) | (−2.34) | (−1.75) | (−2.34) | (−2.76) |
| lnVOL | — | — | −0.04* | −0.06* | −0.08* | −0.08* |
| | — | — | (−1.83) | (−1.87) | (−1.88) | (−1.88) |
| ZBB | — | — | — | 0.94** | 0.66* | 0.70* |
| | — | — | — | (2.10) | (1.93) | (1.91) |
| lnM2 | — | — | — | — | 0.42** | 0.42** |
| | — | — | — | — | (2.18) | (2.17) |
| SDR | — | — | — | — | — | 0.002* |
| | — | — | — | — | — | (1.85) |
| $R^2$ | 0.82 | 0.85 | 0.92 | 0.96 | 0.93 | 0.99 |

注：括号内为 $t$ 值，*、**和***分别表示在 10%、5%和 1%的水平下显著。

2)稳健性检验

在稳健性检验中采用 Clark 等的做法，更换汇率指标并重新测度汇率波动。将更换后的汇率和汇率波动率带入回归模型进行计算，从表 8-7 的回归结果可以看出，各回归系数的符号和显著性与上述结果保持一致，表明结果是有效且稳健的。

**表 8-7　稳健性检验结果**

| 解释变量 | 模型(8-3) | 模型(8-4) | 模型(8-5) | 模型(8-6) | 模型(8-7) | 模型(8-8) |
|---|---|---|---|---|---|---|
| 常数 | 4.57 | 5.67 | 13.05** | 15.85** | 16.71*** | 16.06*** |
| | (0.79) | (1.21) | (1.99) | (2.33) | (2.87) | (2.96) |
| GDPS | 4.48** | 5.14** | 7.81** | 9.08*** | 7.24*** | 7.10*** |
| | (2.33) | (2.37) | (2.42) | (2.65) | (2.62) | (2.69) |
| lnMYY | 0.42*** | 0.46*** | 0.63*** | 0.57** | 0.68*** | 0.67*** |
| | (2.98) | (3.05) | (3.09) | (3.27) | (3.15) | (3.36) |
| lnCPI | −0.86 | −0.93 | −2.23* | −3.07*** | −3.81*** | −3.68*** |
| | (−0.61) | (−0.66) | (−1.86) | (−2.63) | (−2.93) | (−3.11) |
| lnFIN | 0.01 | 0.01 | 0.01 | 0.03* | 0.03** | 0.03* |
| | (1.12) | (0.52) | (0.66) | (1.85) | (1.99) | (1.87) |
| ZMLC | 0.07** | 0.06*** | 0.07*** | 0.09*** | 0.10*** | 0.09*** |
| | (2.19) | (2.60) | (2.71) | (2.98) | (3.37) | (4.08) |
| lnSHA(−1) | 0.93*** | 0.91*** | 0.90*** | 0.94*** | 0.93*** | 0.93*** |
| | (35.13) | (28.92) | (29.03) | (34.16) | (34.58) | (34.61) |

续表

| 解释变量 | 模型(8-3) | 模型(8-4) | 模型(8-5) | 模型(8-6) | 模型(8-7) | 模型(8-8) |
|---|---|---|---|---|---|---|
| lnER | — | −0.30 | −0.79** | −0.47 | −0.58** | −0.53** |
| | — | (−1.28) | (−2.20) | (−1.53) | (−2.26) | (−2.46) |
| lnVOL | — | — | −0.08* | −0.11* | −0.13* | −0.13* |
| | — | — | (−1.79) | (−1.81) | (−1.87) | (−1.87) |
| ZBB | — | — | — | 1.03** | 0.83* | 0.86* |
| | — | — | — | (1.99) | (1.92) | (1.89) |
| lnM2 | — | — | — | — | 0.29* | 0.29** |
| | — | — | — | — | (1.83) | (2.09) |
| SDR | — | — | — | — | — | 0.002* |
| | — | — | — | — | — | (1.86) |
| $R^2$ | 0.84 | 0.86 | 0.91 | 0.92 | 0.91 | 0.99 |

注:括号内为 $t$ 值,*、**和***分别表示在10%、5%和1%的水平下显著。

## 8.6 汇率波动对人民币国际化进程影响的路径分析

本节将从不同角度进一步探讨两者的作用机制,即汇率波动对人民币国际化进程的影响路径分析。

这一部分的实证研究采用结构方程模型(SEM),它可用于验证某一假设或者理论的正确性,在因子分析与路径分析中已得到广泛应用。此处 SEM 的建立正是基于前文提出的理论结论,即汇率波动可以通过跨境贸易结算与国际资本流动影响人民币国际化进程。因此,可以通过跨境贸易结算和国际资本流动两条途径中人民币的使用情况来研究汇率波动对人民币国际化进程的影响机制。

### 8.6.1 指标选取

分别从跨境贸易人民币结算金额、人民币全球支付份额、进出口贸易总额、人民币对外直接投资、人民币外商直接投资、短期国际资本流动等方面研究汇率波动对人民币国际化进程的影响机制。

具体变量的选取如表 8-8 所示。其中,人民币国际化指数选用渣打银行发布的人民币环球指数 RGI。这个指数侧重于从离岸市场的流通交易角度反映人民币国际化情况,具有较高的代表性和认可度,并且具有连续的月度数据。分别选用两个途径中与人民币跨境流通直接相关的指标,其中跨境贸易结算途径的代表性指标包括跨境贸易人民币结算金额、人民币全球支付份额和进出口贸易总额,国际资本流动途径的代表指标选取人民币直接对外投资、人民币外商直接投资和短期国际资本流动额,汇率波动分别从人民币汇率和汇率波动率两个角度衡量。

这一部分的研究选取各指标 2012 年 1 月—2019 年 8 月的相关数据，来源于国家统计局网站、万得数据库和中国经济金融研究数据库等，其中贸易与投资额的单位均为亿元。

**表 8-8　指标体系构建**

| 影响因素 | 变量 | 变量说明 |
|---|---|---|
| 人民币国际化 | RGI | 渣打银行人民币环球指数 |
| 人民币汇率 | ER | 人民币对美元汇率中间价 |
| 汇率波动率 | VOL | 用 GARCH(1,1)模型测度的标准差 |
| 跨境贸易人民币结算金额 | RJS | 跨境贸易中人民币实际结算金额 |
| 人民币全球支付份额 | QZF | 人民币在全球支付中的份额 |
| 进出口贸易 | JCK | 进出口贸易总额 |
| 人民币对外直接投资 | ZTW | 人民币计价对外直接投资金额 |
| 人民币外商直接投资 | WZT | 人民币计价外商直接投资金额 |
| 短期国际资本流动 | ZBB | 用间接法测得的短期国际资本流动额 |

## 8.6.2　模型检验

1)变量的描述性统计

如表 8-9 所示，所选取样本的偏度系数均未达到显著，未偏离正态分布，因为本节所研究的指标的偏度系数均小于 3，而峰度系数小于 8。

**表 8-9　各变量描述性统计**

| 变量 | 最小值 | 最大值 | 偏度 | 临界比 | 峰度 | 临界比 |
|---|---|---|---|---|---|---|
| VOL | 0.001 | 0.018 | 2.063 | 0.077 | 1.326 | 1.428 |
| ER | 6.104 | 7.021 | 0.433 | 1.694 | −1.249 | −2.445 |
| QZF | 0.250 | 2.790 | −0.692 | −2.710 | −0.562 | −1.101 |
| JCK | 14390.154 | 29010.982 | −0.018 | −0.072 | −0.053 | −0.103 |
| RJS | 1284.000 | 7981.000 | 0.295 | 1.156 | 0.182 | 0.357 |
| ZBB | −11865.325 | 2466.534 | −0.313 | −1.225 | 1.051 | 2.058 |
| WZT | 116.000 | 3507.000 | 0.950 | 3.722 | 1.612 | 3.156 |
| ZTW | 4.000 | 2078.000 | 1.275 | 4.993 | 2.070 | 4.053 |
| RJS | 520.000 | 2490.000 | −0.917 | −3.591 | −0.364 | −0.714 |
| 多变量测试 | — | — | — | — | 2.635 | 1.374 |

2)各路径系数分析

表 8-10 中显示各路径的临界比及其 $p$ 值，如果临界比的绝对值大于 1.96，则说明在 5% 的显著性水平下该路径有效。通过检验各路径的显著性，删去不显著路径。

**表 8－10 各路径系数值**

| 路径 | 估计量 | 标准误 | 临界比 | *p* | 序列 |
|---|---|---|---|---|---|
| JCK ← ER | 2945.335 | 1243.629 | 2.368 | 0.031 | par_1 |
| QZF ← ER | −0.376 | 0.164 | −2.293 | 0.033 | par_2 |
| JCK ← VOL | −276400.176 | 98535.236 | −2.805 | 0.014 | par_7 |
| QZF ← VOL | −55.339 | 20.915 | −2.646 | 0.016 | par_8 |
| RJS ← ER | −2429.671 | 307.798 | −7.894 | * * * | par_3 |
| RJS ← VOL | −37499.363 | 15187.02 | −2.469 | 0.027 | par_9 |
| RJS ← JCK | 0.136 | 0.025 | 5.440 | * * * | par_21 |
| RJS ← QZF | 1823.221 | 118.247 | 15.419 | * * * | par_22 |
| ZTW ← ER | −464.162 | 153.452 | −3.025 | 0.002 | par_4 |
| WZT ← ER | −179.088 | 40.686 | −4.402 | * * * | par_5 |
| ZBB ← ER | −2962.514 | 1099.704 | −2.694 | 0.015 | par_6 |
| ZTW ← VOL | −22394.032 | 6126.161 | −3.655 | 0.009 | par_10 |
| WZT ← VOL | −100532.24 | 19070.026 | −5.272 | * * * | par_11 |
| ZBB ← VOL | −60345.076 | 15054.969 | −4.008 | * * * | par_12 |
| RJS ← ZTW | 0.138 | 0.026 | 5.308 | * * * | par_23 |
| RGI ← ER | −278.913 | 93.808 | −2.973 | 0.013 | par_13 |
| RGI ← VOL | −15386.864 | 7376.026 | −2.086 | 0.037 | par_14 |
| RGI ← QZF | 848.531 | 59.083 | 14.362 | * * * | par_15 |
| RGI ← RJS | 0.12 | 0.027 | 4.444 | * * * | par_16 |
| RGI ← ZTW | 0.267 | 0.084 | 3.179 | 0.005 | par_17 |
| RGI ← WZT | 0.345 | 0.068 | 5.074 | * * * | par_18 |
| RGI ← ZBB | 0.12 | 0.039 | 3.077 | 0.003 | par_19 |

注：显著性指标 *p* 值小于 0.001 的自动表现为 * * *，若大于 0.001，则显示出具体数值。

3）模型检验

表 8－11 是标准差残差协方差矩阵，若其中数值的绝对值大于 2.58，则表明模型中存在序列误差。如表所示，没有大于 2.58 者，最大为 1.944，表明模型的内在质量理想。

**表 8－11 标准差残差协方差矩阵**

| 变量 | VOL | ER | QZF | JCK | RJS | ZBB | WZT | ZTW | RGI |
|---|---|---|---|---|---|---|---|---|---|
| VOL | 0.000 | — | — | — | — | — | — | — | — |
| ER | 0.126 | 0.000 | — | — | — | — | — | — | — |
| QZF | 0.000 | 0.531 | 0.000 | — | — | — | — | — | — |
| JCK | 0.000 | 0.000 | 0.643 | 0.000 | — | — | — | — | — |

续表

| 变量 | VOL | ER | QZF | JCK | RJS | ZBB | WZT | ZTW | RGI |
|---|---|---|---|---|---|---|---|---|---|
| RJS | 0.316 | −0.036 | 0.177 | 0.572 | 0.273 | — | — | — | — |
| ZBB | 1.043 | 0.201 | −0.707 | −0.021 | −0.444 | 0.000 | — | — | — |
| WZT | 0.000 | 0.320 | 0.220 | 1.944 | 0.186 | −0.407 | 0.000 | — | — |
| ZTW | 0.260 | 0.891 | 1.137 | −0.702 | 0.155 | −0.196 | 0.045 | 0.051 | — |
| RGI | 0.318 | 0.530 | −0.264 | −0.065 | −0.287 | 0.210 | 0.727 | 0.532 | −0.602 |

## 8.6.3　结果及分析

汇率波动对人民币国际化进程的影响路径分析结果如表 8－12 所示。

**表 8－12　汇率波动对人民币国际化进程的影响路径分析结果**

| 影响路径 | 直接效果 | 间接效果 | 总效果值 |
|---|---|---|---|
| 人民币汇率→跨境贸易人民币结算金额 | −0.546 | 0.244 | −0.302 |
| 人民币汇率→人民币全球支付份额 | −0.174 | — | −0.174 |
| 人民币汇率→进出口贸易 | 0.273 | — | 0.273 |
| 人民币汇率→人民币对外直接投资 | −0.329 | −0.131 | −0.460 |
| 人民币汇率→人民币外商直接投资 | −0.080 | — | −0.080 |
| 人民币汇率→短期国际资本流动 | −0.314 | — | −0.314 |
| 人民币汇率→人民币国际化 | −0.141 | −0.063 | −0.204 |
| 汇率波动率→跨境贸易人民币结算金额 | −0.106 | −0.393 | −0.499 |
| 汇率波动率→人民币全球支付份额 | −0.323 | — | −0.323 |
| 汇率波动率→进出口贸易 | −0.323 | — | −0.323 |
| 汇率波动率→人民币对外直接投资 | −0.200 | −0.124 | −0.324 |
| 汇率波动率→人民币外商直接投资 | −0.566 | — | −0.566 |
| 汇率波动率→短期国际资本流动 | −0.081 | — | −0.081 |
| 汇率波动率→人民币国际化 | −0.098 | −0.240 | −0.338 |
| 跨境贸易人民币结算金额→人民币国际化 | 0.045 | 0.021 | 0.066 |
| 人民币全球支付份额→人民币国际化 | 0.929 | 0.058 | 0.987 |
| 人民币全球支付份额→跨境贸易人民币结算金额 | 0.887 | — | 0.887 |
| 进出口贸易→跨境贸易人民币结算金额 | 0.329 | — | 0.329 |
| 人民币直接对外投资→人民币国际化 | 0.048 | — | 0.048 |
| 人民币外商直接投资→人民币国际化 | 0.164 | — | 0.164 |
| 短期国际资本流动→人民币国际化 | 0.060 | — | 0.060 |
| 跨境贸易人民币结算金额→人民币对外直接投资 | 0.434 | — | 0.434 |

第一,从跨境贸易结算途径来看,汇率波动会通过影响跨境贸易人民币结算进而影响人民币国际化进程。具体来看,跨境贸易人民币结算对人民币国际化进程的影响为0.066,表明跨境贸易人民币结算有助于推动人民币国际化进程。而人民币汇率对跨境贸易人民币结算的影响为—0.302,表明人民币贬值不利于跨境贸易人民币结算;汇率波动率对跨境贸易人民币结算的影响为—0.449,表明汇率波动率的提高不利于跨境贸易人民币结算,从而表明汇率波动会通过影响跨境贸易人民币结算来影响人民币国际化进程。另外,对于跨境贸易人民币结算,进出口贸易与人民币全球支付份额对其的影响分别为0.329与0.887,表明在跨境贸易中,一方面,进出口贸易规模的提升能够促进跨境贸易人民币结算,另一方面,提高人民币在全球支付结算中的使用份额也有助于提高跨境贸易人民币结算,并且影响效应更加显著。其中汇率对人民币全球支付份额的影响为—0.174,汇率波动率对人民币全球支付份额的影响为—0.323,表明汇率波动也会通过间接途径影响跨境贸易人民币结算,进而影响人民币国际化进程。

第二,从国际资本流动途径来看,汇率波动会通过影响国际资本流动进而影响人民币国际化进程。具体来看,人民币对外直接投资与外商直接投资对人民币国际化进程的影响分别为0.048与0.164,表明人民币跨境直接投资有助于促进人民币国际化发展。短期国际资本流动的影响为0.060,表明短期国际资本的流入有利于人民币国际化。汇率对人民币对外直接投资与外商直接投资的影响分别为—0.460与—0.080,表明贬值不利于人民币跨境直接投资。汇率对短期国际资本流动的影响为—0.314,表明人民币贬值不利于短期国际资本的流入。汇率波动率对人民币对外直接投资(—0.324)、人民币外商直接投资(—0.566)、短期国际资本流动(—0.081)的影响均为负,表明汇率波动率的提高不利于人民币跨境直接投资与短期国际资本流入,从而表明汇率波动会通过影响国际资本流动进而影响人民币国际化进程。

第三,从贸易与投资的关系来看,跨境贸易人民币结算对人民币对外直接投资的影响为0.434,说明跨境贸易人民币结算有助于促进人民币对外直接投资的发展,表明贸易带动投资的效应存在。我国进出口贸易发展较好,而人民币对外直接投资规模较小,还不成熟,在当前我国跨境资本流动监管还比较严格的时期,以人民币跨境直接投资促进人民币在国际市场上流通的方式还存在较大的限制,而通过跨境贸易可以从间接途径有效带动人民币对外直接投资的发展,逐渐实现人民币在境内外的有效循环,进而推动人民币国际化进程。

## 8.7 本章小结

本章研究了汇率波动对人民币国际化的影响,通过研究得出以下研究结论。

1)汇率波动对人民币国际化进程具有显著影响

从汇率波动对人民币国际化进程的影响效应来看,人民币汇率与汇率波动率对人民币国际化进程的影响均为负,表明人民币贬值不利于人民币国际化进程,反之,升值则具有促进作用，而汇率波动率提高也不利于人民币国际化进程。汇率主要表现为直接影响人民币国际化进程，而汇率波动率的变化则主要表现为间接影响人民币国际化进程。在人民币国际化进程的影响因素中，经济实力是根本影响因素，而贸易实力、金融市场发展水平以及币值稳定性也至关重要。

2)汇率波动会通过跨境贸易结算和国际资本流动影响人民币国际化过程

在跨境贸易结算途径中，跨境贸易人民币结算有助于促进人民币国际化进程，升值有助于促进跨境贸易人民币结算进而有助于人民币国际化进程，贬值与汇率波动率提高不利于跨境贸易人民币结算进而阻碍人民币国际化进程。在国际资本流动途径中，人民币跨境直接投资与短期国际资本流动有助于人民币国际化进程。升值有助于促进人民币跨境直接投资与短期国际资本流动进而促进人民币国际化进程，贬值与汇率波动率提高均不利于人民币跨境直接投资与短期国际资本流动进而阻碍人民币国际化进程。

3)人民币国际化进程放缓的原因

第一，我国资本项目还未完全开放，对跨境资本流动的管制严格，通过人民币对外直接投资对人民币国际化进程的促进作用有限。第二，当前汇率波动不利于人民币国际化进程，一方面人民币存在贬值倾向，另一方面汇率波动幅度较大，影响人民币在全球的流通与国际货币职能的发挥。第三，目前我国金融市场还不成熟，对人民币国际化的推动作用较小。

# 第9章　结论及建议

人民币国际化是我国建设开放型经济的重要战略，需要一个长时间的推进过程。自贸区建设作为我国对外开放进程中的重要一环，自2013年以来在快速推进。自贸区建设的核心内容之一是金融创新，如扩大人民币跨境使用、探索资本账户可兑换、形成人民币离岸金融中心、深化外汇管理改革、探索投融资汇兑便利化、防范发生系统性金融风险等。可以看出，自贸区金融创新与人民币国际化之间具有紧密的内在联系。本书基于"一带一路"倡议下自贸区建设的大背景，从自贸区金融创新与人民币国际化之间的内在联系出发，研究自贸区金融创新视角下如何多维度推进人民币国际化。

## 9.1　研究结论

通过理论与实证分析，本书得出以下研究结论。

1）自贸区金融创新有利于推进人民币国际化

本书通过分析自贸区金融创新对人民币国际化的影响机理与路径，使用合成控制法分析研究自贸区金融创新对跨境人民币结算的处理效应并进行稳健性检验，采用中介效应模型检验自贸区金融创新对人民币国际化的作用机制，发现自贸区金融创新与人民币国际化具有内在联系，加大自贸区金融创新力度有利于推进人民币国际化。

2）自贸区金融创新有利于通过促进人民币跨境流通进而推进人民币国际化

我国经济发展水平是人民币跨境流通的重要基础，近年来，我国经济地位稳定，有利于推进人民币国际化。但由于经济增速下滑，经济实力对跨境人民币结算的推动作用不明显。相对而言，我国贸易发展水平对人民币跨境流通发挥了更大的促进作用。我国对外贸易规模的扩大促进了人民币跨境流通，且这种促进作用长期存在。从货币搜寻的角度来看，对外贸易规模的扩大会降低人民币的搜寻成本，提升境外主体的持有意愿；从货币职能的发挥来看，人民币在对外贸易中的使用是其计价结算职能在境外的发挥，当其作为结算货币被人们接受时，会进一步推动其他职能，如投资、储备职能的发挥。我国跨境贸易中人民币结算占比较小，具有较大的发展潜力。

3）自贸区金融创新有利于通过资本项目扩大开放进而推进人民币国际化

自贸区诸多金融创新举措皆为打破人民币国际化进程中资本项目开放程度不足的阻碍，有利于更好地满足境外主体的人民币自由汇兑需求，促进跨境人民币直接投资与证券交易结算，健全人民币的国际货币职能。通过研究发现，"自贸区金融创新—扩大资本项目开放—推动人民币国际化"的演进路径已经形成。自贸区通过建立FT账户、对外商投资准入实施负面清单制度并进行备案制改革、扩大跨境人民币业务范围与种类、促进金融业对外开放等金融创新举措，可有效降低人民币跨境使用成本，拓宽人民币跨境使用渠道，有利于推进人民币国际化。上海自贸区金融创新对跨境人民币结算具有显著且持续的推动效应，而福建、天津与广东则表现为自贸区设立的前两年正效应明显，但金融创新的持续性推动力不足。

4）自贸区金融创新有利于通过离岸金融中心建设推进人民币国际化

自贸区离岸金融中心建设可为人民币跨境投资结算提供便利渠道，提升自贸区金融环境的市场化程度，为推进人民币国际化进行金融改革提供安全的试验场。通过研究发现，“自贸区金融创新—促进离岸金融中心发展—推动人民币国际化”的演进路径也已经形成。离岸金融中心能够在境内资本账户管制背景下完善人民币回流机制，建立境外市场与境内市场连接的平台，人民币回流机制的完善能够增加人民币应用渠道，提高人民币转化为资产的速度及效率，提高人民币的流动性、稳定性和投资性，从而提高其他国家对人民币的需求和认可度，最终推进人民币国际化进程。离岸金融中心的优惠财税政策和金融集聚，能够降低国际贸易参与者的资金成本和中介服务成本，提高人民币的国际贸易结算比例。离岸金融中心通过金融开放政策和金融自由化政策，促进了金融业创新发展，人民币离岸产品不断丰富，再次增强了人民币的投资功能，从而增强人民币的国际金融交易功能。

5）自贸区金融创新有利于通过加快外汇管理改革进而推进人民币国际化

汇率波动对人民币国际化进程有明显的影响，人民币贬值不利于人民币国际化进程。汇率波动会通过影响跨境贸易人民币结算、国际资本流动等路径影响人民币国际化进程。从汇率波动对人民币国际化进程的影响效应来看，人民币汇率及其汇率波动率对人民币国际化进程的影响均为负，表明人民币贬值不利于人民币国际化进程，反之，升值则具有促进作用，而汇率波动率提高也不利于人民币国际化进程。汇率主要直接影响人民币国际化进程，而汇率波动率的变化则主要间接影响人民币国际化进程。在人民币国际化进程的影响因素中，经济实力是人民币国际化进程的根本影响因素，而提高贸易实力、金融市场发展水平以及维持币值的稳定性也至关重要。

## 9.2　政策建议

基于以上研究结论，提出如下政策建议。

1）因地制宜开展自贸区金融创新试点改革

自贸区作为我国金融创新改革的先行者，其使命之一就是将先行先试的成功创新经验复制至其他地区。自2013年上海自贸区设立至今已将多项制度创新成果在全国其他自贸区推广试行，有力地发挥了自贸区平稳推进我国金融改革的作用，自贸区金融创新取得了很大成就。但自贸区金融创新任务还需要继续推进，资本项目可兑换、外汇管理模式探索、FT账户管理体系、交易平台建设、市场准入管理、人民币再保险市场发展等任务仍亟待突破。此外，当前自贸区的金融创新主要集中在上海自贸区，第二批自贸区部分复制了上海自贸区的金融改革措施，但后几批自贸区金融创新内容仍不够丰富，还需要结合各个自贸区特点，因地制宜开展自贸区金融创新，推进金融改革和扩大开放。同时，加快金融政策配套细则的出台和实施，使得金融创新能够切实落地实施。继续采取自贸区金融创新“试点—复制”的模式，继续坚持创新成果成功一项就推广一项的步伐，坚定地推进自贸区金融创新改革。

2)扩大人民币跨境流通规模和范围

坚持自贸区跨境贸易及投融资便利化改革。自贸区一方面需要坚持货物贸易关税优惠，放宽服务贸易准入标准，建立健全跨境服务贸易负面清单制度，推进跨境贸易自由化、便利化，将跨境贸易人民币结算试点在更大范围内推广，扩大跨境人民币贸易结算份额；同时，可在自贸区全面开展货币互换，增加我国周边地区的人民币供给，为跨境贸易人民币结算提供便利条件。另一方面还需要进一步提升人民币汇兑与跨境人民币投融资自由化，在分账核算的基础上拓展 FT 账户功能，进一步减少区内资金汇兑限制，缩减外商准入负面清单，健全外商投资准入的前国民待遇加负面清单管理制度，坚持简政放权，减少跨境人民币投融资成本，提升经常项目与资本项目下的人民币使用效率。深化自贸区与境内外资本市场互联互通，扩大资本市场开放，健全合格境外机构投资者制度，扩大合格境外机构投资者投资我国金融市场的范围和额度，对境外投资者境内发行债券与股票、参与我国证券及衍生品交易减少限制，提供更大可能与自由度，以进一步提高人民币在境外的接受程度；也对我国投资者参与境外投资提供更多支持，为本国企业走出去提供相应的配套服务，扩大人民币的使用范围。

3)稳步推进资本项目有序渐进开放

由于我国金融市场尚处于逐渐走向成熟的过程中，若资本账户过快开放，在国际套利、投机资本的冲击下，会使我国还不够强大的金融市场暴露在风险之中，带来国民福祉的损失。我国资本项目开放始终坚持依经济与金融发展形势而逐步逐项开放，保持国家对资本一定程度的管制权利，为我国金融及经济安全平稳发展提供保障。自贸区资本项目逐步开放应遵循先长期项目后短期项目，先直接投融资后间接投融资，先债权类工具后股权和衍生品工具，先对机构后对个人的顺序渐进开放，逐步放松管制，适时调整，最终在条件成熟之时完全实现资本项目开放。

4)提高金融服务水平，建设更加健全的自贸区离岸金融中心

自贸区作为离岸金融中心，成为连接在岸市场与离岸市场的枢纽和通道，而促进人民币国际化需要为全球投资者提供丰富的人民币金融产品与具有较好流动性的投资平台，以满足境外投资者对冲风险或获得收益的需求。主要依靠贸易渠道进行人民币跨境流通显然难以支撑人民币国际化的实现，大力推进我国金融改革开放，发展更加市场化、更具流动性、多层次、成熟的金融市场是人民币国际化的必然要求，将为自贸区离岸金融中心的人民币资金池功能提供支持，为人民币回流打通渠道，为境外人民币持有者将人民币转化为储蓄或投资货币提供便利，增强人民币的国际吸引力，更有效地发挥自贸区金融创新对人民币国际化的推进作用。

将自贸区建成更全面丰富的离岸金融市场，需要坚持自贸区金融开放，鼓励民营及境外金融机构进入自贸区，提供更全面的金融工具，坚持给予政策支持，并与境内金融市场建立更深联系，发挥离岸市场的联通功能，增强自贸区的金融活力，为人民币跨境流通与离岸人民币参与我国境内金融市场投资活动提供场所与渠道。同时需要提升自贸区内商业银行的服务水平与质量，提高跨境清算效率，保证跨境资金审核真实高效，借鉴美元大额清算系统（CHIPS）构建我国人民币大规模跨境流动下的国际清算体系，推进人民币跨境支付系统（CIPS）不断完善并走向成熟，满足跨境人民币业务发展的需要，保证安全性的同时提高效率。

5）避免汇率市场化改革中的过度波动风险

汇率市场化程度的提升一方面有助于汇率的市场化定价，但同时较高的汇率市场化程度也会使汇率在受到外在冲击时发生剧烈波动。汇率稳定不仅有助于人民币国际化进程，更是我国经济稳定发展的保障，我国当前的经济体制还不太完善，国家综合实力和抗风险能力需要进一步提升。汇率波动过大会提高风险水平，破坏国家运行体系。另外，我国经济发展对进出口贸易的依赖较大，汇率剧烈波动不利于进出口贸易的发展，而且进出口贸易也是我国人民币国际化的重要途径，因此保证人民币汇率的相对稳定具有重要意义。“8·11 汇改”之后汇率出现了大幅波动，表明市场化改革对汇率具有较大的影响。因此，在汇率制度改革过程中，一方面需要逐步放开汇率管制，另一方面也需要提高警惕，避免出现较大的汇率波动风险，增强汇率制度改革服务国家发展需求的实践性。

6）构建同国际贸易与投资规则相衔接的制度体系和监管模式

借力自贸区金融创新改革，构建同国际贸易与投资规则相衔接的制度体系和监管模式，建立强有力的宏观审慎监管机制。自贸区作为与国际对接的改革开放高地，需要以高水平的制度与规则体系作为基础和保障，增强市场透明度与完善度。自贸区需根据自贸区金融创新进展，针对性建立相适应的监管模式与风险防范体系，构建宏观审慎与微观监测相结合的管理框架，健全反垄断、反洗钱、反逃税审查机制，探索进行以事前预防、事中事后监管为主的行政管理体制改革。在自贸区设立综合信息服务和共享平台，建立现代化监管体系，将自贸区设立成为跨境贸易投资便利、营商环境安全、法制环境规范、监管体系高效的对接国际水准的自由贸易试验区。

为了避免大规模的资金流动对我国金融与汇率市场造成冲击而影响国内金融市场稳定与货币政策实施，甚至阻碍人民币国际化进程，需要金融监管部门建立更成熟、更高要求的监管机制，根据我国改革开放的进程和需要把控人民币国际化的节奏。比如要加强对自贸区准入企业的业务监督管理，向监管部门定期报告自贸区商业银行离岸业务办理情况，防止部分企业利用自贸区优惠政策进行资本转移和套利，进行自贸区政策制定时尤其要注意风险监测和防范，使监管部门实时掌握自贸区离岸业务发展规模处于安全可控范围。同时需加强对海外分支机构的监管，加强监管机构信息沟通与联系，构建全面的监管体系进行审慎监管，以维护自贸区金融创新与人民币国际化安全进行。

7)提高我国金融市场发展水平

金融市场发展水平是人民币国际化的重要影响因素之一,不仅可以为人民币提供多种跨境流通的方式,而且可以促进我国与国际市场的往来。当前我国的金融市场结构相对单一,主要以银行为主,而金融业务方面,银行的业务也主要以传统存贷业务为主,非银行金融机构中的投资银行业务、债券业务以及外汇业务等发展程度较低,表现为业务规模较小、服务产品单一、国际业务参与程度较低等特点。目前我国金融市场发展水平较低,还不能有效推动人民币国际化进程,需要进一步提高我国金融市场发展水平,为此,需要进一步完善国内金融机构体系,进一步提高金融对外开放程度。

# 参考文献

[1]谭娜，周先波，林建浩. 上海自贸区的经济增长效应研究：基于面板数据下的反事实分析方法[J]. 国际贸易问题，2015(10)：14－24.

[2]王利辉，刘志红. 上海自贸区对地区经济的影响效应研究：基于“反事实”思维视角[J]. 国际贸易问题，2017(2)：3－15.

[3]贺瑛，肖本华. 基于自贸区“蝴蝶效应”的上海国际金融中心建设研究[J]. 上海金融，2013(12)：25－27＋22.

[4]WONG J，CHAN S. China-Asian free trade agreement：shaping future economic relations[J]. Asian Survey，2003(43)：507－526.

[5]FEILS D J，Rahman M. Regional economic integration and foreign direct investment：the case of NAFTA[J]. Management International Review，2008，48(2)：147－163.

[6]KRUGMAN P R. On the relationship between trade theory and location theory[J]. Review of International Economics，1993，1(2)：110－122.

[7]程伟晶，冯帆. 中国-东盟自由贸易区的贸易效应：基于三阶段引力模型的实证分析[J]. 国际经贸探索，2014(2)：4－16.

[8]刘洪愧，郭文涛，朱鑫榕. 人民币升值对中国与东盟贸易的影响渠道分析：基于结构引力模型的实证研究[J]. 经济问题，2015(10)：85－91.

[9]陈虹，马永健. 中国-欧盟自贸区经济效应的前瞻性研究[J]，世界经济研究，2015(8)：88－99.

[10]刘宇，张亚雄. 欧盟-韩国自贸区对我国经济和贸易的影响：基于动态 GTAP 模型[J]. 国际贸易问题，2011(11)：106－115.

[11]竺彩华，李锋. 上海自贸区建设的主要成就与问题分析[J]. 亚太经济，2016(1)：107－111.

[12]丁剑平，赵晓菊. 自贸区金融开放与改革的理论构想：基于要素流动不对称视角[J]. 学术月刊，2014(1)：29－37.

[13]孙立坚. 上海自贸区总体方案的金融开放战略[J]. 新金融，2013(12)：9－14.

[14]张苑. 上海自贸试验区推进金融创新研究[J]. 国际金融，2016(3)：40－47.

[15]刘彬，李麟. 自贸区金融创新机理研究：基于试错机制的视角[J]. 上海金融，2016(6)：40－44.

[16]黄梅波，陈冰林. 福建自贸试验区成立下两岸金融合作的探讨和展望[J]. 东南学术，2015(5)：111－118.

[17]欧阳卫民. 自贸区金融改革创新：目标，思路和对策[J]. 南方金融，2016，1(3)：3－6.

[18]王根蓓，许淑君. 异质性风险偏好，市场摩擦与自贸区金融创新的消费和投资效应：基于 Diamond 世代交叠模型的理论分析[J]. 财经研究，2015(12)：40－50.

[19]周明升，韩冬梅. 上海自贸区金融开放创新对上海的经济效应评价：基于"反事实"方法的研究[J]. 华东经济管理，2018(8)：13－18.

[20]王勇，王亮，余升国. 自贸区离岸金融制度创新理论分析框架[J]. 上海经济研究，2018(5)：93－104.

[21]谢宝剑，杨娇，钟韵. 中国(上海)自由贸易试验区金融创新对区内企业的影响机理分析[J]. 亚太经济，2016，2：121－127.

[22]郑国姣，杨来科，常冉. 上海自贸区新片区金融创新推进人民币国际化的路径探析[J]. 金融理论与实践，2019(7)：16－23.

[23]CHINN M，FRANKEL J. Why the euro will rival the dollar [J]. Panoeconomicus，2008(3)：255－278.

[24]MUNDELL R A. The international financial system and outlook for asian currency collaboration [J]. The Journal of Finance，2003(4)：3－7.

[25]黄梅波，熊爱宗. 论人民币国际化的空间和机遇[J]. 上海财经大学学报，2009(2)：69－77.

[26]ITO T. The internationalization of the RMB：opportunities and pitfalls [R]. Council on Foreign Relations，2011.

[27]CHEUNG Y W. Renminbi going global [J]. China & World Economy，2011(2)：1－18.

[28]刘艳靖. 国际储备货币演变的计量分析研究：兼论人民币国际化的可行性[J]. 国际金融研究，2012(4)：69－76.

[29]何慧刚. 人民币国际化的模式选择和路径安排[J]. 金融论坛，2007(5)：12－17.

[30]余道先，王云. 人民币国际化进程的影响因素分析：基于国际收支视角[J]. 世界经济研究，2015(3)：3－14.

[31]张明，李曦晨. 人民币国际化的策略转变：从旧"三位一体"到新"三位一体"[J]. 国际经济评论，2019(5)：80－98.

[32]TUNG C Y，WANG G C，YEH J. Renminbi internationalization：progress，prospect and comparison [J]. China & World Economy，2012(5)：63－82.

[33]甄峰. 人民币国际化：路径、前景与方向[J]. 经济理论与经济管理，2014(5)：22－31.

[34]沈悦，戴士伟，樊锦琳，等. 人民币国际化：进程、影响因素及前景分析：基于与欧元、英镑、日元及美元的对比[J]. 经济问题，2019(1)：27－34.

[35]元惠萍. 国际货币地位的影响因素分析[J]. 数量经济技术经济研究，2011(2)：4－20.

[36]邓黎桥. 人民币国际化程度与影响因素研究：基于国际储备份额视角[J]. 经济研究参考，2014(38)：41－53.

[37]丁剑平，楚国乐. 货币国际化的影响因子分析：基于面板平滑转换回归（PSTR）的研究[J]. 国际金融研究，2014(12)：35－46.

[38]吴舒钰，李稻葵. 货币国际化的新测度：基于国际金融投资视角的分析[J]. 经济学动态，2018(2)：146－158.

[39]KENEN P. The Euro tersus the dollar：will there be a struggle for dominance[J]. Journal of Policy Modeling，2002(4)：347－354.

[40]李稻葵，刘霖林. 人民币国际化：计量研究及政策分析[J]. 金融研究，2008(11)：5－20.

[41]周颖刚. 为什么人民币越来越重要呢?：基于网络分析方法的汇率证据[J]. 管理科学学报，2019(9)：12－38.

[42]陈晓莉. 国际标价货币的决定因素分析：兼论人民币国际化政策[J]. 东岳论丛，2011(10)：141－145.

[43]胡定核. 货币国际化与经济开放的相互关系及其系统动力学模型[J]. 数量经济技术经济研究，1995(4)：12－17.

[44]李瑶. 非国际货币、货币国际化与资本项目可兑换[J]. 金融研究，2003(8)：104－111.

[45]张英梅. 人民币国际化测度及对策研究：基于 Matlab 主成分分析[J]. 上海金融，2013(2)：32－37.

[46]彭红枫，谭小玉. 人民币国际化研究：程度测算与影响因素分析[J]. 经济研究，2017(2)：125－139.

[47]张焕明，杨子杰. 人民币国际化进程测度及影响因素研究[J]. 江淮论坛，2018(6)：74－80.

[48]杨晨姊. 基于聚类主成分分析的人民币国际化测量方法研究[J]. 当代金融研究，2018(5)：57－67.

[49]徐伟呈，王畅，郭越. 人民币国际化进程测算及影响因素分析：基于货币锚模型的经验研究[J]. 亚太经济，2019(6)：26－36.

[50]余道先，王云. 人民币境外存量、国际收支与人民币国际化进程[J]. 经济理论与经济管理，2015(4)：89－103.

[51]李继民. 人民币境外存量估计：基于 ARDL 模型的实证分析[J]. 中南财经政法大学学报，2011(2)：107－114.

[52]余道先，邹彤. 人民币国际化的国家异质性分析与人民币国际化进程[J]. 世界经济研究，2017(7)：3－16.

[53]张国建，佟孟华，梅光松. 实际有效汇率波动影响了人民币国际化进程吗？[J]. 国际金融研究，2017(2)：64－75.

[54]王珊珊，黄梅波，陈燕鸿. 金融市场发展对一国储备货币地位的影响与人民币国际化：基于 PSTR 模型的实证分析[J]. 重庆大学学报（社会科学版），2018，24(1)：22－33.

[55]ITO H，CHINN M. The rise of the “redback” and the People’s Republic of China’s

capital account liberalization:an empirical analysis of the determinants of invoicing currencies in proceedings of ADBI conference on currency internationalization:lessons and prospects for the RMB [J]. SSRN Electronic Journal,2013(1):26 - 32.

[56]白晓燕,邓明明.不同阶段货币国际化的影响因素研究[J].国际金融研究,2016(9):86 - 96.

[57]徐国祥,蔡文靖.金融发展下资本项目开放对货币国际化的影响[J].国际金融研究,2018(6):3 - 13.

[58]KRUGMAN P. Vehicle currencies and the structure of international exchange[J]. NBER Working Papers,1979,12(12):513 - 526.

[59]MCKINNON R I . Money in international exchange:the convertible currency system[J]. Journal of Money Credit and Banking,1980,12(3):597 - 598.

[60]DONNENFELD S,ZILCHA I. Pricing of exports and exchange rate uncertainty [J]. International Economic Review,1991,32(4):1009 - 1022.

[61]GOLDBERG L S, TILLE C. Micro, macro, and strategic forces in international trade invoicing[C]. Federal Reserve Bank of New York, 2009.

[62]BACCHETTA P,WINCOOP E V. A theory of the currency denomination of international trade[J]. Journal of International Economics,2002,67(2):295 - 319.

[63]DONNENFELD S,HAUG A. Currency invoicing in international trade:an empirical investigation[J]. Review of International Economics,2003,11(2):332 - 345.

[64]DEVEREUX M B,ENGEL C M. Endogenous currency of price setting in a dynamic open economy model[J]. NBER Working Papers,2001.

[65]GOPINATH G,ITSKHOKI O,RIGOBON R. Currency choice and exchange rate pass-through[C]. American Economic Review, 2007(33):304 - 336.

[66]FUKUDA S I ,ONO M. On the determinants of exporter's currency pricing: history vs expectations[J]. Journal of the Japanese & International Economies,2006,20(4):548 - 568.

[67]李婧.从跨境贸易人民币结算看人民币国际化战略[J].世界经济研究,2011(2):13 - 19.

[68]孙杰.跨境结算人民币化还是人民币国际化? [J].国际金融研究,2014(4):39 - 49.

[69]刘洪铎,陈晓珊."一带一路"背景下中国跨境人民币结算业务的发展现状、存在问题及应对策略[J].新疆社会科学,2018(2):54 - 59.

[70]王峥.人民币国际化背景下人民币跨境流通趋势研究:基于需求缺口估计法的分析[J].上海金融,2015(11):59 - 63.

[71]方铭贤.影响跨境人民币结算的具体因素细究[J].上海金融,2015(1):108 - 110.

[72]马光明,任颖,郭东方.跨境贸易人民币结算比重影响因素的实证研究[J].世界经济与政治论坛,2018(1):119 - 141.

[73]CORKILL S C. Global finance and the growth of offshore financial centers: the manx experience[J]. Geoforum,1998,29(1):7 - 21.

[74]巴曙松,郭云钊. 离岸金融市场发展研究:国际趋势与中国路径[M]. 北京:北京大学出版社,2008.

[75]原毅军,卢林. 离岸金融中心的建设与发展[M]. 大连:大连理工大学出版社,2010.

[76]何帆,张斌,张明. 香港离岸人民币金融市场的现状、前景、问题与风险[J]. 国际经济评论,2011(3):85 - 109+6.

[77]李猛. 我国自由贸易港离岸金融税制改革创新[J]. 经济体制改革,2019(2):134 - 141.

[78]刘亚,张曙东,许萍. 境内外人民币利率联动效应研究:基于离岸无本金交割利率互换[J]. 金融研究,2009(10):94 - 106.

[79]HE D,MCCAULEY R. Offshore markets for the domestic currency: monetary and financial stability issues[J]. BIS Working Papers,2010,53(1002):301 - 337.

[80]RHEE C,SUMULONG L. A practical approach to international monetary system reform: building settlement infrastructure for regional currencies[J]. Adb Economics Working Paper,2013,27(3):697 - 711.

[81]张纯威. 香港人民币离岸金融市场发展与人民币国际化[J]. 广东金融学院学报,2009,24(6):5 - 12.

[82]刘光灿,孙鲁军,管涛. 中国外汇体制与人民币自由兑换[M]. 北京:中国财政经济出版社,1997.

[83]GUITIAN M. Capital account convertibility and the financial sector[J]. Journal of Applied Economics,1998(11):209 - 229.

[84]管涛. 资本项目可兑换的定义[J]. 经济社会体制比较,2001(1):13 - 18.

[85]温建东. 资本项目可兑换的内涵与外延[J]. 国际金融研究,2001(7):21 - 25.

[86]姜波克,朱云高. 资本项目开放研究:一种基于内外均衡的分析框架[J]. 国际金融研究,2004(4):12 - 19.

[87]张礼卿. 资本项目开放与金融不稳定[M]. 北京:北京大学出版社,2004.

[88]陈雨露,罗煜. 金融开放与经济增长:一个述评[J]. 管理世界,2007(4):144 - 153.

[89]张金清,赵伟,刘庆富. "资本项目开放"与"金融开放"内在关系的剖析[J]. 复旦学报(社会科学版),2008(5):10 - 17.

[90]吴念鲁,杨海平. 从次贷危机到华尔街风暴:微观机理、制度根源、应对策略[J]. 经济学动态,2009(2):46 - 53.

[91]方显仓,孙琦. 资本项目开放与我国银行体系风险[J]. 世界经济研究,2014(3):11 - 16+89.

[92]MINIANE J. A new set of measures on capital account restrictions[J]. IMF Economic Review,2004,51(2):276 - 308.

[93]CHINN M D,ITO H. A new measure of financial openness[J]. Journal of Com-

parative Policy Analysis Research & Practice,2008,10(3):309 - 322.

[94]OBSTFELD M. Capital mobility in the world economy:theory and measurement [J]. NBIR Working Paper Series,1985,24:55 - 104.

[95]封福育. 东亚各国的储蓄、投资和资本流动性:基于面板协整分析[J]. 亚太经济,2008(4):25 - 28.

[96]KRAAY A. In search of the macroeconomic effect of capital account liberalization [R]. Washington:The World Bank,1998.

[97]张礼卿. 资本帐户开放的政策性框架:前提条件、速度和顺序[J]. 国际金融研究,1999(11):18 - 24.

[98]胡祖六,郎平. 人民币:重归有管理的浮动[J]. 国际经济评论,2000(2):5 - 9.

[99]姚淑梅. 逐步推进人民币资本项目可兑换[J]. 宏观经济管理,2009(1):35 - 37.

[100]谢世清,周庆余. 发展中国家资本项目开放的国际经验与借鉴[J]. 亚太经济, 2015(1):77 - 81.

[101]沈军,吴晓敏,胡元子. 扩展三元悖论视角下的印度汇率制度改革对中国的启示[J]. 国际金融研究,2015(3):88 - 96.

[102]LAL D. The political economy of economic liberalization[J]. The World Bank E-conomic Review,1987,1(2):273 - 299.

[103]FRANKEL J. Internationalization of the RMB and historical precedents [J]. Journal of Economic Integration,2012,(3):329 - 365.

[104]陈建奇. 破解"特里芬"难题:主权信用货币充当国际储备的稳定性[J]. 经济研究,2012(4):113 - 122.

[105]KENEN P. The role of the dollar as an international currency [R]. Occasional Papers, 1983.

[106]HARTMAN P. Currency competition and foreign exchange markets: the dollar, the yen and the euro[M]. Cambrige: Cambrige University Press,1998.

[107]EICHENGREEN B, CHITU B, MEHL A. Stability or upheaval: the currency composition of international reserves in the long run[J]. IMF Economic Review, 2016,64(2):354 - 380.

[108]邓敏,蓝发钦. 金融开放条件的成熟度评估:基于综合效益的门槛模型分析[J]. 经济研究,2013(12):120 - 133.

[109]王曦,陈中飞,王茜. 我国资本项目加速开放的条件基本成熟了吗? [J]. 国际金融研究,2015(1):70 - 82.

[110]AIZENMAN J,PASRICHA G K. Why do emerging markets liberalize capital outflow controls? Fiscal versus net capital flow concerns[J]. Journal of International Money and Finance,2013,39:28 - 64.